Über elfhundert Meilen, von Anchorage im Süden Alaskas, bis Nome im Nordwesten, führt das längste Schlittenhundrennen der Welt, und das härteste, zu dem jedes Jahr im März die Schlittenhundzüchter mit ihren Huskys aus dem ganzen Land zusammenkommen; seit einigen Jahren sind auch Frauen darunter.

Zum erstenmal in der Geschichte des legendären Iditarod-Rennens rast einer der ›Musher‹, ein erfahrener Hundeschlittenführer, gegen einen Baum und bricht sich das Genick. Doch der vermeintliche Unfall erweist sich bald als Mord. Und dann ereignen sich weitere rätselhafte Unfälle.

Sergeant Alex Jensen von den State Troopers hetzt mit dem Helikopter von Checkpoint zu Checkpoint, er sucht den Täter unter den Beteiligten, den Fahrern und Organisatoren des Rennens – eine schwierige Aufgabe, da sich das ganze Feld ständig in Bewegung befindet.

Jessie Arnold ist eine der wenigen weiblichen ›Musher‹. Sie hat lange und hart mit ihren Huskys trainiert. Dies ist ihre große Chance: Endlich hat sie Aussicht auf einen der ersten Plätze. Aber zugleich wächst auch die Gefahr, daß sie selbst dem Mörder in die Hände fällt, denn nach Jensens Berechnungen befindet sich der skrupellose Täter unter den ersten zehn Fahrern ...

Sue Henry lebt in Anchorage, Alaska, und arbeitet dort im Zentrum für Erwachsenenbildung an der Universität. Sie hat mehrere Romane veröffentlicht. Ihr bekanntestes Buch, ›Wettlauf durch die weiße Hölle‹, wurde 1995 in den USA von Peter Schneider verfilmt und auch in Deutschland im ARD-Programm ausgestrahlt.

Unsere Adresse im Internet: www.fischer-tb.de

Sue Henry

Wettlauf durch die weiße Hölle
Mord auf dem Iditarod-Trail
Roman

Aus dem Amerikanischen
von Bettina Thienhaus

Fischer Taschenbuch Verlag

Neuausgabe
Veröffentlicht im Fischer Taschenbuch Verlag GmbH,
Frankfurt am Main, März 2000

Titel der amerikanischen Originalausgabe:
›Murder on the Iditarod Trail‹
Copyright © Sue Henry 1991
Für die deutsche Übersetzung:
© Fischer Taschenbuch Verlag GmbH, Frankfurt am Main 1992
Druck und Bindung: Clausen & Bosse, Leck
Printed in Germany
ISBN 3-596-14668-2

Im Gedenken an meinen Vater
C. A. »Jack« Hall

Jedes zweite Jahr geht das Iditarod-Rennen über die von mir beschriebene Südroute des Iditarod Trail. Zwar ist die Handlung frei erfunden, doch habe ich mich bei allem, was das Rennen selbst betrifft, um größtmögliche Genauigkeit bemüht. Kleinere Versehen kann ich trotzdem nicht ausschließen. Mein besonderer Dank gilt den Alaska State Troopers, dem Scientific Crime Detection Laboratory und dem Iditarod Race Committee, ohne dessen Unterstützung ich dieses Buch nicht hätte schreiben können. Es ist mir nicht möglich, all denen zu danken, die mir beim Recherchieren und Schreiben geholfen haben. Sie verdienen ebenso Anerkennung wie die vielen hundert Freiwilligen, die das Rennen Jahr für Jahr organisieren.

1

Datum: Sonntag, 3. März
Tag: Zweiter Tag des Rennens
Ort: Zwischen Checkpoints Skwentna und Finger Lake
(zweiundsiebzig Kilometer)
Wetter: Wolkenlos, schwachwindig bis windstill
Temperatur: –12 °C Maximum, –15 °C Minimum
Zeitpunkt: Spätnachmittag

Hinter Skwentna zog sich der Iditarod Trail in einem flachen Bogen über viele Kilometer durch die schneebedeckte Tundra nach Nordwesten. Die Fahrspuren waren im Spätnachmittagslicht gut zu erkennen; noch hatte sie der Wind nicht verweht. Musher George Koptak sah sie unter seinem Schlitten hindurchhuschen. Er hatte sich in den ersten anderthalb Tagen des legendären Rennens über elfhundert Meilen von Anchorage nach Nome in die Spitzengruppe der achtundsechzig Teilnehmer vorgearbeitet. Nach der vierstündigen Pause in Skwentna rannten seine sechzehn Hunde jetzt voller Eifer. Aber er selbst stand hinten auf den Kufen seines Schlittens und kämpfte gegen die Müdigkeit. Die kümmerliche Stunde Schlaf beim letzten Checkpoint hatte nicht ausgereicht. Georges Körper verlangte nach mehr. Seit einunddreißig Stunden war er auf dem Trail unterwegs, die meiste Zeit auf den Kufen stehend, manchmal aber lief er hinterdrein und schob den Schlitten, um seinen Hunden zu helfen.

Bei einem Rennen wie dem Iditarod findet der Fahrer im Checkpoint wenig Erholung. Sein Schlittenhund rollt sich nach dem Fressen einfach zu einem Fellknäuel im Schnee zusammen und schläft. Der Musher hingegen muß Wasser holen, um Hundefutter für die nächste Etappe vorzukochen, muß seine Ausrüstung durchgehen, dann selbst etwas essen (obwohl der Hunger neben dem Ruhebedürfnis häufig zweitrangig scheint) und kann sich schließlich für eine knappe Stunde aufs Ohr hauen.

Gespannte Erwartung. Nervosität und Erregung noch vom Start am Vortag her sowie die Gewißheit, bald einen der schwierigsten Streckenabschnitte bewältigen zu müssen, sorgten für ständigen Adrenalinnachschub in Koptaks Blut.

Jetzt lehnte der müde Fahrer über dem Lenker seines Schlittens und versuchte, eine halbwegs bequeme Stellung zu finden. Der Trail verlief zwar durch flaches Gelände, war aber keineswegs samtweich. Bei jeder Unebenheit knallte Koptak der Lenker gegen die Rippen. Er richtete sich auf, ließ die Schultern kreisen, um die schmerzenden Muskeln zu besänftigen, stieß sich abwechselnd mit dem rechten und dem linken Fuß ab und sprach zu seinen Hunden, um nicht einzuschlafen.

Beim ehemaligen Rasthaus von Skwentna knickt der Trail steil ab, folgt dann – auf blankem Eis – eine Weile dem zugefrorenen Skwentna River und führt schließlich am anderen Ufer in den Fichten- und Erlenwald hinein, der den Shell-See umgibt.

Obwohl die Sonne längst untergegangen war, lag noch Licht auf dem Schnee. Koptak wußte, es würde bald dunkel sein, und er hielt sein Gespann an, bevor er das Eis in Angriff nahm.

Er fütterte die Tiere mit gefrorenem Weißfisch, kaute selbst ein paar Handvoll Trail Mix, reich an Nüssen und Schokolade, trank eine halbe Thermoskanne Kaffee und verstaute sie wieder sorgfältig. Er holte seine Stirnlampe hervor, prüfte die Batterien und setzte die Lampe auf. Zwanzig Minuten später war er auf dem Weg flußaufwärts.

Eine halbe Stunde hielt ihn der Kaffee wach. Doch als er vom Eis hinunter- und in den Wald hineinfuhr, übermannte ihn erneut die Müdigkeit. Er nickte immer wieder ein, fiel sekundenlang in Schlaf, während das Gespann in ruhigem, fast hypnotischem Rhythmus dem gewundenen Pfad folgte.

In einem lichten Moment erkannte George, wie gefährlich der schmale, kurvenreiche Trail war, und er bekam es mit der Angst zu tun. Zwischen den Bäumen war es schon dunkel. Als er die Stirnlampe anknipste, verlor er jede Orientierung. Der Trail schloß sich um ihn wie ein Tunnel.

Koptak hatte sein Gespann, das in der Länge fast zwölf Meter maß, auf dem engen, kurvenreichen Pfad nur selten vollständig vor Augen. Die reflektierenden Streifen auf den Geschirren der Hunde blitzten im Licht der Stirnlampe wie Leuchtkäfer. Tiefhängende Äste rauschten rechts und links an ihm vorbei, und er duckte sich instinktiv, doch saßen die Äste zu hoch, um wirklich eine Gefahr zu sein. Koptak wußte, was passierte, wenn frostige Zweige kalte Haut peitschten. Er hatte so manchen Musher mit geschwollenem, zerkratztem Gesicht – dem Resultat mangelnder Wachsamkeit – am Checkpoint eintreffen sehen.

Bei seinem mäandrierenden Verlauf durch den Wald schob sich der Trail immer wieder gefährlich nahe an die Bäume heran. Auf den Schlitten, den die Zentrifugalkraft aus der Kurve tragen konnte, wirkten die Bäume wie ein Magnet. Hielt der Fahrer den Schlitten nicht mit seinem Körpergewicht unter Kontrolle, geriet er in Gefahr, mit den Bäumen zu kollidieren; die Stämme waren gespickt mit spitzen Zweigen und schartigen Aststümpfen, die ihm nur zu leicht Gesicht und Kleidung und auch den Schlitten zerkratzen und zerfetzen konnten.

Als er zu dicht an einem Baumstumpf entlangschrammte, riß es ihm ein Loch in die Schlittentasche. An der nächsten Lichtung hielt George an. Er mußte den Schaden beheben, sonst könnten wichtige Teile seiner Ausrüstung herausfallen und verlorengehen. Er holte Nadel und Zahnseide aus dem Sack, das übliche Flickmaterial, hockte sich neben dem Schlitten nieder und begann mit der Reparatur.

Bäume verdeckten den Himmel fast vollständig. Nur der Lichtschein seiner Lampe, auf Nadel und Riß gerichtet, schien real. Alles andere, sogar die Hunde und der Trail, war unsichtbar. Als ihm der Kopf auf die Brust sackte, zuckte George erschrocken zusammen, er riß die Augen weit auf und zwang sich zur Aufmerksamkeit.

Koptak arbeitete ohne Handschuhe. Nach wenigen Minuten waren seine Finger taub vor Kälte, und er spürte die Nadel nicht mehr. Er hielt inne, schob die Hände unter Parka, Wollhemd und Skiunterwäsche direkt auf seinen warmen Bauch. Er lehnte seinen Kopf an die Schlittentasche und schloß die Augen in Erwartung des Kribbelns.

Erneut schreckte er hoch, das Licht seiner Stirnlampe huschte in einem Bogen über den Schlitten und die Bäume. Georges Hände waren jetzt wieder warm, aber er wünschte sich nichts sehnlicher, als sich wieder anzulehnen. Nur nicht klein beigeben! Er stand auf. Rücken und Beine waren steif und verkrampft, und er stampfte mehrmals auf, um sie zu lockern. Die Hunde hoben erwartungsvoll die Köpfe, aber zuerst mußte die Reparatur zu Ende gebracht werden. Langsam nähte er den Riß zu und verstaute die Nadel wieder sorgfältig.

Warum war er nur so geschafft? War er vielleicht krank? Verlangsamte Reflexe und Reaktionen waren eher am Ende des langen Rennens zu erwarten. Er hatte sich stets gut auf das Anfangstempo einstellen und Müdigkeit abschütteln können. Normalerweise half Kaffee, aber diesmal überhaupt nicht.

Kaffee. Er holte die Thermoskanne heraus, trank ein paar Schluck von dem noch immer warmen Gebräu, wild entschlossen, endlich wach zu werden. Pfiff den Hunden und fuhr weiter.

Nach wenigen Minuten fielen ihm wieder die Augen zu. Sein Kopf kippte auf die eine und dann auf die andere Seite. Die Welt wurde trübe. Er konnte sich kaum noch auf dem Schlitten halten. Mit übermenschlicher Anstrengung holte er die Thermoskanne heraus, zog den Stöpsel, stopfte ihn in die Schlittentasche und trank den Kaffee aus. Bevor er die Kanne verstauen konnte, glitt sie ihm aus der Hand und fiel hinter ihm auf den Trail.

Die Hunde folgten einer scharfen Rechtskurve. Direkt vor ihnen erhob sich eine mächtige Fichte. Sie stand so nahe am Trail, daß der linke Führungshund sie mit seiner Flanke berührte. Koptak kippte vornüber auf den Lenker, schon nicht mehr bei Bewußtsein. Der Schlitten schlitterte – außer Kontrolle – in die Kurve und krachte an den Baum, wobei eine Strebe und eine Kufe zerbarsten. George wurde mit dem Gesicht voran gegen den Stamm geschleudert.

Der Aufprall ließ seine Stirnlampe zerbrechen und zerschmetterte ihm Nasen- und Wangenknochen. Seitlich ragte ein scheußlicher, gut dreißig Zentimeter langer Aststumpf aus dem Baum. Kalt und spitz bohrte er sich in Koptaks geschlossenes rechtes Auge, drang durchs Hirn bis zum Hinterhaupt. Dort war Schluß. Der Körper hing am Fichtenstamm, bis der Ast brach und der Tote langsam auf den Trail purzelte.

Eine halbe Stunde später setzte die Leichenstarre ein. Der nachfolgende Fahrer, neugierig geworden durch eine leere Thermoskanne, die er drei Kurven zuvor auf dem Trail gefunden hatte, kam um die Ecke gerast. Er konnte nicht mehr bremsen und spürte, wie die Schlittenkufen schlingernd über ein Bündel glitten. Das Bündel war ein Mensch, merkte er voller Entsetzen, sein Freund George.

2

Datum: Sonntag, 3. März
Tag: Zweiter Tag des Rennens
Ort: Zwischen den Checkpoints Skwentna und Finger Lake
(zweiundsiebzig Kilometer)
Wetter: Wolkenlos, schwachwindig bis windstill
Temperatur: −12 °C Maximum, −15 °C Minimum
Zeitpunkt: Früher Abend

Der fünfundvierzigjährige Dale Schuller war in Skwentna nicht gerade im Vorgefühl einer nahenden Katastrophe aufgebrochen. Wenn er überhaupt etwas vom Rennen erwartete, dann nur Positives. Er hatte genauso gute Chancen, das Iditarod-Rennen zu gewinnen, wie jeder andere Teilnehmer.

Alle Fahrer hatten am Vortag in der Fourth Avenue von Anchorage einen glatten Start gehabt, wenn auch der weiche Schnee aufs Tempo drückte. Weil die milden Temperaturen für genügend Schnee gesorgt hatten, erübrigte es sich für die Stadtverwaltung, zusätzlich Schnee anfahren zu lassen. Schuller hatte die Startnummer neun gezogen, und auf den ersten vierundzwanzig Kilometern bis zum Eagle River war der Trail noch in Ordnung, war noch nicht zermatscht von den über tausend Schlittenhunden, die die achtundsechzig Gespanne zogen. Dale bedauerte die Fahrer mit den hohen Startnummern. Im Vorjahr war er selbst als Zweiunddreißigster gestartet. Jetzt kam er gut voran, hatte beste Chancen, im Kampf um eine gute Ausgangsposition zu gewinnen.

In Eagle River wurden die Gespanne auf Lastwagen verladen und vierzig Kilometer weiter nach Settler's Bay transportiert. Das war nötig, weil die Flüsse Knik und Matanuska am ersten Märzsonntag nicht immer zugefroren waren.

Auf dem Abschnitt von Knik Flats über Rabbit Lake nach Skwentna gab es keine besonderen Vorkommnisse. Es hatte gutgetan, vom Schlitten zu steigen und sich ein paar Stunden auszuruhen, aber die Erde schien unter ihm immer noch in Bewegung, als er seine Hunde fütterte und tränkte und andere notwendige Arbeiten verrichtete.

Seit sieben Jahren war Dale Musher, und dies war sein dritter Versuch, das größte und schwierigste aller Schlittenhundrennen zu gewinnen. Seine Hunde waren in guter Verfassung, auf der Höhe ihrer Leistungsfähigkeit, hatten mehr als zweitausendvierhundert Trainingskilometern hinter sich. Er hatte das ›Kinik 200‹ gewonnen und war dritter beim ›Kuskokwim 300‹ geworden, beides ordentliche Rennen über mittlere Distanzen. Das Preisgeld bedeutete Sicherheit. Aber jetzt, da er von zwei lokalen Sponsoren unterstützt wurde, war Geld nicht mehr so ein Problem wie früher. Die kostspielige Hundezucht, die teure Ausrüstung (das Beste vom Besten), die Startgelder – sie würden ihn dieses Jahr nicht allzu sehr in Schulden stürzen.

Die Hunde rannten locker und eifrig. Comet, seine älteste Leithündin, war ganz Dame – sie konzentrierte sich auf den Trail und ignorierte würdevoll mögliche Ablenkungen. Die Hündin war intelligent; sie sollte hier etwas leisten und wußte das. Ihr dreijähriger Sohn Pepper rannte zum ersten Mal im Gespann mit und war bislang gut klargekommen. Die übrigen sechzehn Hunde waren stark und gesund, die besten aus seiner Zucht.

Als sie vom vereisten Fluß über das Ufer in den Wald fuhren und die Bäume sich über ihnen schlossen, war Schuller erst ein wenig nervös, kam jedoch rasch in den Rhythmus der Kurven und genoß seinen Fahrstil und die Reaktionen seines Gespanns. Deshalb war er völlig überrascht, als Comet einen scheinbar unsinnigen Fehler machte.

Ohne ersichtlichen Grund ließ sie eine scharfe Rechtskurve außer Acht und führte die ersten Hunde vom Trail weg zwischen die Bäume und ins Gebüsch. Schuller sah ein Stück voraus ein Licht aufblitzen, vergaß diesen Eindruck aber umgehend vor Überraschung und Ärger. Er trat fluchend auf die Bremse, knallte den Schneeanker in den Boden und lief nach vorn, um zu sehen was passiert war, voller Sorge, ein Hund könnte sich in seinem Geschirr verfangen und stranguliert haben.

Die Hunde jaulten und tobten und versuchten, sich aus dem Gestrüpp zu befreien. »Whoa. Ruhig da. Sitz, Comet. Gutes Mädchen.« Soweit Dale sehen konnte, hatten sich zwar die Leinen verheddert, aber kein Hund war in Lebensgefahr oder hatte sich losgerissen. An der verpaßten Kurve blieb er stehen. Das Licht einer Stirnlampe schien ihm ins Gesicht.

Bill Turner, der Skwentna nur wenige Minuten vor Schuller verlassen hatte, saß mitten auf den Fahrspuren des Trails. Ein zweiter Musher lag quer über seinen Knien. Der Musher hatte kein Gesicht mehr. Blut bedeckte seinen Parka und den Boden unter der Fichte.

»Was zum Teufel ist passiert?« Schuller ließ sich neben den beiden auf die Knie fallen. Er nahm seine Stirnlampe ab, um gezielter zu leuchten, zog einen Handschuh aus und legte einen Finger in die weiche Vertiefung unter dem Kinn des Verletzten. Kein Puls.

»Es ist George«, sagte Bill starr. Sein bleiches Gesicht reflektierte das Licht, die Augen waren im Schock weit aufgerissen. »Er m-muß die Kurve verfehlt haben und ist an den Baum gekracht. Großer Gott, Dale, ich b-bin über ihn rübergefahren.«

Schuller hörte Turners Zähne klappern, als er zu reden versuchte. »Ich kann sein Gespann nicht finden. W-wo sind seine Hunde?«

»Hast du gesucht?«

»Ja. Aber ich k-konnte ihn doch nicht einfach... so hier im Schnee liegen lassen. Ich wußte, du warst dicht hinter mir, da habe ich gewartet.«

»Bleib sitzen. Ich bin gleich wieder da.« Schuller stand auf und lief zu seinem Schlitten. Er holte seinen Schlafsack und eine Flasche Brandy, die er immer dabei hatte.

Schwere Unfälle waren selten. Noch nie war ein Musher bei einem Rennen ums Leben gekommen. Es gab Knochenbrüche, Hautverletzungen, ausgekugelte Gelenke, manchmal starb ein Hund durch Unfall oder Krankheit, aber kein Fahrer fürchtete ernstlich den Unfalltod. Angst hatten sie vor Verletzungen, vor Beschädigung der Ausrüstung, davor, nicht weiterfahren zu können und in der Leere des Alaska-Winters verloren zu sein. Die Nahrungsvorräte für Gespann und Musher konnten verbraucht sein, bevor ein verunglückter Fahrer entdeckt und gerettet wurde. Diese Art Gefahr war eine Realität bei Schlittenhundrennen. Blizzards brachen innerhalb weniger Stunden los, dauerten manchmal Tage und verurteilten die Rettungsflieger zur Untätigkeit.

Schuller atmete tief ein und sammelte seine Kräfte. Er würde die nächsten Entscheidungen fällen müssen. Turner hatte einen Schock, verständlich. George Koptak war Freund und Berater des jungen Mannes gewesen; beide waren besessen von Schlitten und großen Entfernungen. Seit über zwei Jahren hatten sie in Teller, einem Eskimodorf bei Nome, Hunde gezüchtet und trainiert. George hatte schon viele Male am Iditarod-Rennen teilgenommen, aber der sechsundzwanzigjährige Bill war das erstemal dabei. Und nicht das letztemal, hoffte Schuller. George war für Bill Familienersatz gewesen. Ihn so auf dem Trail zu finden mußte schrecklich sein für Bill.

Mit Schlafsack und Brandy in der Hand marschierte Schuller zu der blutbespritzten Fichte.

»Nimm einen Schluck.« Er preßte Turners kalte Finger um die Flasche und hob sie an seine Lippen. Der junge Mann würgte einen, zwei Schluck hinunter, hustete, nahm einen dritten und gab Dale die Flasche zurück.

»Was sollen wir tun?«

Schuller sah auf Georges Leiche hinunter. »Wir nehmen ihn mit nach Finger Lake, Bill. Wir können ihn nicht hierlassen.« Er dachte an die Wölfe, die beim Rennen gelegentlich schon Hundefutter gestohlen hatten. »Wir stecken ihn in meinen Schlafsack und packen ihn auf meinen Schlitten. Du wirst mir dabei helfen müssen. Vielleicht finden wir unterwegs sein Gespann.«

Er nahm selbst einen tiefen Schluck und stopfte die Brandyflasche in seinen Parka. Verflucht, ich habe selbst einen Schock, dachte er.

Sie manövrierten die Leiche in Schullers Schlafsack und machten das Bündel auf dem Schlitten fest. Sie brauchten zwanzig Minuten, um die Leinen der beiden Gespanne zu entwirren.

Bevor sie aufbrachen, markierte Schuller die Fichte mit seinem roten Halstuch. Nach dem Rennen, schwor er sich, würde er zurückkommen und diesen verdammten Baum niedermachen.

3

Datum: Montag, 4. März
Tag: Dritter Tag des Rennens
Ort: Checkpoint Finger Lake
Wetter: Klar, schwachwindig, Schnee im Anzug
Temperatur: −15 °C Maximum, −17 °C Minimum
Zeitpunkt: Frühmorgens

State Trooper Sergeant Alex Jensen interessierte sich nicht für die Jagd. In den ersten zwei Jahren hatte er im Herbst Elche und Karibus geschossen, aber die Faszination der Großwildjagd schwand bald. Bei der Jagd ein Gewehr in der Hand zu haben schien eher für Menschen reizvoll, deren Waffen sonst das ganze Jahr über zu Hause im Waffenschrank schlummerten. Im Dienst trug Alex die 357-Magnum. Privat bevorzugte er den 45er Colt, eine halbautomatische Waffe, die er als Squadronführer bei einer Flugeinheit der Marines schätzen gelernt hatte. Er konnte mit beiden Waffen hervorragend umgehen. Elche zu erlegen entbehrte jeder Spannung; Morde aufzuklären war blutrünstig genug. Er hatte keine Scheu, wenn nötig, die Waffe zu benutzen, aber die eigentliche Herausforderung sah er darin, einen Mörder zu finden, geduldig Details zu kombinieren, bis ein eindeutiges Bild entstand.

Alex arbeitete in Palmer, dem Mittelpunkt des Matansuka-Tals mit seinen Farmen und Molkereien, vierundsechzig Kilometer von Anchorage entfernt, fünf Stunden mit dem Auto vom Mount McKinley und drei Stunden vom Angler-Paradies der Kenai-Halbinsel. Hinter dem Städtchen erhoben sich die majestätischen Gipfel der Chugach und Talkeetna Mountains.

Alex war vor acht Jahren aus Idaho hierher gezogen, kurz nach dem Tod seiner Braut. Einen Monat vor der Hochzeit war ein Schatten auf dem Röntgenbild aufgetaucht. Sieben Monate später war Sally tot und hatte ihn ernster und weniger zum Lachen aufgelegt zurückgelassen.

Jensen war großgewachsen und knochig, glattrasiert bis auf einen rötlichblonden Schnauzbart, den er so üppig wachsen ließ, wie es das Reglement erlaubte. In seinen Augen glimmten

Ironie und Humor. Er war froh, keine Uniform tragen zu müssen, als er sich an diesem Montagmorgen noch vor Morgengrauen an die Arbeit machte. Unter Jeans und Wollhemd trug er Skiunterwäsche; darüber einen dicken Pullover und Thermohosen; an den Füßen kälteisolierte Stiefel und zwei Paar Wollsocken übereinander. Hinter ihm im Hubschrauber lagen der dicke Parka, doppelt gefütterte Handschuhe, eine Fellmütze mit Ohrenschützern, in der Parkatasche steckten eine Skimaske und ein schwerer Wollschal für den Fall, daß sie mit dem Schneemobil los müßten.

Mit dem rechten Fuß drückte er auf den im Boden eingelassenen Mikroknopf und brüllte in den Lärm der Rotoren: »Wie lange noch, Bob?«

»Eine Viertelstunde. Vielleicht etwas länger.« Die Stimme des Piloten kämpfte gegen das statische Rauschen in den Kopfhörern. Er deutete nach rechts: »Da ist Skwentna.«

Im Halbdunkel konnte Alex nur ein paar Lichter und Umrisse von Gebäuden erkennen. Kurz darauf den weiten Bogen, den der Skwentna River zum Finger Lake hin beschreibt. Er drehte sich um, soweit es der doppelte Sicherheitsgurt erlaubte, um zu sehen, wieviel sein Kollege Philip Becker von dem Gespräch mitbekommen hatte. Dann wandte er sich wieder zur Seite und sah nach unten auf den zugefrorenen Fluß.

Der Anruf der Iditarod-Rennleitung war beim Veranstalter in Anchorage gelandet und dann den Trail entlang weitergegeben worden von den Funkern, die jedes Jahr freiwillig fürs Iditarod-Rennen eine Informationskette bildeten. Die Nachricht von einem Todesfall, dem ersten überhaupt in der Geschichte dieses legendären Rennens, hatte hektische Aufregung erzeugt. Zweifellos würde der Fall die Schlagzeilen der Zeitungen und die Fernseh-Nachrichten-Shows beherrschen. Die zuständige Staatsgewalt sollte sich beeilen, die unvermeidlichen Fragen zu dem außergewöhnlichen Todesfall zu beantworten. Da Koptak am westlichen Rand des Polizeiverwaltungsbereichs »G« verunglückt war, fand sich Trooper Jensen lange vor Sonnenaufgang in der Luft. Er rechnete damit, um zwanzig vor acht am Finger Lake einzutreffen. Zu dieser Jahreszeit wurde es alle vierundzwanzig Stunden vier Minuten früher hell.

Als sie auf dem Eis des Finger Lake aufsetzten, tauchte die aufgehende Sonne die Gipfel der Alaska-Kette in rosiges Licht. Der kleine See war am nordöstlichen Ende durch eine schmale Halbinsel geteilt. Oben, über dem steilen Seeufer, rasteten Gespanne im Schnee neben einem Blockhaus. Beim Geräusch der Rotoren hoben die Hunde ihre Köpfe. Manche zerrten an ihren Geschirren und bellten. Alex sah zu, wie ein gutes Dutzend Menschen aus dem Blockhaus trat und auf dem Hügel stehenblieb. Zwei von ihnen stapften an den aufgeregten Hunden vorbei zum See hinunter in Richtung Hubschrauber.

Alex nahm die Kopfhörer ab. »Laden wir erst mal die Sachen aus«, sagte er und sprang auf das schneebedeckte Eis. Sie luden zwei schwere Schlafsäcke aus, Essen für ein paar Tage, ein Zweimannzelt, eine Kamera und andere kriminal- und überlebenstechnische Gegenstände. Zwei fest verpackte doppelläufige Flinten kamen als letztes dazu.

Die beiden Männer aus dem Blockhaus waren inzwischen herangekommen. Der größere streckte seine behandschuhte Hand aus. »Tom Farnell«, sagte er, als Alex unbeholfen die schwarze Pranke schüttelte. »Das ist Roy Hamilton, der Zeitnehmer. Bin froh, daß Sie da sind. Das war vielleicht 'ne Nacht!«

»Hab' ich schon gehört«, antwortete Alex. »Wir sollten uns die Stelle mal ansehen. Kann man mit dem Hubschrauber hin?«

»Kaum«, sagte Farnell. »Laut Schuller sind es vierundzwanzig Kilometer. Da stehen Fichten und Erlen dicht an dicht. Man müßte zu weit entfernt landen. Mit dem Schneemobil ist es einfacher.«

Alex wandte sich zu Bob. »Am besten machst du dich gleich wieder auf den Weg. Wir verladen die Leiche, du bringst sie ins Labor nach Anchorage, und wir arbeiten hier weiter.«

Bob machte sich an den Hubschraubersitzen zu schaffen. Wenn man die Polster abnahm, ließen sie sich flach zusammenfalten und boten Raum für die Metalltrage, die Bob jetzt aus der Halterung nahm und Alex reichte. Die anderen gingen übers Eis zur Hütte zurück.

Als sie den Hang hinaufstiegen, fragte der kugelige, kleine Roy Hamilton: »Warum ins Labor?«

»Wir müssen wissen, warum und wie es passiert ist, den Unfall rekonstruieren. Das ist Routine bei einem Todesfall ohne Zeugen. Dazu gehört auch eine Autopsie.«

»Das wird Turner schwer treffen«, sagte Hamilton zu Farnell.

»Ist Turner der Fahrer, der ihn gefunden hat?« fragte Alex, als sie hinter das Blockhaus zu einem Holzschuppen gingen.

»Ja, einer der beiden. Er ist ganz schön fertig. Sie haben zusammen trainiert.«

»Wer ist der andere?«

»Dale Schuller. Er ist schon weitergefahren, nach Rainy Pass.«

»Hat ihm denn keiner gesagt, daß er bleiben soll, bis wir kommen?«

»Klar, aber schließlich haben wir ein Rennen laufen, und für Schuller sieht es dieses Jahr gut aus. Er hat den Baum mit einem roten Signaltuch markiert. Wenn Sie ihn brauchen, ist er leicht zu finden. Bei jedem Checkpoint werden Ankunft und Aufbruch notiert.«

Sie hörten auf zu sprechen, als sie den Schuppen betraten. Die Leiche von George Koptak lag in Schullers Schlafsack auf einem Brett, das auf zwei schweren Holzklötzen aufgebockt war. Der Schlafsack war fest zugezogen und verknotet. Alex löste den Knoten, zog den Reißverschluß auf und faltete den Schlafsack auseinander, um nach Verletzungen zu suchen. »Guter Gott! Und das hat ein Baum angerichtet?«

Farnell antwortete. »Dale sagt, ein abgebrochener Ast hat sein Gesicht erwischt.«

Alex nickte und untersuchte die Leiche. Er fand keine weiteren Verletzungen und schloß den Schlafsack.

Sie hatten aus Palmer den üblichen Zweischichtleichensack mitgebracht. Jensen beschloß, auf die Innenhülle zu verzichten, und verstaute Koptaks Leiche mitsamt Schullers Schlafsack in der schweren Außenhülle. Er zog den Reißverschluß zu und versiegelte den Sack. »Legen wir ihn auf die Trage.«

Das war nicht weiter schwierig. Die Leiche war steifgefroren. Als sie damit um die Ecke bogen, kamen fünf Musher, die vor dem Blockhaus gewartet hatten, herbei. »Lassen Sie uns das tun«, sagte der eine. Sie hievten die Trage auf ihre Schultern. Sie marschierten im Gleichschritt den Abhang hinunter und übers Eis zum Flugzeug. Alex hatte es selten erlebt, daß jemandem soviel Respekt bezeugt wurde.

»Wann und wo wurden seine Hunde und sein Schlitten gefunden?«

»Gegen zwei Uhr, heute morgen. Ron Cross brachte sie zusammen mit seinem eigenen Gespann nach Skwentna. Wir sorgen dafür, daß sie mit Turners Hunden nach Anchorage gebracht werden, sobald das Flugzeug kommt. Bill steigt aus dem Rennen aus.«

Jensen nickte. »Ich muß mir erst die Ausrüstung ansehen und mit Turner sprechen. Dann kann ich sie freigeben. Es wird sie jemand in Anchorage abholen.«

Bob startete den Hubschrauber, worauf die Hunde erneut eine Probe ihres Belltalents lieferten.

Während der nächsten Stunde überprüften Becker und Jensen sorgfältig jeden einzelnen Gegenstand in Koptaks Schlitten. Jensen war Experte für Spurensicherung. Wenn sich etwas außerhalb des Labors finden ließ, dann fand er es. Er war dafür bekannt, winzige, gleichwohl bedeutsame Details zu entdecken. Becker warf ihm häufig Hexerei vor und schwor, es handle sich um geistige Alchemie, aber er bemühte sich, bei seiner eigenen Arbeit ebenso gründlich zu sein. Der Achtundzwanzigjährige war zwar schon seit drei Jahren bei der Dienststelle in Palmer, jedoch neu in Jensens Abteilung. Alex war aufgefallen, daß Bekker die Aufklärung von Verbrechen faszinierte. Er ermutigte den Jüngeren, zog ihn wann immer möglich hinzu, und Becker nutzte freudig jede Gelegenheit der Zusammenarbeit.

Roy Hamilton half ihnen, Koptaks Ausrüstung durchzusehen. Sie bestand aus jenen Dingen, die alle Musher mitführen und sich bei jedem Checkpoint neu bestätigen lassen müssen: Arktisschlafsack, Handaxt, Schneeschuhe, eine Tagesration Futter für Hunde und Musher, Pfotenschützer für jeden Hund und einen Haufen wasserdicht verpackter Briefumschläge mit Poststempel Anchorage, die in Nome noch einmal abgestempelt würden. Das war eine der Geldquellen des Rennkomitees: Es verkaufte die ›Trail Mail‹. Eine Erinnerung daran, daß in früheren Zeiten die Musher den entlegenen, kleinen Siedlungen die Post gebracht hatten.

Im Schlittensack fanden sich außerdem ein Petroleumkocher, Treibstoff, ein großer quadratischer Futterkochtopf, Georges Ersatzkleidung und -stiefel, Hundemedizin, Werkzeug, Leinen, Elastikkordeln, Hundegeschirre und eine kleine Tasche mit persönlichen Dingen wie Rasierapparat, Seife, Zahnpasta, Aspirin, Alka-Seltzer Plus und eine kleine Flasche Seehundstran. Blitzenergie für den Musher.

In der kleineren Tasche hinten am Schlitten fanden sie Plastiktüten mit Trail-Mix, Vitamintabletten, Schokolade, Fleischextrakt, Ersatzhandschuhe und Georges Brieftasche mit sechsundvierzig Dollar und seinem Führerschein. Darunter auf dem Grund der Tasche lag eine 44er Smith & Wesson im Lederhalfter.

Die Kanone verwunderte Alex nicht. Viele Musher hatten eine Waffe als Schutz gegen die Elche bei sich, die ihnen oft auf dem Trail begegneten. Tiefschnee erschwerte den großen Tieren das Vorankommen, und sie weigerten sich in der Regel einem Musher Platz zu machen, bisweilen kämpften sie regelrecht um ihr Anrecht auf den gestampften Schnee und traten nach den Hunden und den Schlitten. Konnte man einem Elch nicht ausweichen, mußte man ihn unter Umständen erschießen, doch war der Musher verpflichtet, das Tier auszuweiden, bevor er weiterfuhr, was wertvolle Zeit kostete. Normalerweise fuhr der Musher in großem Bogen um einen störrischen Elch herum.

In der Tasche lag auch der Verschluß der Thermosflasche. Die Flasche selbst fehlte. Jensen runzelte die Stirn, als er sich den Stöpsel genauer ansah.

Ansonsten entdeckten weder Phil noch Alex etwas Ungewöhnliches. Sie fotografierten die ganze Ausrüstung samt gebrochener Strebe und Kufe, packten alles in den Schlittensack zurück, versiegelten ihn gegen jeden weiteren Zugriff und gingen zum Blockhaus, um mit Bill Turner zu reden.

In dem Blockhaus am einsamen Seeufer lebten Nancy und Tom Farnell, die alljährlich die Iditarod-Teilnehmer mit warmem Essen und einem Platz zum Ausruhen versorgten. Ihre einzige Bedingung war, daß niemand sein Gespann auf den zugefrorenen See ließ. »Das ist ab Frühjahr unser Trinkwasser«, pflegte Tom zu erklären.

Die Hütte wirkte innen kleiner, als das Äußere vermuten ließ, und die feuchte Wärme war erdrückend. Überall hingen Kleidung, Hundegeschirre und Pfotenschützer zum Trocknen. Acht oder neun Musher hatten die übrige freie Fläche in Beschlag genommen. Ihre Unterhaltung brach ab, als die beiden Trooper hereinkamen. Die Fahrer zogen sich, einer nach dem anderen, ihre Parkas an und gingen nach draußen; einer hielt einen Teller Eintopf in der Hand, den er nicht zurücklassen wollte. Zuletzt stand eine hochgewachsene Frau mit Stirnband, in einem roten Parka, auf. Sie beugte sich zu einem Mann, der mit einer Wolldecke um die Schultern auf einer Bank am Ofen saß. »Ich komme wieder, Bill«, sagte sie und verließ den Raum. Die Trooper waren jetzt fast ungestört.

Turner umklammerte mit beiden Händen einen Becher heiße Schokolade, die überschwappte, als Alex sich vorstellte und neben ihm Platz nahm.

Das Gesicht des jungen Mannes wirkte angespannt, er hatte dunkle Ringe unter den Augen. Aber obwohl er, wenn überhaupt, nur wenig geschlafen hatte, beantwortete er die Fragen des Troopers klar und deutlich mit flacher, ruhiger Stimme. Alex ließ sich Zeit, zu den wichtigen Fragen zu kommen, und Bill wurde allmählich lockerer. Die Trooper nahmen freudig den heißen Kaffee entgegen, den Nancy Farnell ihnen anbot. Becker saß schweigend da und starrte in die Flammen, die hinter dem quadratischen Fenster in der Ofentür loderten. Er hörte aufmerksam zu. Turners Geschichte paßte zu dem, was Farnell ihnen erzählt hatte.

»Ich höre, Sie wollen aus dem Rennen aussteigen«, sagte Jensen schließlich. »Wollen Sie das wirklich?«

»Ja. Es ist mir jetzt egal. Ich will, daß man sich gut um George kümmert. Er hatte keine Angehörigen. Nur mich.«

»Wir fahren jetzt zu der Stelle, wo's passiert ist. Gibt es noch etwas, das wir wissen sollten?«

»Nein. Er lag einfach so da, mitten auf dem Weg. Ich konnte nicht bremsen und überfuhr ihn.« Turners Schultern bebten. »Ich spüre es immer noch – wie der Schlitten über ihn glitt.«

»Ist es nicht seltsam, daß ein erfahrener Musher plötzlich gegen einen Baum rast?«

»Eigentlich schon. Aber die Kurve ist extrem scharf. Etwas ist allerdings merkwürdig. Hätte George aufrecht auf dem

Schlitten gestanden, hätte er den Baum viel weiter oben erwischen müssen. Aber vielleicht hatte er sich ja vorgebeugt, um ihm auszuweichen.«

»War er vielleicht eingeschlafen?«

»Möglich, aber unwahrscheinlich. Wir sind alle müde. Man braucht eine Weile, um sich an das Rennen zu gewöhnen. Das hat George mir immer wieder gesagt. ›Laß dir Zeit und paß auf, wenn du anfängst, müde zu werden.‹ Er war ein Profi. Er hätte auf einem so schwierigen Streckenabschnitt nie und nimmer gedöst. Es muß ein irrwitziger Unfall gewesen sein.«

Er schüttelte den Kopf und stellte den leeren Becher neben sich auf die Bank. Alex hörte, wie Nancy Farnell sich am anderen Ende des Raums leise mit ihrem Mann unterhielt, der gerade hereingekommen war. Zwei Musher lagen in ihren Schlafsäcken hinterm Ofen, die Köpfe auf den zusammengerollten Parkas. Von dem einen sah man nur den Bart und den halb offenen Mund. Er hatte eine gelbe Pudelmütze als Schutz vor dem Licht bis über die Augen gezogen. An Stelle des bekannten CAT Logos stand hier DOG. Der Mann direkt neben dem Ofen bewegte sich im Schlaf und streckte plötzlich einen Arm zu Seite. Der andere lag reglos auf dem Rücken.

Wie hielten die das bloß aus, fragte Alex sich. Wieso machte es ihnen Spaß, Jahr für Jahr? Fast zwei Wochen auf dem Trail, kaum Schlaf und härteste körperliche Anstrengungen. Wenn sie Nome erreichten, mußten sie total ausgebrannt sein.

»In seinem Schlittensack lag der Stöpsel für die Thermoskanne, aber die Kanne selbst fehlt«, sagte Becker.

Turner richtete sich plötzlich auf, ihm fiel etwas ein. »Die habe ich«, rief er. »Ich habe sie auf dem Trail gefunden, kurz bevor ich über George stolperte. Ich hob sie auf, um sie ihm zurückzugeben. Er hatte immer Kaffee dabei. Bei jedem Checkpoint holte er sich frischen.«

»Woher wissen Sie, daß es seine Thermoskanne ist?«

»Es sind seine Initialen drauf. Ich hole sie.«

Alex stand auf und legte Turner eine Hand auf die Schulter. »Ich gehe. Ich habe Stiefel an. Wo steht Ihr Schlitten?«

Vor der Hütte zündete er sich eine neue Pfeife an und genoß den warmen Geschmack des guten Tabaks. Er fand die Thermoskanne wie angegeben in Turners Schlittensack. G. K. stand in schwarzer Farbe drauf. Sie war leer und offen, und am Hals saßen bräunliche Eiskristalle. Er zog einen Spurensicherungsbeutel aus der Tasche, ließ die Thermoskanne hineingleiten und verschloß den Beutel sorgfältig. Im Schuppen verfuhr er mit der Verschlußkappe auf dieselbe Weise. Er verharrte einen Moment, beide Beutel in der Hand, bevor er sie in Koptaks Schlittensack verstaute und diesen wieder versiegelte.

Irgend etwas an dieser Thermoskanne beunruhigte ihn. Das Labor müßte unbedingt die Kaffeespuren analysieren und den Behälter auf Fingerabdrücke untersuchen. Es war schon seltsam, daß ein erfahrener Musher mir nichts dir nichts von seinem Schlitten purzelte und gegen einen Baum geschleudert wurde. Besonders, wenn es sich um jemanden wie George Koptak handelte, der über die Risiken auf dem Trail Bescheid wußte und seinen jüngeren Freund immer wieder zur Wachsamkeit angehalten hatte. George kannte diesen Streckenabschnitt genau und nahm zudem von jedem Checkpoint frischen Kaffee mit.

Das war's! Wenn George immer Kaffee mitnahm, warum hatte er nicht angehalten, um seine einzige Thermoskanne aufzuheben, als sie herunterfiel? Es war erst der zweite Renntag, und er hätte merken müssen, wenn sie ihm aus der Hand rutschte. Aber er stopfte die Verschlußkappe in den Sack und ließ die Thermoskanne auf dem Trail zurück.

Auf dem Weg zum Blockhaus passierte Jensen ein Gespann, das an einem kleinen Feuer Rast machte. Auf dem Schlitten saß die großgewachsene Frau, die mit Turner gesprochen hatte. Sie war damit beschäftigt, verknäuelte und verdrehte Hundeleinen auf ihren Knien zu entwirren. Alex nickte ihr zu.

»Ist Bill okay?«

Ihre tiefe wohlklingende Stimme ließ ihn aufhorchen. Ihr Gesicht war gebräunt von Sonne und Wind. Sie wirkte fit, attraktiv und besorgt.

»Sieht so aus, nach Lage der Dinge.«

»Sagen Sie mir Bescheid, wenn Sie mit ihm fertig sind? Ich möchte nicht, daß er hier allein rumsitzt. Wir müssen uns um ihn kümmern, bis das Flugzeug kommt.«

»Natürlich«, versprach Jensen. »Und sehen Sie zu, daß er was ißt. Er hat bestimmt noch nichts im Bauch.«

In Gedanken bei der Thermoskanne, stieg er den Hügel hinauf. Erst vor dem Blockhaus fiel ihm ein, daß er sie nicht nach ihrem Namen gefragt hatte.

Jessie Arnold sah ihn ins Blockhaus verschwinden. Er kam ihr eher wie ein Reporter vor oder wie einer der Leute von der Rennleitung, nicht wie ein Trooper. Auch unter den schweren Winterklamotten war erkennbar, daß er eine kräftige, gute Figur hatte. Er erinnerte sie an einen Wikinger, besonders durch seinen Schnurrbart.

Zwei Jahre war es nun schon her, daß Jessie in der Nähe von Knik Land gekauft und mit Hilfe von Freunden ein zweizimmriges Blockhaus gebaut hatte, in dem sie ganz allein lebte, gut sechs Kilometer vom nächsten Nachbarn entfernt. Ihr gefiel das. Der gesunde Lärm, den ihre Hunde veranstalteten, störte niemanden, und das Training mit dem Gespann hielt sie so in Atem, daß sie andere Menschen selten vermißte. Sie hielt sich nie lange in der Stadt auf, sie fühlte sich wohler in ihrem Blockhaus bei ihren dreiundvierzig Hunden.

An manchen Abenden indes packte sie die Unruhe. Sie trank dann in der Ortskneipe ein oder zwei Bier oder spielte eine Runde Pool-Billard. Unter den Gästen waren viele Musher, und hier fühlte sie sich zu Hause. Das passierte ihr meist im tiefen Winter, wenn es nicht einmal sechs Stunden hell blieb und sie es leid war, das Gespann im Dunkeln zu trainieren. Es war schön, wenn ein Lebewesen mit Worten auf sie reagierte und nicht mit Winseln oder Gebell.

Der Mann, der da gerade fortgegangen war, schien nicht uninteressant, aber sie zuckte nur die Achseln und kümmerte sich wieder um das verhedderte Geschirr. Im Moment hatte sie eh keine Zeit, Genaueres herauszufinden.

In der Hütte hatte Alex sich wieder zu Turner gesetzt, als das Funkgerät in der Ecke plötzlich loskrächzte. Die Funkerin, eine junge Frau mit einem Iditarod-Button auf den roten Hosenträgern, stülpte den Kopfhörer über ihre Zöpfe. Ihr Zusammenzucken alarmierte Alex, noch bevor sie sich umdrehte und ihn zu sich rief. »Ich glaube, das ist für Sie«, sagte sie mit aufgerissenen Augen. »Noch ein Unfall. In Happy Valley.«

4

Datum: Montag, 4. März
Tag: Dritter Tag des Rennens
Ort: Zwischen den Checkpoints Finger Lake und Rainy Pass
(achtundvierzig Kilometer)
Wetter: Zunehmende Bewölkung, schwachwindig bis windstill,
Schnee angesagt
Temperatur: −15 °C Maximum, −20 °C Minimum
Zeitpunkt: Später Vormittag

Anchorage, Ausgangspunkt des alljährlichen Iditarod-Rennens, liegt auf Meereshöhe, östlich der Cook-Bucht. Auf den ersten dreihundertundzwanzig Kilometern bis Finger Lake steigt der Trail nur auf dreihundertfünfzig Meter an, aber die nächsten achtundvierzig Kilometer bringen einen Sprung auf fast tausend Meter, bis Rainy Pass, dem höchsten Punkt der gesamten Strecke.

Flache Anhöhen gehen in Hügel über und diese in furchteinflößende, majestätisch schweigende Berge. Es ist schwer vorstellbar, hier einen Weg zu finden, selbst in den wärmsten Monaten des Jahres und erst recht im Winter. Daß sich der Iditarod Trail über den Rainy Pass schlängelt, ist dem konzentrierten Einsatz einer ganzen Armee von Freiwilligen zu verdanken. Die einzige Alternative zum Rainy Pass heißt Hell's Gate und wird nur benutzt, wenn der Canyon am Rainy Pass durch Eis unpassierbar ist.

Vor den Schlittenhundegespannen kommen die Trailbreaker mit ihren Schneemobilen, den sogenannten »eisernen Hunden«. Sie spuren einen Trail, der vielleicht schon nach wenigen Stunden von Neuschnee zugedeckt oder von den scharfen Winden, die diese Höhen verhexen, zugeweht wird. In manchen Jahren muß die Strecke mehrfach »gebrochen« werden, damit die ersten Fahrer durchkommen. Aber das Rennkomitee ist nicht verpflichtet, den Trail ständig offenzuhalten, und das kann für jene Musher, die ein oder gar zwei Tage hinter der Spitzengruppe am Pass eintreffen, einen wahren Härtetest bedeuten.

Die Schneemobilfahrer, durch dichte Kleidung gegen das arktische Wetter geschützt, bewältigen die Anderthalbtausend-Kilometer-Strecke schon mal ohne Schlaf und vernünftige, warme Mahlzeiten. Der Gedanke an ein warmes Bett ist nur ein Traum; eine heiße Dusche – nur mehr eine Erinnerung. Sie haben Schultern, die jeden Baseballspieler vor Neid erblassen lassen. Aber wenn sie versuchen, die bleichen, leeren Nächte auf dem Eis des Norton Sounds zu beschreiben oder das Nordlicht, das so hell ist, daß es vom Schnee im Farewell Burn reflektiert wird, überzieht plötzlich ein nachdenklich-sehnsüchtiger Ausdruck ihre Gesichter, und sie verfallen entweder in Schweigen oder stammelnde Erklärungsversuche. Viele kommen – trailsüchtig – jedes Jahr wieder.

Auf dem Weg zum Pass, hinter Finger Lake, folgte Virginia Kline dem gewundenen Trail, der, von Bäumen gesäumt, sanft anstieg bis zu den kahlen Höhen über dem Happy River Valley. Happy River: eine wenig glückliche Bezeichnung. Ein paar hundert Meter unter sich erblickte Ginny den Fluß, ein schmales, schneebedecktes, von Büschen gesäumtes Band.

Im Sommer tost der Happy River durch das enge Tal, gespeist von den Gletschern der höchsten Berge Nordamerikas. Im Winter friert er nur langsam zu und bildet eine stete Gefahr wegen des überquellenden Schmelzwassers, das verharschte Löcher und Eisbrücken erzeugt, die manchmal das Gewicht eines einzigen Hundes einstürzen läßt. Doch genausogut können sie einen zweihundert Pfund schweren Schlitten tragen: Für den nachfolgenden Fahrer bedeutet das eine trügerische Sicherheit. Der plötzliche und unerwartete Kollaps einer solchen Eisbrücke kann ein ganzes Gespann ins Wasser reißen; Fahrer und Schlitten werden klatschnaß, Hunde ertrinken oder strangulieren sich in ihren Geschirren.

Kein erfahrener Musher liebt das Happy Valley, für jeden Neuling beim Rennen ist es jedoch der reine Terror.

Obwohl sie die Strecke kannte, sie schon zweimal absolviert hatte, blieb Ginny das Herz stehen, als sie in die Tiefe blickte. Sie wußte – in wenigen Minuten müßte sie mit dem Gespann nach unten und auf der anderen Seite wieder hoch, um den nächsten Checkpoint zu erreichen.

Der Sturm vom Samstag hatte alles zugeschneit. Die schweren Schlitten der vorausfahrenden Gespanne hatten zwar den Schnee zusammengepreßt, aber rechts und links vom Trail türmte er sich brusthoch. Der Himmel war bedeckt, es schneite nicht, obwohl Schnee angesagt war, noch vor Anbruch der Nacht. Die Lichtverhältnisse machten es fast unmöglich, Bodenunebenheiten zu erkennen. Die wenigen Bäume, an denen Ginny vorbeikam, warfen keine Schatten, und die harten Schrunden und Furchen auf dem Trail brachten sie häufig aus dem Gleichgewicht.

Als der Schlitten sich dem Gefälle anpaßte und seitlich auszubrechen begann, mußte Ginny sich hügelwärts lehnen, um das Gefährt in der Spur zu halten. Früher am Tag war sie gestürzt, als sie Wasser holte für die Hunde, und sie hatte sich einen Muskel in der Schulter gezerrt. Jetzt wurde sie durch jeden Stoß des schweren Schlittens schmerzhaft an den Sturz erinnert.

Ungefähr einen halben Kilometer verlief der Trail parallel zum Canyonrand, entfernte sich dann aber so weit von ihm, daß Ginnys Nervosität nachließ. Die Hunde rannten ordentlich, wenn auch ein bißchen schneller, als es ihr lieb war.

Die Spannung ließ nach, und sie dachte an Bill Turner und wie er letzte Nacht das Blockhaus am Finger Lake betreten hatte, zitternd und elend. Sein jämmerlicher Zustand und die Geschichte, die er erzählte, ließen sie kurz überlegen, ob sie das Rennen schmeißen sollte. Sie hatte an der Wand gelehnt und beobachtet, wie die anderen Fahrer mit angespannten Mienen über den Unfall redeten. Daß alle erfahrenen Musher weitermachten, ermutigte sie, ebenfalls Rainy Pass in Angriff zu nehmen. Wenn sie im Anschluß daran, nach einer Übernachtung, Dalzell Gorge und Rohn erreichte, könnte sie es auch bis zum Ende schaffen. Aber – ein Checkpoint war erstmal genug; wenn sie das Happy Valley durchstand, hätte sie ihr Tagesziel erreicht.

Nur ein Fetzen grellrosa Flatterband warnte vor der nächsten Kurve: Es ging abrupt nach links und steil bergab. Ginny trat hart auf die Bremse, hoffte, sie würde halten, und rief ihren Hunden zu: »Whoa! Whoa! Sally, Bones! Langsamer, ihr Esel!« Die Huskies schienen ihre Stimme zu hören, zeigten aber keine Reaktion. Ein Schneebrett zur rechten nahm sie nur schemenhaft wahr, talseits flitzten zwei Bäume an ihr vorbei, während sie sich damit abmühte, den Schlitten in der Horizontale zu halten.

Ginny trat heftig auf die Bremse und ließ den linken Fuß schleifen, um das Tempo zu drosseln. Keine Zeit für Angst, nur für Kraft und Kontrolle. Die Schulter schmerzte von der Anstrengung, den Schlitten zu bändigen. Rambo, der linke Leithund, klemmte seinen Schwanz zwischen die Beine und machte einen Satz, als der vordere Bogen ihn seitlich streifte.

Gerade als sie sich wieder sicherer fühlte, sah Ginny erstaunt, wie schräg von rechts Hunde auf sie zukamen. Ungläubig registrierte sie, daß es ihre eigenen waren. Sie fuhr an ihnen vorbei. Der Trail schwang sich steil nach rechts den Abhang hinauf. Die Trailbreaker hatten die Strecke – weil für eine normale Kurve offenbar der Platz fehlte – wie ein Loop um ein paar Bäume herum und in die alte Spur zurückgeführt. Verzweifelt kämpfte Ginny ums Gleichgewicht, sie spürte, daß die Schwerkraft sie mitsamt dem Schlitten – wie ein Jahrmarktskarussell – aus der Spur zu schleudern drohte. Vor der nächsten Traverse, so steil wie die erste, war der Schlitten wieder im Gleichgewicht. Ginny hatte nicht mehr den Atem, den Hunden Befehle zuzurufen, sie konnte nur versuchen den Schlitten in der Spur zu halten.

Manche Musher, das wußte sie, banden ihre Hunde einfach los und rodelten mit dem Schlitten ins Tal. Das war verlockend, aber gegen die Regeln. Andere wiederum schleppten Ketten und Gewichte mit, um das Tempo zu verlangsamen.

Einen halben Kilometer weiter kam der nächste Loop. Diesmal war sie vorbereitet, sah die Leithunde nach links verschwinden und bremste scharf in die enge Kurve hinein.

Da riß plötzlich, so laut wie ein Schuß, die Verbindungsleine zwischen Gespann und Schlitten. Ginny konnte die Schallwellen bis in den Lenker spüren. Die Hunde, frei von jeder Last, rannten pfeilschnell den steilen Hang hinunter. Der Schlitten flog über die Kante des Canyon. Ginny hatte nur einen Atemzug, um festzustellen, daß sie durch die Luft flog, als der Schlitten vom Trail gerissen wurde. Er polterte den Abhang hinunter auf den vereisten Fluß zu, zweihundert Meter unter ihr.

Unter dem Neuschnee, der den Hang bedeckte, versteckten sich die Felsformationen, die die Schulter des Canyons bildeten. Ginny überschlug sich wieder und wieder, verheddert in zweihundert Pfund Schlitten und Ausrüstung. Schreien konnte sie nicht, die Luft wurde ihr abgedrückt, als sie wieder und wieder gegen die Felsen prallte. Ein dünner Baum zerbrach unter dem Schlitten wie ein Streichholz und schlug Ginny unters Kinn. Schließlich polterte der Schlitten auf die Felsen am Fuße des Canyon zu und begrub seine Fahrerin unter sich. Mit einem dumpfen Geräusch landeten beide im tiefen Schnee.

Dieses kaum vernehmbare Geräusch hörte ein Musher, der sich gerade damit abmühte, sein Gespann heil über die zahllosen Löcher im vereisten Fluß zu bringen. Er blickte in dem Moment auf, da der Schlitten im Schnee verschwand, und beobachtete ungläubig, wie eine kleine Lawine die Vertiefung ausfüllte.

Zwei weitere Fahrer, die gerade Rast machten und Schnee schmolzen, um ihre Gespanne zu tränken, fingen Ginnys Hunde ein, als sie durch den Canyon rasten.

5

Datum: Montag, 4. März
Tag: Dritter Tag des Rennens
Ort: Zwischen den Checkpoints Finger Lake und Rainy Pass
(achtundvierzig Kilometer)
Wetter: Bedeckt, schwachwindig bis windstill, Schnee im Anzug
Temperatur: −15 °C Maximum, −21 °C Minimum
Zeitpunkt: Nachmittag

Mit Kreischen und Brummen jagten die Schneemobile über den holperigen Trail von Finger Lake zum Happy Valley Canyon. Kurz vor Mittag war die Sonne einmal kurz aufgetaucht, aber jetzt hatte sie sich hinter Wolken versteckt, und die Fahrspuren waren nicht mehr durch Licht und Schatten konturiert.

Begierig, den Unfallort rasch zu erreichen, fuhr Sergeant Jensen schnell und zugleich vorsichtig hinter Tom Farnell her. Er war froh, daß Tom vorausfuhr, denn seine Gedanken waren von den beiden Unfällen absorbiert. Es erschien ihm völlig unwahrscheinlich, daß bei einem seit zwanzig Jahren unfallfreien Rennen nun innerhalb von zwei Tagen zwei Fahrer tödlich verunglückt sein sollten.

Der aufgeregte Funker in Rainy Pass hatte ihm kaum etwas berichten können, außer, daß es einen neuen Todesfall gab. Ungefähr auf halber Höhe am Canyon war Virginia Kline mit ihrem Schlitten in einer Haarnadelkurve vom Trail gestürzt, war erst gegen die Felsen, dann in den Tiefschnee geschleudert worden und lag jetzt unter ihrem Gefährt und einer kleinen Lawine begraben. Ein Musher hatte sie freigeschaufelt und festgestellt, daß sie tot war. Er wartete auf Hilfe. Ein zweiter Fahrer hatte die Nachricht nach Rainy Pass gebracht.

Ehe Jensen losfuhr, schickte er Becker zur Unfallstelle von Koptak und forderte über Funk den Helikopter an. Für den Spätnachmittag war Sturm angesagt worden, von der Küste her, deshalb müßten Schlitten und Leiche rasch geborgen werden, bevor Wind und Wetter alles zudeckten. Er blickte besorgt zum Himmel und stieß beinahe mit Farnell zusammen, der sein Tempo gedrosselt hatte.

»Es geht hier steil runter«, schrie Tom über das Motorengeräusch. »Halten Sie sich direkt hinter mir und bleiben Sie cool. Das ist ein teuflisches Stück.«

Farnell fuhr langsam vor Jensen her, bis er auf einmal aus seinem Blickfeld verschwand. Alex kroch hinterdrein und fand sich über einem scheußlichen Steilhang. Der Blick in den Canyon jagte seinen Adrenalinspiegel in die Höhe. Trotz starker Bremsen glitt der Motorschlitten wie von allein vorwärts. Alex sah Farnell um eine Kurve schlittern und sich mit dem Fuß talseits von einem Baum abstoßen.

Sie kämpften sich weiter in die Tiefe, Kurve um Kurve. Dann machten die Spuren plötzlich einen abrupten Schwenk zum Abgrund, hörten einfach am Rand auf. Jensen hielt an, traute sich aber nicht, von dem schweren Schlitten abzusteigen. Er entdeckte nichts, was den Sturz von Virginia Kline bewirkt haben mochte. Hangabwärts zeichneten sich im Schnee tiefe Löcher ab, und ein kleiner Baum war regelrecht durchgebrochen. Die schneebedeckten Felsen und Büsche verdeckten den Grund des Canyon, aber Alex mußte mächtig schlucken bei der Vorstellung, von hier aus rund zweihundert Meter in die Tiefe zu stürzen. Er ließ das Schneemobil, dem Zug der Schwerkraft folgend, den Trail hinabgleiten.

Farnell wartete am Ende der Steilkurven. Jensen hielt neben ihm an und atmete tief durch.

»Haben Sie die Spuren an der zweiten Biegung gesehen?« fragte Farnell. »Verdammt. Wie kann das passiert sein?«

»Keine Ahnung«, antwortete Jensen. »Es sieht so aus, als hätte sie nicht einmal gebremst. Sehen wir uns ihren Schlitten an. Es kann nicht mehr weit sein.«

Sie fuhren weiter, Farnell wieder vorneweg. Der kleine vereiste Fluß schlängelte sich durch die enge Schlucht. Sie kurvten um Löcher, Pfützen und eisfreie Stellen, bis ein Musher in blauem Parka und Schneeschuhen sie anhielt. Er hatte neben einem kleinen Feuer gekauert.

»Hey! Sind Sie der Trooper?«

Jensen fuhr rechts ran, ging zum Feuer. »Stimmt. Sergeant Alex Jensen. Sie haben sie abstürzen sehen?«

»Bomber Cranshaw, McGrath.« Der Musher war etwa einsfünfundsiebzig groß und kräftig gebaut. Unter seiner Bibermütze quollen verfilzte Haare hervor, Vollbart und Schnauzer waren mit Eiskristallen übersät. Er nickte, kaute auf seiner Unterlippe und begann mit dröhnender Stimme zu berichten.

»Verdammt, ich hab' nicht alles gesehen. Sie hat nicht geschrien, sondern ist einfach runtergefallen. Ich hörte ein Krachen und schaute in dem Moment hin, als der Schlitten von dem Felsen dort abprallte.« Er zeigte auf eine Stelle, ungefähr fünfzehn Meter über ihnen. Alex sah die tiefe Kuhle, wo der Schnee weggestoben war. »Sie fiel den ganzen Rest in einem Stück, und dann gab es so'n dumpfes Geräusch, als sie auf den Felsen krachte; der Schlitten war über ihr. Sie können sehen, wo die Lawine abging, die alles begraben hat. Ich hab' meine Hunde festgebunden, die Schneeschuhe rausgeholt und bin rübergesaust; wollte sehen, ob ich was tun konnte.

Aber viel konnte ich nicht mehr tun. Ich hab' mit meinen Händen den Schnee weggeschaufelt, doch Ginny war schon tot, als ich sie fand. Ihr Kopf ist so komisch abgeknickt. Ich denke, sie hat sich das Genick gebrochen, als sie auf den Felsen traf. Vielleicht war's auch der Schlitten. Sie hat nicht mehr geatmet, und da war mir klar, ich konnte kaum noch was machen. Sie ist ganz schön zugerichtet. Das ist eine Menge Gewicht, das auf ihr liegt. Haben Sie auf dem Weg runter was gesehen?«

Jensen musterte den Mann schweigend. Der Musher hatte offenbar Zeit gehabt, sich zu sammeln. Er sprach mit zusammengezogenen Augenbrauen und heftigem Gestikulieren. Bomber war etwa Mitte dreißig und – dem Aussehen seines Schlittens nach – kein Neuling bei diesem Sport. Sein Parka war mit Aufnähern früherer Iditarod-Rennen verziert. Er erzählte klar und unbefangen, schien gleichwohl wachsam.

»Wer brachte die Nachricht nach Rainy?« fragte Farnell.

»Susan Pilch. Ich war gerade wieder bei den Hunden«, sagte Bomber und wies zu seinem Gespann. »Da ich eh schon angehalten hatte und die Hunde sich ausruhten, dachte ich mir, ich könnte sie auch gleich füttern und hier auf Sie warten. Susan fuhr weiter und meldete den Unfall.«

»Mit dem Warten haben Sie ganz schön Zeit geopfert.«

»Na ja, manche Dinge sind eben wichtiger, obwohl mir da wohl einige widersprechen würden. Ich werd's schon wieder aufholen. Diese Jungs sind die besten, die ich je hatte.« Er zeigte mit dem Daumen auf die Hunde. »Und das Rennen ist noch jung.«

»Danke, daß Sie gewartet haben«, sagte Alex. Er wandte sich an Farnell. »Sehen wir's uns mal an. Der Chopper müßte jeden Moment kommen, und ich möchte die Sache rasch erledigen. Es wird vor Anbruch der Nacht schneien; wir sollten Ginny Kline bergen, solange es noch geht.«

Sie zogen sich Schneeschuhe über. Was sie sonst noch an Ausrüstung brauchten, würde der Hubschrauber bringen.

Bomber führte sie. Seine Hunde dösten, zusammengerollt und dichtgedrängt im Schnee, einige hoben den Kopf, als er sich entfernte. Er hatte eine Spur gebahnt, aber sie kamen trotzdem nur schwer voran.

Ginny Kline lag mit gebrochenem Genick, wie Bomber es beschrieben hatte, halb begraben unter dem schweren Schlitten. Ihr Kopf, ein Arm und die obere Hälfte des Brustkorbs waren alles, was sie sehen konnten. Der hohe Schnee machte es schwierig, den Schlitten zu bewegen, und sie schafften es nur mit vereinten Kräften.

Ginny war, wie Bomber es ausgedrückt hatte, ganz schön zugerichtet. Eine Hälfte ihres Gesichts war bös abgeschürft, und ihr Körper fühlte sich seltsam knochenlos an, als sie sie heraushoben und in den Schlafsack legten, den sie in der Schlittentasche gefunden hatten. Obwohl sich kräftige Schultern unter dem schweren Parka abzeichneten, wirkte die Tote doch seltsam zart und zerbrechlich für eine Iditarod-Wettkämpferin. Die Strickmütze war ihr vom Kopf gerissen, und aus dem langen Haarzopf hatten sich Strähnchen gelöst, die sich um ihre Ohren kringelten. Jensen stopfte die Mütze in Ginnys Parka. Dort fand er eine kleine Taschenlampe, einen angebissenen Schokoriegel, Ersatzverschlüsse für die Hundeleinen und diverse Haarklemmen. In der anderen Reißverschluß-Tasche steckte ein Portemonnaie mit ein paar Dollar, Ginnys Führerschein und Angellizenz sowie Fotos von zwei etwa sechs und acht Jahre alten Jungen in Schuluniform.

Als sie den Schlitten auf den Trail hievten, wurde die Stille plötzlich von Rotorenlärm unterbrochen. Sie blickten auf. Aus dem Hubschrauber winkte ihnen Becker zu. Er war am Unfallort von Koptak gewesen und hatte sich von Bob mitnehmen lassen. Angesichts der schmalen Schlucht ließ Bob Lehrman den Helikopter sehr langsam auf einem flachen Stück Trail niedergehen. Behutsam testete er die Festigkeit des Schnees, und als sie ihm ausreichend erschien, setzte er auf, stellte den Motor aber nicht völlig ab.

Aus Zeitmangel konnte Alex Ginnys Schlittentasche nur flüchtig untersuchen. Mit einem kräftigen Tau konstruierte er einen Haltemechanismus, mit dem der Hubschrauber den Schlitten aus der Schlucht befördern konnte. Er ging auf die andere Seite und besah sich das Stück der Gespannleine, das noch am Schlitten hing. Der Riß war allzu glatt. Die Leine war bis auf einen winzigen Rest von einem scharfen Gegenstand durchtrennt worden; nur dieser winzige Rest war durch den Druck des Zerreißens faserig zerfetzt. Jensen stülpte einen Beweissicherungsbeutel über das Leinenende und klebte einen Hinweis fürs Labor drauf. Es wäre unsinnig anzunehmen, daß Ginny selbst die Leine durchtrennt hatte, aber ein Unfall konnte nicht ausgeschlossen werden. Wenn, was er vermutete, jemand anders dafür verantwortlich war, so konnte derjenige nicht mit Ginnys Tod rechnen. Wer auch immer die Leine angeschnitten hatte – den kümmerte nicht, wann oder wo sie endgültig zerriß, wichtig war ihm einzig das Resultat: ein schwerer Unfall. Die Haarnadelkurven in der Schlucht erhöhten die Chance, daß es hier passieren würde. Ginny wäre damit auf jeden Fall aus dem Rennen gewesen.

Jensen blickte auf. Cranshaw hatte ihn beobachtet.

Als der Schlitten am Helikopter vertäut war, legten sie die Tote in den Leichensack und verstauten ihn auf den zuammengeklappten Passagiersitz.

»Bob, haben Sie genug Benzin, um Becker in Rainy Pass abzusetzen und mit dem zusätzlichen Gewicht nach Anchorage zurückzufliegen?« wollte Alex wissen.

»Sicher. Geben Sie mir auch gleich Ihre Sachen mit. Dann haben Sie's leichter mit dem Schneemobil.«

Becker kletterte auf den Sitz hinter dem Piloten. Als der Hubschrauber abhob, beschrieb der Schlitten taumelnde Kreise in der Luft, stabilisierte sich aber rasch. Nach wenigen Minuten war er hinter dem Canyon verschwunden.

Farnell drehte sich zu Bomber. »Ist das Kaffee auf dem

Feuer? Wir könnten einen Schluck gebrauchen, bevor wir aufbrechen.«

Zu dritt teilten sie sich das heiße Gebräu und nahmen einen Schluck Bourbon. Sie standen so dicht am Feuer, daß sie Handschuhe ausziehen und sich die Finger wärmen konnten. Alex zog an seiner Pfeife und starrte in die Flammen.

»Was meinen Sie?« fragte Bomber.

»Wozu?«

»Ich habe gesehen, wie Sie die Gespannleine untersucht haben. Sie ist angeschnitten worden, stimmt's?«

»Können Sie sich vorstellen, warum?« Eine vorsichtige Gegenfrage.

Der Musher warf den Kopf hoch und blickte Jensen voll ins Gesicht.

»Verflucht, nein. Aber ich weiß, daß Ginny ihre Sachen in Ordnung hält. Sie ist keine blutige Anfängerin.«

Farnells Augen verengten sich. »Damit sagen Sie, daß das hier kein Unfall war.«

»Genau«, gab Bomber zurück.

»Und was ist mit Georges Unfall?«

Beide blickten Jensen erwartungsvoll an.

»Das werden wir noch klären«, sagte er. »In Rainy müßte der Laborbericht auf mich warten.«

Bomber löschte das Feuer und begann, seine Sachen zu verstauen. »Wir sollten langsam abhauen. Es wird bald schneien.«

Aber bis Rainy Pass hielt sich der Schnee zurück. Farnell war wieder nach Finger Lake zurückgefahren und Jensen in Richtung Rainy Pass, wobei er Trailbreaker für Bomber spielte. Obwohl der Pfad an manchen Stellen holprig war, der Schnee weichgetreten von Pfoten und Kufen, verlief die Fahrt durch das baumbestandene hügelige Gelände reibungslos.

Sie erreichten Rainy Pass kurz nach Anbruch der Dunkelheit. Becker unterhielt sich mit Matt Holman, dem *Race Marshall*, der mit dem Versorgungsflugzeug gekommen war. Außer Becker und Holman warteten ein Reporter der *Anchorage Daily News* und zwei junge Männer vom Sender KTUU, Kanal 2, auf Trooper Sergeant Jensen. Die Medienschlacht hatte begonnen.

Im Blockhaus drängten sich die Leute: Musher, Organisatoren, Helfer, Familienangehörige und Freunde. Als Alex den Raum betrat, wurde es plötzlich ganz still. Alle beobachteten, wie er zu Holman hinüberging und ihn begrüßte. Der Geräuschpegel stieg wieder an, aber die Blicke blieben auf das Trio gerichtet. Bis eine halbe Stunde später Bomber Cranshaw hereinkam, der noch seine Tiere versorgt hatte. Er wurde sofort von Mushern umringt und mit Fragen bestürmt.

Bomber zog seinen Parka aus und sah fragend zu Jensen hinüber. Alex zuckte die Achseln und nickte leicht. Lieber Fragen beantworten, als Gerüchte ausstreuen. Die Trooper setzten ihr Gespräch mit Holman fort, der schon 1973 das erste Iditarod-Rennen organisiert hatte.

Während sie miteinander redeten, ließ Alex seine Blicke durch den Raum schweifen, betrachtete die Musher und die Leute, die ihnen halfen oder über sie berichteten. Wie hatte sich das Iditarod-Rennen seit seinen Anfängen entwickelt! Und jetzt lebte er schon über acht Jahre in unmittelbarer Nähe dieser bemerkenswerten Veranstaltung und wußte doch so wenig darüber! Er konzentrierte seine Aufmerksamkeit wieder auf Holman, und seine Fragen gingen über das rein Detektivische hinaus.

6

Datum: Montag, 4. März
Tag: Dritter Tag des Rennens
Ort: Checkpoint Rainy Pass
Wetter: Bedeckt, schwachwindig bis windstill, Schnee angesagt
Temperatur: −15 °C Maximum, −21 °C Minimum
Zeitpunkt: Früher Abend

Erschöpft von den Anstrengungen des Happy Valley, war Steve Smith heilfroh, als er sich dem Blockhaus am Rainy Pass näherte. Er lag auf Platz einundzwanzig. Hinter dem Happy River Valley Canyon stieg der Trail kontinuierlich an, auf den breiten Sattel des Passes zu. Über die Baumgrenze erhoben sich wuchtige schneebedeckte Berge in die anbrechende Dunkelheit.

Der Musher sah im Dämmerlicht den Widerschein von Lagerfeuern, die den nahen Checkpoint verrieten. Zwei Iditarod-Zeitnehmer warteten an den steilen Ufern des Puntilla Lake. Während sie Steves Ankunftszeit notierten und überprüften, ob er die erforderliche Ausrüstung dabei hatte, wurde er von Müdigkeit überwältigt. Eine Sekunde lang wünschte er sich, jemand anderes möge sich um die Hunde kümmern und er könne dafür sofort in das wohligwarme Blockhaus gehen, sich eine freie Stelle auf dem Boden suchen und einschlafen.

Er hatte die Strecke eigentlich gut geschafft, allerdings waren vier seiner Hunde auf dem Happy River in ein Eisloch gefallen. Flach auf dem Eise liegend, hatte Smith die Tiere mühevoll wieder herausgezogen, eins nach dem anderen, während der schwere Schneeanker den Schlitten und das Gespann an Ort und Stelle festhielt. Die klatschnassen Huskies schüttelten sich, und die Wassertropfen auf ihrem Fell gefroren sofort, aber kein Tier schien verletzt.

Der Schlittenhund hat unter seinem dichten Winterpelz zusätzlich eine wollige Haarschicht, die zwischen Haut und Luft eine Barriere bildet. Wird das Fell bei Temperaturen unter zehn Grad Minus naß, verliert sich allerdings der Isolationseffekt. Das Tier muß getrocknet werden, bevor es zu frieren anfängt.

Erleichtert, daß kein Hund unters Eis geraten und ertrunken

war, brachte Steve rasch ein Feuer in Gang und rubbelte jeden der nassen Hunde sorgfältig trocken. Ihre Pfoten, besonders die Zwischenräume zwischen den Zehen, behandelte er mit einer speziellen Lotion und zog ihnen trockene Pfotenschützer über, wobei er darauf achtete, die Verschlüsse nicht zu fest zuzuziehen, damit das Blut zirkulieren konnte.

Das ganze Gespann bekam einen Snack, eine Mixtur aus Honig, Fett, Hackfleisch und Mineralstoffen, dann zog Steve sich Ersatzhandschuhe über, und weiter ging's. Er würde seine durchweichten, steifgefrorenen Fäustlinge zusammen mit den Hundegeschirren in Rainy Pass zum Trocknen aufhängen.

Mitsie, der kleinste Hund, war einer der vier, die ins Wasser gefallen waren. Als sie halb aus dem Canyon heraus waren, legte Mitsie die Ohren an und kämpfte mit ihrem Geschirr. Jenseits des Canyon begann sie zu zittern und wurde langsamer. Steve band sie los und verfrachtete sie in die Schlittentasche. Sie rollte sich zusammen und leckte ihm entschuldigend die Hand.

Jeder Hund, der auf dem Schlitten mitgenommen wird, erhöht das Zuggewicht und verursacht eine Verringerung des Lauftempos der restlichen Hunde. Aber bei der Frage, ob ein Tier genug Kraft hatte, den schweren Schlitten zu ziehen, entschied Smith sich immer für das Wohl des Hundes. Im Checkpoint würde der Tierarzt Mitsie untersuchen. Wahrscheinlich müßte Steve sie aus dem Rennen nehmen, nach Anchorage fliegen lassen und sie später dort wieder abholen. Mitsie würde ihm fehlen: Der kleine Hund hatte einen guten Einfluß auf die anderen.

Schneeflocken tanzten durch die Luft, als die Zeitnehmer mit dem Schlitten fertig waren. Einer bot Steve an, Mitsie gleich zum Tierarzt zu bringen. Kaum war sie aus der warmen Schlittentasche heraus, fing sie an zu zittern, ließ den Kopf hängen, zog den Schwanz unter sich.

Mit einem sehnsüchtigen Blick auf die erleuchteten Fenster des Blockhauses fuhr Steve zu einer Stelle, die durch Bäume ein wenig Schutz bot. Er wollte seine Hunde unbehelligt von den anderen Gespannen, die direkt vor dem Blockhaus Rast machten, zu Ruhe kommen lassen. Für Futter und Wasser mußte er weiter laufen, aber das war es ihm wert.

Abseits vom Trail lag hoher Schnee. Steve band den Schlitten an den kräftigsten Baum und machte sich dran, die Gespannleine an einem zweiten Baum festzuzurren. Die Leine war nicht lang genug, und er schlang sie provisorisch mehrmals um einen tiefsitzenden Ast. Die Hunde waren hungrig und müde; einige hatten sich schon im Schnee zusammengerollt und die Nasen unter die buschigen Schwänze gesteckt. Er würde sich ein Tau zum Verlängern besorgen und die Gespannleine später damit festmachen.

Aus der Schlittentasche holte er den großen Kochtopf, einen Eimer und einen Kinderschlitten aus rotem Plastik und stapfte zum See hinunter. Ins Eis war ein Loch gehackt. Steve füllte Eimer und Kochtopf mit Wasser und zog sie auf dem winzigen Schlitten wieder den Hang hinauf.

Für den quadratischen Metallkocher stampfte er im Schnee eine ebene Fläche zurecht und holte einen Sack Holzkohle und Feuerholz aus seinem Schlitten. Viele Musher benutzten Gaskocher, die sie bei jedem Checkpoint nachfüllen können. Smith bevorzugte die ausdauernde Holzkohle; sie machte kein Pumpen erforderlich, um den Gasdruck zu halten.

Er übergoß die Holzkohlenbriketts und das Anmachholz mit Zündfix, zündete sie an und stellte den Wassertopf auf das heftig brennende Feuer. Mit der Axt zerhackte er die tiefgefrorene Lachs-Rind-Hühnchen-Mischung in freßfreundliche Brocken und warf sie in das kochende Wasser. Sobald das Fleisch aufgetaut war, würde er Fett und Trockenfutter hinzufügen.

Bei einem Rennen über eintausendsechshundert Kilometer sind Nahrung, Wasser und Ruhe für den Fahrer und sein Gespann lebenswichtig. Dehydrierung, der Verlust von Wasser, muß um jeden Preis vermieden werden. Manche Musher flößen ihren Hunden sogar zwangsweise Wasser ein. Das ideale Renn-Futter enthält viel Fett, wenig Fasern, ist ausgewogen an Vitaminen und Mineralstoffen und – am wichtigsten überhaupt – schmackhaft.

Während das Stew leise köchelte, stapfte Steve noch einmal zum See hinunter, auf die improvisierte Landebahn, wo sich die Vorratssäcke stapelten.

Die Checkpoints werden im Verlauf des Rennens von kleinen, mit Vorräten beladenen Flugzeugen angeflogen. Zwei bis drei

Wochen vor dem Start füllt jeder Musher Leinen- oder Plastiksäcke mit Hundefutter und anderen Dingen, die er unterwegs brauchen wird, und markiert sie. Kein Sack darf mehr als siebzig Pfund wiegen.

Seine auffallend orange markierten Säcke entdeckte Steve ohne Mühe. Für die Rast in Rainy Pass hatte er außer Futter, Holzkohle und einem Schlafsack auch Stroh eingepackt. Wegen seiner Höhenlage war Rainy Pass einer der kältesten Checkpoints auf der Strecke. Außerdem blies der scharfe Wind häufig den trockenen Schnee fort, in dem sich die Hunde gern zusammenrollten. Smith war der Meinung, daß das Schlafen auf dem Schnee die Hunde zuviel Energie kostete. Das Stroh würde für zusätzliche Wärme sorgen.

Auf dem Weg zu seinem Gespann traf er Mike Solomon, einen Athabasken-Indianer aus Kaltag, der seine Hunde schon versorgt hatte.

»Komm bald rein«, sagte Mike, »es gibt mehr zu futtern als Weihnachten, und Schlafplätze sind auch noch frei.«

»Was ist mit Ginny Kline passiert? Ich habe gesehen, wie der Hubschrauber ihren Schlitten aus dem Happy Valley brachte.«

»Ja, zwei Trooper stellen 'ne Menge Fragen. Sie glauben, daß jemand ihre Gespannleine angeschnitten hat.«

»Jesus! Wer würde denn sowas tun?«

Sie blickten sich schweigend an. Die Vorstellung machte sie nervös.

»Wie tief ist sie gefallen?«

»Tief genug. Der Schlitten voll von oben drauf, wie Bomber erzählt. Sie hat sich das Genick gebrochen.«

Beide schwiegen.

»Komm rein, Steve. Alle reden nur über das eine Thema.«

»Gleich. Aber erst sind die Hunde dran.«

Smith ging zu seinem Gespann zurück und machte das Futter fertig. Er stapfte durch den Schnee, um jeden einzelnen zu füttern, die Leithunde zuerst, und er freute sich, daß sie so eifrig zulangten. Die Metallnäpfe mit dem warmen Futter sanken ein Stück in den Schnee und stabilisierten sich wieder, während die Hunde tranken und fraßen. Jedes Tier hat seine eigene Art zu fressen. Manche nahmen eher kleine Bissen, andere verschlangen den Fraß in großen Happen. Er grinste beim Anblick des Führungshundes, Jake, der immer als erster fertig war und Nachschlag forderte. »Hey, Jake, eines Tages wirst du noch ersticken.«

Die Hunde, die ins Eisloch gefallen waren, schienen das Abenteuer gut überstanden zu haben. Nachdem Steve das Stroh verteilt hatte, setzte er eine zweite Portion Wasser und gefrorenes Fleisch auf den Kocher, da die Holzkohle noch glühte. Ihm fiel auf, daß ein Hund sich die linke Vorderpfote leckte, und er beugte sich hinunter, um die Verletzung zu suchen. Mit einem warnenden Knurren schnappte das Tier nach seiner Hand, verfehlte die Finger nur knapp.

»Hey!« Dieser Hund war an sich kein Beißer, er hatte noch niemals auch nur nach anderen Hunden geschnappt. »Was ist los, Spook? Laß mich doch mal sehen.«

Beim Ton seiner Stimme fing der Hund schuldbewußt an zu winseln. Jetzt wedelte er mit dem Schwanz.

»Gib Fuß.« Der Hund gab ihm brav die Pfote, aber der Musher konnte keine Verletzung entdecken. Vielleicht hatte sich Spook einen Virus eingefangen, was bei Rennen häufig passierte, wenn Hunde aus so vielen unterschiedlichen Rennställen miteinander in Kontakt kamen. Smith nahm seine steifgefrorenen Handschuhe und anderes, was getrocknet werden mußte, und machte sich auf den Weg zum Blockhaus. Endlich ins Warme kommen, was essen und dann ausruhen. Er redete mit dem Tierarzt über Mitsie, und sie beschlossen, sie aus dem Rennen zu nehmen. Der Arzt hatte ihr bereits Antibiotika injiziert, um eine Lungenentzündung abzuwehren. Im Blockhaus wimmelte es von Mushern, Organisatoren und Reportern. Alle waren betroffen von dem erneuten Todesfall. Die Trooper waren in der Menge schwer auszumachen. Sie schienen mit einem Zeitnehmer und dem Race Marshall ins Gespräch vertieft. Bomber Cranshaw war von Mushern umringt.

Eine Fahrerin, sie saß in einer Ecke des großen Raums, machte einen entsetzten und verängstigten Eindruck. Der Mann neben ihr, offenbar ein Fotograf – er hatte eine Kamera um den Hals hängen –, klopfte ihr unbeholfen auf die Schulter. Ein paar Fahrer, die zum ersten Mal am Rennen teilnahmen, warfen mißtrauische Blicke in die Runde. Sie diskutierten offenbar, wer denn wohl eine Gespannleine durchschneiden würde. Hinter dem Ofen, unter dampfenden Kleidungsstücken und Hundeleinen, schlief der Gewinner vom letzten Jahr so tief und fest, als wäre der Raum völlig leer.

Ein Tisch mit Speisen füllte eine Ecke aus: Eintopf, Roastbeef, Brötchen, Schinken, Salat, Makkaroni mit Käse, Pasteten, Kekse, Kaffee, Milch und Bier. Steve füllte sich den Teller und setzte sich mit einem Becher stark gesüßten Kaffees an den Ofen und lauschte den Gesprächen um sich herum. Die Hitze war drückend, aber doch angenehm nach der Kälte.

Der bullige Mike Solomon ließ sich neben ihm nieder. »Verstehst du, was ich meine?« Er nickte in Richtung Bomber Cranshaw. »Er fuhr mit seinem Gespann hinter dem einen Trooper her, das war kurz bevor du kamst. Der andere kam mit dem Chopper. Bomber hat geholfen, Ginny zu bergen. Hat ihn bestimmt Zeit gekostet. Johnson und Talburgen haben im Valley ihre Hunde eingesammelt. Sie sagen, die Leine war noch an zwei anderen Stellen angeschnitten.«

Smith aß seine Makkaroni auf, stopfte den Papierteller in den schwarzen Müllsack hinter sich und machte sich dann über Roastbeef und Brot her. Dazu trank er Kaffee. »Warum zum Teufel sollte jemand ihre Gespannleine anschneiden«, fragte er kauend. »Woher weiß man, daß sie angeschnitten wurde?«

»Es war eine nagelneue Leine. Sie wird sie kaum selbst angeschnitten haben. Talburgen erinnert sich, wie Ginny letzte Nacht vorm Schlafengehen ihre ganze Ausrüstung überprüft hat. Sie machte sich Sorgen, weil sie letztes Jahr auf halber Strecke gestürzt war und sich zwei Rippen gebrochen hatte. Die Einschnitte waren raffiniert angebracht, direkt vor den Knoten, so daß ihr nichts aufgefallen ist.«

Solomon versank in Gedanken. Eine Weile betrachtete er prüfend die Gesichter um sich herum. »Naja, ich werd' besser noch mal nach den Biestern sehen und mich aufs Ohr hauen. Hier drinnen ist nichts zu machen. Ich glaube, ich penne im Schlitten.«

»Ich bleibe noch, Wärme tanken, aber ich denke, du hast recht. Bis später.« Steve stand auf und holte sich noch mal Kaffee.

Vierzig Minuten später verließ er das Blockhaus, herrlich satt, aber etwas benommen von der feuchten Hitze, und er stolperte, bis sich seine Augen an das Dunkel gewöhnt hatten. Zu wenig Schlaf in den vergangenen vier Tagen, dazu die Wärme und das heiße Essen – da wurden die Füße zu Blei. Die Augen fielen ihm zu, und er gähnte heftig. Als er sich seinem Lagerplatz näherte, fiel ihm ein, daß er die Gespannleine noch befestigen müßte.

Ein paar seiner Hunde hatten sich nicht wie sonst im Schnee zusammengerollt. Steve war auf dem Weg zum Kocher, drei Meter vom ersten Strohballen entfernt, als der ihm nächste Hund plötzlich ein leises Knurren von sich gab. In Gedanken schon damit beschäftigt, das Futter in einen Thermosbehälter umzufüllen, achtete der Musher nicht darauf.

Er warf Stroh und Späne auf die Holzkohlenreste, um Licht zu haben. Als er sich zum Schlitten umwandte, knurrte ein zweiter Hund. Dann hörte er das Geräusch von schnappenden Zähnen, begleitet von lautem Jaulen. Smith wirbelte herum.

Rabbit, einer seiner größten Hunde, stand ihm mit gefletschten Zähnen und wild gesträubtem Fell gegenüber. Sprungbereit in den Schnee gekauert. Hinter Rabbit knurrten drei Hunde tief und warnend. Sie krochen vorwärts, dumpf, feindselig, und nagelten ihn am Feuer fest.

»Rabbit, Jake. Platz!« sagte Steve in scharfem Ton. »Was ist los mit euch? Platz, verdammt noch mal!«

Die Hunde kamen näher, jaulend, Geifer tropfte ihnen aus dem Maul, und da merkte er, daß sie die Leine von ihrem provisorischen Anker losgerissen hatten. Er schrie auf. Suchte nach einer Waffe. Zum ersten Mal überhaupt fürchtete er sich vor seinen eigenen Hunden. Nichts war in Reichweite außer dem Kochtopf. Als Steve danach griff, sprang ihn Rabbit (so benannt aufgrund seiner Wendigkeit und Schnelligkeit) an. Er rammte Smith die Vorderpfoten gegen die Brust und grub seine Zähne in Parka und Schulter; Steve kippte hintenüber in den Schnee, riß dabei den Kochtopf um, wobei sich dessen Inhalt über seine Beine ergoß.

Dann drehte das restliche Gespann durch. Obwohl Steve sich mit Händen und Füße verzweifelt wehrte, zerfetzten die Hunde im Nu seinen Parka und die Thermohosen. Messerscharfe Zähne schnitten sich in Steves Fleisch. Er brüllte lauthals. Rabbit schloß seine Kiefer um den entblößten Nacken seines

Meisters. Der Musher schrie noch einmal, als das Tier ihm Hals und Schlagader aufriß. Chunk, den Smith von Hand aufgezogen hatte, biß ihm zwei Finger ab. Sein Blut verfärbte den Schnee im Umkreis.

Der infernalische Lärm trieb die Musher von ihren Lagerfeuern und aus dem Blockhaus. Jetzt bellten alle Hunde wie verrückt und zerrten an ihren Leinen, um sich am Kampf zu beteiligen. Ein Zeitnehmer, der als erster vor Ort war, wurde von drei Hunden angesprungen und in den Arm gebissen, den er sich schützend vors Gesicht gehalten hatte. Er wich stolpernd zurück, konnte die Angreifer schließlich abschütteln. Einer ließ erst von ihm ab, als er ihn gegen den Schlitten knallte.

»Verdammtes Vieh!« brüllte er. »Hol schnell einer ein Gewehr! Sie haben Steve erwischt.«

Ein anderer Mann versuchte, die Hunde mit einem Stück Feuerholz kampfunfähig zu machen. Er schaffte es bei einem, gab aber auf, als er merkte, daß das ganze Gespann außer Kontrolle war. Er wich zurück, bevor er gebissen werden konnte. Die Trooper kamen vom Blockhaus rüber und sahen sich einer rasenden, Zähne fletschenden Meute gegenüber. Während ihr Herr und Meister bewußtlos im Schnee verblutete, baute sich das Gespann, bereit zum Angriff, vor der Menschenmenge auf.

Zutiefst erstaunt standen die Musher vor den Hunden, die noch vor wenigen Stunden gut erzogene, nette Viecher gewesen waren. Sie waren kaum wiederzuerkennen. Eine Horde Wölfe wäre weniger bedrohlich erschienen.

»Erschießen Sie sie«, sagte jemand mit lauter, fester Stimme, »bevor sie die Gespannleine zerreißen.«

Jensen zog langsam seinen Revolver und erschoß einen Hund nach dem anderen. Nach sechs Schüssen war das Magazin leer, er lud nach und gab die nächsten Schüsse ab. Dann machte er seinem Partner Platz, aber da kam einer der älteren Musher mit einer 44er nach vorn. Mit tranenüberströmtem Gesicht erschoß er die letzten drei Hunde und beendete die schauerliche Mission. »Scheiße«, sagte er bei jedem Schuß. »Scheiße. Scheiße.«

Der letzte Hund warf sich sterbend immer wieder gegen die Gespannleine, die ihn an seinen toten Kameraden band. In der plötzlichen Stille starrten die Menschen minutenlang schweigend auf das Gemetzel, indes die Trooper zu dem toten Musher gingen. Am Fuß des Hügels war Mitsie vorm Zelt des Tierarztes am warmen Feuer festgebunden. Jetzt hob sie die Schnauze und heulte laut. Sämtliche Hunde beim Checkpoint stimmten in ihr Geheul ein, und der Ton hing in der eisigen Luft und brach sich an den umliegenden Hügeln.

7

Datum: Montag, 4. März
Tag: Dritter Tag des Rennens
Ort: Checkpoint Rainy Pass
Wetter: Bedeckt und Schnee, für Dienstag auflockernde Bewölkung und Temperaturrückgang angesagt
Temperatur: −15 °C Maximum, −21 °C Minimum
Zeitpunkt: Abend

»Wie grauenvoll«, sagte Becker.

Er betrachtete die Szenerie, zusammen mit Jensen, im Licht eines Schweinwerfers, der zum Checkpoint gehörte. Den Strom lieferte ein gasbetriebener Generator. Die toten Hunde lagen in Müllbeutel verpackt am Rande der Landebahn zum Abtransport bereit; daneben der Leichensack mit den sterblichen Überresten Steve Smiths; und Smiths Schlitten.

»Die haben bald genug Schlitten und Ausrüstung im Labor, um selbst ein Rennen aufzuziehen«, sagte Becker. Der junge Trooper wirkte müde, wie er da mit vor Konzentration gefurchter Stirn prüfte, ob sie auch keine Spur übersehen hatten. Der ewig muntere Phil wurde allmählich stiller.

Der Kochtopf mit gefrorenem Hundefutter, den sie im Schnee gefunden hatten, war ebenfalls fürs Labor versiegelt worden. Jensen glaubte nicht, daß sich in den Speiseresten viel entdecken ließ; wichtig wäre die erste Fütterung. Spuren mochte es geben, aber die Lösung befand sich in den Mägen der Hunde. Auch die Futternäpfe, wiewohl sauber ausgeleckt, könnten etwas verraten.

Bill Pete – der Musher, der Smiths letzte drei Hunde erschossen hatte – sowie Matt Holman und ein Zeitnehmer hatten sich bereit erklärt, Wache zu halten, damit die Trooper sich auf die Untersuchungen am Tatort konzentrieren konnten.

Es gab nicht mehr viel zu tun. Bevor Becker und Jensen die Beweismittel zur Landebahn brachten, sperrten sie den Unfallbereich mit rosa Plastikband ab. Dann gingen sie den Boden Zentimeter für Zentimeter auf Spuren durch. Aber der Schnee war durch die Hundemeute zu sehr zerwühlt.

Das Stroh war eingepackt und für die Untersuchung markiert. An einer Stelle fanden sie einen auffallend kleinen Hund, der offenbar nicht durch eine Kugel gestorben war. Das Tier lag in einer seltsam verkrümmten Haltung auf dem Stroh, neben sich Erbrochenes und Kot. Jensen notierte, daß die Untersuchung dieses Kadavers samt Stroh und Exkrementen höchste Priorität besaß. Hier war erstmals ein direkter Zusammenhang erkennbar zwischen einem von Smiths Hunden und seinem Futter.

»Was hat das Ihrer Meinung nach alles zu bedeuten?« fragte Becker, als sie den Scheinwerfer abbauten. Es hatte zu schneien begonnen, und der Schnee bedeckte allmählich die Spuren der blutigen Schlacht.

Alex hielt inne, stellte einen Fuß auf den Generator, zog die Handschuhe aus und holte Pfeife und Tabak aus der Tasche. Stopfte die Pfeife, zündete sie an. Tat einen langen genüßlichen Zug und ging in Gedanken erneut die Fakten durch, die seine Meinung untermauern sollten.

Zeit und Erfahrung hatten ihn gelehrt, seiner Intuition in vernünftigem Ausmaß zu trauen. Unzählige winzige Informationen, die er eher unbewußt registrierte, setzte er zu einem Gesamtbild zusammen, das oft stimmte, aber rational nur schwer zu begründen war.

»Entweder möchte da jemand das Rennen zum Scheitern bringen oder dessen Ausgang beeinflussen«, sagte er bedächtig. »Das waren keine wirklichen Unfälle. In Koptaks Blut und Mageninhalt und in seiner Thermoskanne fanden sich Spuren von *Secobarbital*. Irgend jemand hat ihm das in Skwentna in den Kaffee getan. Wahrscheinlich dieselbe Person, die in Finger Lake Ginny Klines Gespannleine durchgetrennt hat und in Rainy Pass die Chance erkannt und genutzt hat, Smiths Hundefutter zu vergiften.

Fragt sich bloß, ob die Person die drei Musher bewußt herausgepickt oder einfach eine günstige Gelegenheit beim Schopfe gepackt hat. Das *Secobarbital* im Kaffee ist jedenfalls nicht mit der Substanz identisch, die aus den braven Huskies plötzlich Killerhunde gemacht hat. Egal wie die Opfer auch ausgewählt wurden, die Unfälle waren geplant.«

Becker nickte zustimmend. »Was hast du jetzt vor?«

»Erstmal«, sagte Alex und klopfte seine Pfeife am Generator aus, »erstmal will ich einen heißen Kaffee und was zu essen. Dann mit einigen Leuten reden. Wir müssen herausfinden, wer sowohl in Skwentna war als auch in Finger Lake und hier. Das heißt, wer Gelegenheit hatte, die drei Unfälle zu inszenieren. Und – wer ein Motiv hatte und wie dieses Motiv aussieht. Dann will ich, wenn möglich, drei oder vier Stunden schlafen. Ich habe ein ungutes Gefühl, Phil. Das Rennen hat ja erst angefangen. Jetzt laß uns das Ding hier ins Blockhaus zurückschaffen.«

Ein paar Minuten später stapfte Jensen den Hügel hinab zu Matt Holman. Zwischen Blockhaus und See hatten Musher ein Lagerfeuer angezündet; ihre Silhouetten zeichneten sich vor den Flammen ab. Den Blick auf den unebenen Boden geheftet, wäre Alex beinahe mit jemandem zusammengeprallt, der ihm vom See her entgegenkam. Erst im Licht der Taschenlampe erkannte er die Frau aus Finger Lake.

Ihre Augen waren groß und grau, die Haare ein kurzes honigblondes Gewuschel. Wangen und Nase waren von der kalten Luft gerötet. Sie blickte ihn offen an und wandte sich auch nicht ab, als das Licht auf ihr Gesicht fiel. Sie bewegte sich erst, als er die Lampe senkte.

»Jessie Arnold«, sagte sie und streckte ihm die Hand entgegen. Sie fühlte sich warm und kräftig an. »Können wir reden?«

Er zögerte kurz. »Aber sicher. Gehen wir ein Stück.«

Sie nahmen den schmalen Pfad, der parallel zum See verlief.

»Sie waren im Blockhaus von Finger Lake«, sagte er. »Eine Freundin von Turner, nicht wahr?«

»Eher eine Bekannte. Wir kennen uns fast alle. Bill ist noch so jung, und es hat ihn sehr mitgenommen. Mit George war ich seit vielen Jahren befreundet, er hat mir geholfen, als ich anfing. Und ich habe jetzt das Gefühl, ich tue etwas für ihn, wenn ich Bill helfe.«

Jensen sagte nichts, wartete drauf, daß sie fortfuhr.

Sie blieb abrupt stehen und blickte ihn an. Der Widerschein des großen Feuers erhellte schwach ihr Gesicht. Alex entdeckte winzige Lichtfünkchen in ihren Augen. Sie schaute ihn lange an, schien ihn einzuschätzen, als Mann, als Polizist. Er fragte sich kurz, wonach sie ihn beurteilen mochte.

»Seien wir doch mal ehrlich«, sagte sie, »was zum Teufel geht hier eigentlich vor? Es wird viel geredet, und die Leute sind besorgter, als sie zugeben. Das waren doch keine Unfälle, oder? Bei einem würde ich das ja noch glauben. George. Jeder kann vom Trail abkommen. Aber bei diesem Rennen ist noch nie jemand tödlich verunglückt. Es heißt, daß Ginnys Leine an mehreren Teilen angeschnitten wurde, und jetzt ist Steve auf so fürchterliche Weise gestorben. Huskies tun sowas eigentlich nicht. Ich habe schon kranke oder bösartige Tiere gesehen. Und es gibt immer noch Musher, die ihre Hunde mißhandeln, mancher wird dann bösartig; aber niemals ein ganzes Gespann.«

Sie starrte ihn an. »Da war was im Futter, nicht wahr?«

Er antwortete nicht gleich, sondern blieb stehen und blickte sie nachdenklich an. Sie stellte verdammt viele Fragen, aber die schwirrten den anderen Fahrern im Moment sicher auch im Kopf herum. Die Fragen dieser Frau waren direkt und wichtig, sie verlangten entsprechende Antworten, mit denen sie, vermutete er, umgehen konnte.

Nach Jensens Erfahrung mochten die meisten Menschen die Polizei nicht und machten automatisch Ausflüchte oder erzählten nur das, was die Staatsgewalt ihrer Meinung nach wissen sollte. Aus allgemeiner Abneigung oder Angst vor Autorität verhielten sie sich scheinbar respektvoll. Man wußte nie, was sie wirklich dachten und hinterm Rücken über einen sagten. Manchmal sagten sie es einem allerdings auch direkt ins Gesicht.

Jessie Arnold wußte sich zu behaupten; sie sprach aus, was sie dachte, und fragte, was sie wissen wollte. Sie wirkte weder eingeschüchtert noch respektlos. Jensen verspürte den Wunsch, ihr ehrlich zu antworten. Dieser Impuls war verlockend, widersprach aber seinem Training.

»Das stimmt doch, oder?« hakte sie nach.

Alex warf den Kopf zurück, fuhr mit der Hand tief in die Tasche und holte seine Pfeife heraus. Sie sah zu, wie er die Pfeife stopfte und anzündete. Sie wartete.

»Ich weiß nicht«, sagte er schließlich und paffte mächtig. »Das Futter muß im Labor untersucht werden.«

»Sie haben eine hübsche Vernebelungstaktik«, sagte sie amüsiert.

Er zuckte lächelnd die Achseln und widersprach nicht.

»Aber Sie wissen, daß da was war. Und mit George war auch was faul, nicht wahr?«

»Warum meinen Sie das?«

»Aha, Sie beantworten Fragen mit Fragen.« Das klang ein wenig gereizt. »Weil es logisch erscheint. Ich bin kein Trooper, aber ich bin auch nicht blöd, und die anderen sind es auch nicht. Ich denke, es wird wohl noch ein Opfer geben. Und wenn das Rennen weitergeht, könnten es sogar noch mehrere werden. Irgendwer bringt die Musher um.

Ich will einfach wissen, was wir dagegen tun können. Ich habe eine Heidenangst. Sowas wie das jetzt habe ich noch nie erlebt, und mir gefällt es nicht. Aber es geht um das Rennen. Eine Menge steht auf dem Spiel: Geld, Zeit, Prestige. Doch nichts davon ist es wert, Menschenleben zu riskieren. Also, was sollen wir tun?«

Wir. Sie sagte dauernd »wir«, als gehöre sie zu den für die Aufklärung Verantwortlichen. Nun, vielleicht war es auch so. Vielleicht gehörten alle dazu.

»Wie oft haben Sie schon am Iditarod-Rennen teilgenommen?« fragte er.

»Fünfmal.«

»Mit welchem Resultat?«

»Im letzten Jahr war ich sechste. Mein bestes Ergebnis.«

»Warum glauben Sie, daß es noch mehr Opfer geben wird?«

»Weil der einzige Zusammenhang das Rennen zu sein scheint. Weder George noch Ginny noch Steve standen einander nahe. Sie haben nicht gemeinsam trainiert und sich gegenseitig keine Hunde geliehen oder ausgeborgt. Versucht jemand, das Rennen kaputtzumachen? Ist ein fanatischer Tierschützer übergeschnappt und versucht, zu stoppen, was er für Tierquälerei hält? Was ist es?«

Alex blickte sie überrascht an. Er erinnerte sich dunkel an eine Jahre zurückliegende Kontroverse im Zusammenhang mit den Tierschützern der *humane society*. Manche Mitglieder wollten nicht glauben, daß ein Schlittenhund Rennen laufen konnte, ohne traumatische Schäden zu erleiden. Sie hatten soviel Staub aufgewirbelt, daß Rennfunktionäre, Veterinäre und Musher sich unbehaglich fühlten und erbost waren. Er hatte die ganze Geschichte damals für lächerlich gehalten, sich aber auch gefragt, ob ein Rennen über eintausendsechshundert Kilometer die Hunde nicht überforderte. Jetzt merkte er allmählich, daß die Hauptanstrengung beim Musher lag. Manche Hunde, erzählte man ihm, nahmen im Verlauf des Rennens sogar noch zu. Sie rannten leidenschaftlich gern, im Winter – im Training – sogar jeden Tag. Mißhandelte Hunde würden niemals ein Rennen gewinnen. Jeder Musher wußte das. Besessene Tierschützer ließen sich von vernünftigen Argumenten allerdings nicht beeinflussen.

Alex spielte mit einer anderen Lösung: Vielleicht hatte jemand eine Superwette laufen. Bei diesem Rennen mußte es um Tausende von illegal gewetteten Dollars gehen. Er fragte sich, wieviel gesetzt war und auf wen. Jede Sportart eignet sich zum Wetten; was dazu verführt, den Ausgang zu beeinflussen. Gier wäre ein gutes Motiv.

Das gab dem Fall neue Dimensionen, die sich nicht vom Checkpoint aus untersuchen ließen, aber der Trooper war davon überzeugt, daß die Lösung vor Ort, auf dem Trail zu finden war. Nur wer mit diesem Rennen vertraut war, konnte Koptaks Gewohnheiten kennen oder Steve Smiths ungefähren Futter-Fahrplan, konnte wissen, welche Belastung eine Gespannleine aushielt. Aber Alex war kein Musher, wußte einfach nicht genug über sie, um Überlegungen des Killers zu antizipieren.

»Miss...«, setzte er an.

»Jessie«, sagte sie.

»Jessie.«

Er dachte laut vor sich hin. »Ich habe mehrere Probleme. Erstens muß ich herausfinden, was hier abläuft. Zweitens weiß ich nicht genug über Schlittenhunde, Musher, Rennen, Ausrüstungen, das ganze Drumherum, um zu wissen, was ich nicht weiß. Sie haben gerade etwas erwähnt, das ich höchstens nach ein paar Tagen Recherchieren rausgekriegt hätte. Es gibt Trooper, die immer mal beim Iditarod-Rennen ausgeholfen haben, und ich werde einen von ihnen herholen. Aber der kann mir keine Insiderinformationen liefern. Sie und Ihre Kollegen kennen sich und Ihren Sport so gut, wie wir es niemals tun werden. Wären Sie bereit, mir davon etwas zu vermitteln? Das heißt – mit mir zusammenzuarbeiten, Ihre Erfahrung einzubringen?«

Sie schwieg eine Weile und sah ihn prüfend an.

»Sie sind überhaupt nicht das, was ich mir unter einem Polizisten vorstelle.«

»Was haben Sie denn erwartet?«

»Ich weiß nicht.« Sie schüttelte den Kopf und schwieg wieder. »Sie wollen doch hoffentlich nicht, daß ich andere Leute ausspioniere. Das tue ich nämlich nicht.«

»Verstehen Sie mich nicht falsch. Ich suche keinen Verräter. Ich brauche einen Berater. Und ich will mich keineswegs nur auf Sie verlassen. Aber Sie könnten mir helfen. Zum Beispiel: War Ginny Kline verheiratet? In ihrer Brieftasche waren Fotos von zwei kleinen Jungen, so sechs oder acht Jahre alt. Sind das ihre Kinder?«

»Sie war nicht verheiratet und hatte auch keine Kinder. Das sind wahrscheinlich ihre Neffen. Letztes Jahr ist Ginnys Schwester aus Fairbanks zum Abschluß des Rennens nach Nome gekommen; ich hörte, wie sie sich über die Kinder unterhielten.«

Alex wollte weiterfragen, als er Becker rufen hörte: »Hat jemand Sergeant Jensen gesehen?«

»Hier«, rief Alex.

»Anchorage will Sie sprechen«, brüllte Becker. »Über Funk.«

»Ich muß zu Becker«, sagte er. »Können wir später weiterreden?«

»Wie heißen Sie mit Vornamen?«

»Alex.«

»Gut.« Sie lächelte. »Ich möchte wissen, mit wem ich arbeite.«

8

Datum: Montag, 4. März
Renntag: Dritter Tag
Ort: Checkpoint Rainy Pass
Wetter: Bedeckt und Schneefall, für Dienstag auflockernde
Bewölkung und Temperaturrückgang angesagt
Temperatur: −15 °C Maximum, −21 °C Minimum
Zeitpunkt: Spätabends

Es verging noch eine volle Stunde, bevor Jensen sich endlich ruhig hinsetzen konnte. Der Funkspruch aus Anchorage, von zwei Amateurfunkern weitergeleitet und wegen der wetterbedingten Statikgeräusche schlecht zu verstehen, bestätigte seinen Verdacht, was den Tod von Ginny Kline betraf. Die Gespannleine an ihrem Schlitten war angeschnitten worden, und zwar mit einem außerordentlich scharfen Instrument.

Die Autopsie ergab keinen Hinweis auf chemische Substanzen; wohl aber auf zahlreiche Knochenbrüche; die Milz war zerfetzt, eine Arterie aufgeschlitzt – das war das Werk einer geborstenen Rippe. Hätte Ginny sich nicht das Genick gebrochen, wäre sie innerlich verblutet. Der Coroner erklärte Genickbruch zur Todesursache.

Vom Funkgerät ging Jensen direkt zum See hinunter, um mit Matt Holman zu reden. Er schilderte ihm die Lage und kam zur entscheidenden Frage.

»Ich habe die Befugnis, das Rennen hier und jetzt abzubrechen, und ich bin versucht, das auch zu tun. Zwar gibt es noch keinen Laborbefund, was diese Hunde hier angeht«, er deutete auf die schwarzen Plastikbündel, »aber ich glaube, daß eine Substanz, die ihnen mit dem Futter oder sonstwie beigebracht wurde, den Angriff auf Smith verursacht hat. Stimmen Sie mir zu?«

Holman nickte. »O ja. Huskies verhalten sich von Natur aus nicht so. Weiß der Teufel, wie jemand so etwas fertigbringen kann. Und wir wissen nicht einmal, ob das alles war. Wenn das Rennen weitergeht, könnte noch mehr passieren. Richtig?«

»Davon können wir wohl ausgehen.«

»Viele Musher werden ganz schön sauer sein, wenn plötzlich Schluß ist. Außerdem – wie sollen wir sie von hier wegbringen? Mitsamt Ausrüstung, Vorräten, Hunden und allem anderen? Wir bräuchten eine regelrechte Luftbrücke; für die Zeitnehmer, die Tierärzte, die Offiziellen, die Funker, die Freiwilligen – ein paar hundert Menschen und tonnenweise Material. Und wenn das Rennen abgebrochen wird, finden wir vielleicht nie heraus, wer's war. Die Leute zerstreuen sich in alle Winde, in die Staaten und in andere Länder. Wir haben fünf Ausländer dabei – zwei Franzosen, einen Japaner, einen Schweden und einen Schweizer. Nicht einmal die Tierärzte und Funker sind alle aus Alaska.«

Holman hatte offenbar gut nachgedacht. Er hatte außerdem mit dem Musher Bill Pete und dem Zeitnehmer gesprochen, die mit ihm Wache standen. Sie nickten jedenfalls zustimmend.

»Manche würden auch gar nicht abbrechen«, sagte Bill Pete langsam. »Die Jungs sind ganz schön dickköpfig und ehrgeizig. Das Ego spielt eine wichtige Rolle bei dem Rennen, nicht nur das Geld. Sie trainieren das ganze Jahr hindurch und sind total scharf auf den Sieg, wenn sie hierherkommen. Sie würden ihre Hunde einspannen und einfach losfahren. Was können wir dagegen tun?«

Jensen wußte, daß er wenig tun könnte, außer sich irgendwie verantwortlich zu fühlen, wenn jemand ums Leben käme. Wenn er das Rennen abbrechen ließe, bedeutete das lediglich, daß es für die, die weiterfuhren, nicht mehr ums Geld ging. Das würde die Gefahr mindern, aber nur, wenn Gier das Tatmotiv war.

»Tja«, sagte er, »ich denke, diese Entscheidung läßt sich nicht ohne die Musher treffen. Wir sollten sie zusammenrufen und nach ihrer Meinung fragen. Was sagen Sie dazu?«

»Gute Idee«, sagte Matt. »Ich sage allen Bescheid. Im Blockhaus? In einer halben Stunde?«

»Ja. Becker wird Sie hier ablösen. Sie müssen dabei sein, Matt, weil man auf Sie hört. Genau gesagt – ich fände es gut, wenn Sie die Versammlung leiten würden. Einverstanden?«

Kurze Zeit später war das Blockhaus gerammelt voll. Als Holman auf einen Stuhl stieg und mit einer Handbewegung um

Ruhe bat, wurde das Stimmengewirr leiser, und man hörte nur noch Füßescharren.

»Wir haben ein Problem.« Holmans tiefe, rauhe Stimme füllte den Raum.

»Mehr als ein Problem«, ergänzte eine Stimme aus dem Hintergrund.

»O ja. Mehr als eines. Das Iditarod-Rennen wurde noch nie abgebrochen. Es gab schon mal Zwangspausen von ein paar Tagen, wenn die Versorgungsflugzeuge wegen schlechtem Wetter nicht starten konnten, aber einen Abbruch – noch nie. Dazu könnte es jetzt kommen.«

Ablehnendes Gemurmel erhob sich, Jensen bemerkte allerdings auch hier und da ein zustimmendes Nicken. Die Anwesenden ließen sich grob in drei Gruppen aufteilen: dafür, dagegen und unentschieden. Die Pro-Abbruch-Gruppe bestand weniger aus Mushern, denn aus Rennfunktionären und Helfern.

Im Hintergrund sah Jensen den Mann mit der DOG-Mütze heftig nicken.

»Hey«, rief ein Mann, »was zum Teufel ist eigentlich los? Ich kenne nun drei unterschiedliche Versionen dieser... *Unfälle*, und ich weiß nicht, welche ich glauben soll. Wie wär's mit ein paar Informationen?«

Holman dreht sich zu Jensen um. »Jetzt sind Sie dran. Sie haben die Informationen vom Labor.«

Er überließ Jensen den Stuhl.

»Ich bin Sergeant Jensen, State Trooper, Abteilung Gewaltverbrechen«, sagte er. »Ich will ganz offen mit Ihnen sein. Ich werde Ihnen alles sagen, was ich weiß, aber ich brauche auch Ihre Hilfe. Es müssen Entscheidungen getroffen werden.

Zumindest zwei der drei Musher sind ermordet worden«, fuhr er fort, in der Absicht, sie zu schockieren. »Wir nehmen an, daß auch Smith ein Mordopfer sein könnte.

Man hat mich darauf aufmerksam gemacht, daß normalerweise ein Gespann niemals so ausrastet, wie wir es bei Smiths Hunden erlebt haben. Am sinnvollsten scheint mir die Erklärung, daß jemand etwas in Smiths Hundefutter getan hat, und zwar am frühen Abend, aber bis der Laborbericht aus Anchorage vorliegt, bleibt das eine Vermutung.

Die anderen beiden Todesfälle sind eindeutig Mord. George Koptak schlief auf seinem Schlitten ein, weil ihm, wahrscheinlich in Skwentna, ein starkes Schlafmittel in den Kaffee geschüttet wurde. Die Gespannleine am Schlitten von Virginia Kline wurde angeschnitten, was ihren Sturz im schlimmsten Teil von Happy Valley bewirkte.

Was hier los ist, fragen Sie? Mord ist los. Ich kann es nicht deutlicher sagen. Irgend jemand hat es auf das Leben der Musher abgesehen. Wir wissen nicht, wer und warum. Aber wir werden es herausfinden. Ich will nur nicht, daß noch jemand stirbt. Wenn wir das Rennen jetzt abbrechen, wird auch das Morden wahrscheinlich ein Ende haben. Darüber sollten Sie gut nachdenken.«

Er wollte vom Stuhl steigen, aber da hob ein Musher in der ersten Reihe die Hand: »Was sollen wir jetzt tun? Hier rumsitzen und Zielscheibe spielen? Draußen sind noch mehr als vierzig Fahrer unterwegs, ein paar sind schon in Rohn, die meisten sind aber erst auf dem Weg hierher. Was ist mit ihnen? Woher wissen Sie denn, daß der Mörder nicht in diesem Moment einen von denen erledigt? Ich würde lieber auf dem Trail sein, wo ich die Dinge selbst unter Kontrolle habe, als hier zu hocken wie eine Pappfigur auf dem Schießstand.«

»Da haben Sie natürlich recht. Ich kann nichts garantieren. Wir haben keine Informationen über die anderen Streckenabschnitte, aber es scheint da keine Probleme zu geben. Wenn Smiths Hundefutter tatsächlich vergiftet wurde, ist die Wahrscheinlichkeit groß, daß der Täter noch hier ist. Falls nicht jemand noch gestartet ist, nachdem Smith sein Gespann gefüttert hatte.«

Das war nicht der Fall. Zwei Musher waren am frühen Abend in Richtung Rohn aufgebrochen, aber nach halb acht hatte sich niemand mehr in die Dalzell-Schlucht hinter dem Rainy Pass gewagt und würde es heute auch nicht mehr tun. Diese Etappe war für Musher und Gespanne so schwierig wie das Happy Valley. In Anbetracht des Neuschnees würden die Fahrer den Versuch erst bei Tageslicht unternehmen.

In sternklaren Nächten, unter guten Bedingungen und mit Glück ließ sich die Strecke in nur acht Stunden bewältigen. Aber bei schlechten Wetterverhältnissen, wenn Wind durch den Canyon pfiff, verwehte der Schnee die Spuren auf dem Trail und verwandelte den steilen Hang in ein trügerisches Labyrinth. Ein Musher konnte mit seinem Gespann bis an den Rand der Erschöpfung geraten, wenn er versuchte, im Neuschnee einen Weg zu finden. Der feine Pulverschnee, der gerade vom Himmel rieselte, war in seinem Zauber trügerisch schön. Sogar die Schneemobile, die den Trail vorspurten, waren am frühen Abend von Rohn her wieder zurückgekommen, um in Rainy die Nacht abzuwarten. Sie würden mit dem Trailbreaking beginnen, sobald es hell wurde.

»Sehen Sie«, sagte ein älterer, erfahrener Musher, »ich meine, Sie sollten die, die weiterfahren möchten, auch fahren lassen. Ich bin derselben Meinung wie Jim, ich käme mir auch vor wie eine Ratte in der Falle, wenn ich bleiben müßte. Es ist noch weit bis nach Nome, aber draußen auf dem Trail werd' ich mich auf jeden Fall wohler fühlen. Ich kann gut auf mich aufpassen, wenn ich nur mit dem Fahrer vor mir und dem hinter mir zu tun habe. Wer aufhören will, soll's tun und auf Abtransport warten. Ich habe nicht vor, leichtsinnig zu sein, aber schließlich bin ich mitten im Rennen. Ich habe zuviel investiert, um jetzt auszusteigen.«

Eine Frau, deren Gesicht sogar Jensen (aus den TV-Nachrichten) kannte – sie hatte vor zwei Jahren das Rennen gewonnen –, trat vor und wandte sich an die anderen. »Wie wär's, wenn wir zu zweit oder dritt fahren? Viele von uns tun das eh schon. Bis kurz vorm Ziel könnten wir uns so gegenseitig im Auge behalten.«

Sie drehte sich zu Alex um. »Die drei Musher waren doch allein, als sie ums Leben kamen?«

Er nickte gedankenvoll. »Das ist ein guter Vorschlag, wenn Sie wirklich weitermachen wollen.« Er stieg vom Stuhl und holte Holman heran. »Lassen Sie abstimmen«, schlug er vor. »Ich möchte wissen, wie viele dafür sind, daß das Rennen weitergeht.«

Holman fragte, wer dafür war, und sofort hob knapp die Hälfte aller Anwesenden die Hand. Während Holman langsam zählte, gingen mehr Hände in die Höhe, und er mußte von neuem auszählen. »Verdammt. Nur die Musher dürfen abstimmen. Hebt die Hand und laßt sie oben«, bestimmte er. »Ich will wissen, wie viele von euch meinen, daß das Rennen weitergehen sollte.« Bis auf drei waren alle Musher gegen einen Abbruch.

»Seid ihr einverstanden, in kleinen Gruppen zu fahren?« fragte Holman. »Wenn ihr dafür seid und außerdem versprecht, alle verdächtigen Beobachtungen sofort zu melden, lasse ich das Rennen weitergehen.«

Damit waren die Musher einverstanden.

»Allerdings gilt das nur, solange nicht wieder was passiert. Und vertuscht um Himmels willen nichts, nur um das verdammte Rennen nicht zu gefährden. Behaltet einander im Auge. Das meine ich ernst. Mir macht die Geschichte eine Heidenangst, und euch sollte es genauso gehen.«

Er sprang vom Stuhl, und das Meeting war beendet. In wenigen Minuten hatten alle Fahrer Teams gebildet. Dann legten sie sich schlafen, entweder im warmen Blockhaus oder draußen auf ihren Schlitten, wo sie ihre Hunde im Blick hatten. Jensen beobachtete durchs Fenster, wie ein paar Musher ihre Gespanne näher zusammenbrachten und einer die erste Wache übernahm. Die anderen gingen wieder ins Blockhaus oder pennten auf dem Schlitten.

Seufzend setzte er sich auf eine Bank am Ofen. Auch er brauchte dringend Schlaf, aber er konnte sich nicht aufraffen, mit Becker die erste Wache abzusprechen. Er lechzte nach Informationen, die vor Morgen nicht verfügbar waren: Welche Musher waren in der entscheidenden Zeit sowohl in Skwentna, als auch in Finger Lake und Rainy Pass gewesen? Und welches Motiv könnte jeder einzelne haben?

Er holte seine Pfeife aus der Tasche, aber die Anzünderei erschien ihm plötzlich zu mühsam. Er saß da, die Pfeife in der Hand, bis er Jessie Arnold mit zwei dampfenden Bechern in der Hand quer durch den Raum auf sich zukommen sah.

Er griff dankbar nach dem Kaffee und rutschte zur Seite, um ihr Platz zu machen. Lange saßen sie so da, tranken das heiße Gebräu und beobachteten, wie sich die Musher schlafen legten, die bereits gegessen hatten. Manche sahen Jessie prüfend an, sie fragten sich offenbar, wie sie zu dem Gesetzeshüter stand. Alex war sich sicher, daß sie die Blicke bemerkte, aber sie schienen ihr nichts auszumachen.

»Nun, was denken Sie?« fragte sie schließlich.

»Ich denke, mehr können wir im Moment nicht erwarten. Holman ist zufrieden, und die Musher scheinen ihm zu vertrauen.«

»Dazu haben sie guten Grund. Er organisiert das Rennen seit neun Jahren, drei davon als Race Marshall, und er weiß bestimmt mehr darüber als irgendeine lebende Seele.«

»Glauben Sie, daß die Fahrer wirklich zusammen bleiben werden?«

»Im Moment sicher. Wenn wir erst näher an Nome sind, wird sich das Feld auseinanderziehen, und jeder wird sich beeilen, so schnell wie möglich ans Ziel zu kommen. Es wird viel psychologischen Kleinkrieg geben; manche werden mitten in der Nacht aus dem Checkpoint davonschleichen, andere mit ausgeschalteter Stirnlampe fahren; solche Sachen. Sie werden zwar nicht mehr zu zweit oder dritt fahren, aber um so mehr darauf achten, wo die Konkurrenz sich gerade befindet. Diejenigen, die eh nicht auf einen der ersten zwanzig Plätze scharf sind, bleiben sowieso zusammen und genießen einfach das Rennen.«

»Das hört sich so an, als wollten *Sie* nicht aufgeben.«

»Nein, ich mache weiter, mit zwei Typen, mit denen ich schon gefahren bin. Bomber kennen Sie. Jim Ryan ist der andere. Bomber und ich besitzen einen Elch-Revolver und werden ihn griffbereit haben. Ich werd' klarkommen.«

»Nächstes Jahr gibt's doch wieder ein Rennen«, meinte Jensen.

»Mag sein, aber jetzt bin ich schon mal gestartet. Ich gebe nicht so leicht auf. Außerdem könnte ich vielleicht erst in zwei Jahren wieder teilnehmen. Ich habe alles, was ich besitze, in das Rennen gesteckt, dazu noch Geld von meinem Vater für die Startgebühr.« Sie zögerte. »Das Iditarod-Rennen ist eine teure Angelegenheit. Zwanzigtausend gehen allein für die Hunde drauf. Man braucht eine große Zucht, um eine gute Auswahl für das Gespann zu haben. Ohne soliden finanziellen Hintergrund kann ich nicht weitermachen.«

Alex rechnete rasch, zählte die tausend Dollar Startgeld zu den Kosten für Lufttransport, Nahrung, Vorräte, plus Schlitten, Hundegeschirre, Kleidung und was nicht noch alles. Bisher hatte er gedacht, Iditarod hieße kaum mehr, als von Anchorage bis Nome hinter einem Schlitten zu stehen. Jetzt war er überrascht, daß es überhaupt so viele Teilnehmer gab.

Er steckte seine Pfeife an. »Werden einige aufhören, was meinen Sie?«

»Ein paar schon. Aber die meisten werden morgen früh am Start sein. Das Tageslicht wirkt beruhigend auf die Nerven. Aufhören wird, wer eh schon Probleme hatte. Zum Beispiel Wilbur Close; ihm ist kurz vor Finger Lake, auf dem Stück durch den Wald, der Schlitten kaputtgegangen, und im Happy Valley hat er den Ersatzschlitten ruiniert. Er hatte schon vorher gesagt, daß er genug hat. Und wahrscheinlich werden noch ein, zwei andere aufgeben.«

Zwei Musher kamen herein, mit Schlafsäcken unterm Arm. Der eine war der bärtige Typ mit der DOG-Mütze. Sie suchten sich einen Platz direkt am Ofen, zogen ihre schweren Stiefel aus, hängten die nassen Socken zum Trocknen über eine Leine und krochen in die Schlafsäcke. Der Holzfußboden machte auf Jensen einen zunehmend einladenden Eindruck, und er merkte erneut, wie müde er war. Zum Glück hatten sie unten auf dem See ihr Zelt schon aufgebaut und als Schutz gegen das Eis eine dicke Schicht Isoliermaterial unter die Schlafsäcke gepackt.

»Wer ist der Typ mit dem Bart?« fragte er. »Ich hab' ihn schon ein paar Mal gesehen.«

Sie lachte. »Paul Banks aus Bethel. Ich glaube, die sind alle leicht durchgeknallt da unten. Vielleicht ist das so, wenn dir der Fluß Jahr für Jahr den Boden unter der Stadt wegfrißt. Paul sagt, man muß schon verrückt sein, sich ausgerechnet in *der* Biegung des Kuskokwim anzusiedeln. *Caterpillar* ist sein Hauptsponsor. Die Techniker haben ihm die Mütze geschenkt.«

Jessie schwieg, und Alex betrachtete sie überrascht. Diese Frau nahm Strapazen auf sich, die so manchen kräftigeren und größeren Mann schwer gefordert hätten.

»Ist es schwer für eine Frau, das Rennen zu fahren?« fragte er unvermittelt.

Jessie lächelte ein wenig befangen. »Wir reden nicht viel über unsere Probleme oder darüber, wie hart es ist, außer gelegentlich unter uns Frauen, wenn kein Mann anwesend ist.«

»Warum nicht?«

Sie blickte gedankenverloren zu Boden, wandte sich wieder Alex zu.

»Manche Fahrer, Männer, vertreten immer noch die Auffassung, Frauen hätten auf dem Trail nichts zu suchen, und schon gar nicht auf dem Iditarod Trail. Sie fragen nur nach dem Geschlecht und nicht danach, ob jemand das Metier beherrscht oder nicht. Man kann es ihnen auch nicht vorwerfen. Alaska ist Macho-Land, und wir machen ihnen einfach Angst. Mancher Musher würde wirklich fast alles tun, um nicht von einer Frau besiegt zu werden. Hinter einer von uns am Ziel anzukommen ist für fast alle eine Bedrohung.

Ich habe schon Typen die verrücktesten Dinge tun sehen. Einmal sind wir zu dritt gefahren, hatten schon die halbe Strecke hinter uns. Kaum erreichten wir die Küste, wo der Endspurt nach Nome beginnt, sagten die beiden Männer, sie würden jetzt erstmal ihre Hunde tränken, aber als ich fünfzehn Minuten später losfahren wollte, waren sie längst weg. Sie hatten sich heimlich davongemacht, nachdem ich den Trail genauso gespurt hatte wie sie, darunter die letzten sechzehn Kilometer bis Unalakleet. Ich war so sauer, daß ich ihnen wie eine Furie übers Eis hinterhergerast bin; den einen überholte ich schon in Elim, den anderen acht Kilometer vor Nome. Der eine spricht immer noch nicht mit mir. Der andere lacht inzwischen drüber.« Sie nickte zu Bomber Cranshaw hinüber, der auf der anderen Seite des Raums ein Stück Apple Pie vertilgte. Sie lächelte. »Ihm ist inzwischen klar geworden, daß ich nicht so wild drauf gewesen wäre, ihn zu schlagen, wenn er mir nicht diesen Streich gespielt hätte.

Wir Frauen haben eine Art stillschweigendes Abkommen. Wir versuchen, uns auf keinen Fall über etwas zu beklagen, solange Männer anwesend sind. Sie können Männer jammern hören, sogar die allerbesten. Das ist ihr Naturell. Aber wir sagen nichts, was sie auf die Idee bringen könnte, wir schafften es nicht. Nur wenn ein paar Frauen zusammenkommen, lassen sie Dampf ab.«

Jensen nickte. »Scheint ein bißchen idiotisch«, sagte er. »Da doch schon Frauen gewonnen haben, sollte es überhaupt keine Zweifel geben.«

Sie lächelte wieder und schüttelte den Kopf. »Wann sind Männer – okay, Menschen – schon je rational gewesen? Es geht doch darum, wie die Dinge scheinen und wie sie sich anfühlen, oder? Nicht wie sie wirklich sind.«

Als sie von den Ängsten und Vorurteilen auf dem Trail sprach, hatte sich ihm eine Frage aufgedrängt. »Wie tief geht das eigentlich bei den Mushern, wenn sie sich bedroht fühlen, weil eine Frau sie überholt?«

Sie wandte blitzschnell den Kopf und blickte ihn an, bevor sie antwortete. Er sah an ihrer Miene, was sie dachte.

»Sie meinen, ob jemand verrückt genug ist, das zu verhindern? Das ist eine ziemlich gefährliche Vermutung.«

»Und völlig aus der Luft gegriffen?«

»Ich denke schon«, sagte sie langsam, aber er sah, daß sie den Gedanken nicht einfach beiseite schieben konnte. »Mir fällt niemand ein, dem ich sowas vorwerfen könnte, aber ich weiß, daß ein paar Typen ganz schön verbittert sind. Aber manche sind auch verbittert, weil sie bei den letzten Rennen nicht gewonnen haben. Hilft Ihnen das weiter?«

Er wartete ab; sie schien noch mehr sagen zu wollen.

»Gegen Ende des Rennens sind die Musher fast immer so erledigt, daß sie leicht ausrasten. Letztes Jahr hörte ich einen sagen, daß er es satt hätte, die Frauen das ganze Rennen durch mitzuschleppen. Sie würden an den Männern kleben, ihnen das Trailbreaking aufhalsen und dann gemütlich nach Nome zukkeln. Ich hab's einfach abgeschüttelt. Wir sind zum Schluß alle irrational, lassen uns von Gefühlen leiten und nicht vom Verstand. Manche Männer bleiben unfairerweise zurück und zwingen die Frauen, mehr vom Trail zu spuren, als sie müßten. Andere wiederum sind betont rücksichtsvoll, was noch schlimmer ist. Und da gibt's noch mehr.

Sie behaupten zum Beispiel, wir hätten im Oberkörper nicht so viel Kraft wie sie, das stimmt zwar, aber die Männer übersehen, daß man keine Riesenkräfte braucht, sondern nur soviel, um den Job zu schaffen. Wo die Männer mit Muskelkraft eine schwierige Stelle meistern, müssen wir kompensieren, ein bißchen schneller denken und handeln, unsere Schlitten leicht machen und die Hunde im Hinblick darauf aussuchen. Aber es hat auch Vorteile. Leichte Frauen brechen mit ihren leichten

Schlitten auf trügerischem Eis nicht so schnell ein wie ein vielleicht hundert Pfund schwereres Männer-Hundegespann.«

Sie grinste. »Das ist der Ausgleich, sonst würden wir ja nicht gewinnen.«

Alex nickte bedächtig und zog an seiner Pfeife, während er Jessie anblickte. Diese ungewöhnliche Frau hatte wirklich was. Sie wirkte so lebendig und zuversichtlich und schien alles, was sie anpackte, zu genießen. Das war erfrischend. Vielleicht könnte er Holman später über sie aushorchen, so ganz nebenbei.

Während er sich innerlich zur Ordnung rief – er hatte hier schließlich mehrfachen Mord zu untersuchen –, ertappte er sich dabei, wie er sie anstarrte. Mit roten Ohren blickte er befangen zu Boden. Sah wieder zu ihr hin. Sie beobachtete ihn.

»Habe ich Ihr Bild von Frauen ein wenig zurechtgerückt?« Sie stand auf. »Ich muß mich jetzt ausruhen, besser noch, schlafen. Wenn Sie keine Fragen mehr haben, wir sehen uns dann morgen früh.«

Alex blickte ihr nach, wie sie zur Tür ging, und er dachte an die mehr als eintausendsechshundert Kilometer zwischen Anchorage und Nome. Sein Bild hatte sich gewandelt. Eine Frau wie Jessie Arnold hätte er niemals beim härtesten Schlittenhundrennen des Jahres erwartet. Bisher hatte er geglaubt, daß Frauen nicht so ernsthaft an die Sache herangingen wie Männer. Aber als er sich vor Augen rief, welche Frauen in den vergangenen Jahren das Iditarod-Rennen gewonnen hatten, wurde ihm klar, daß das nicht stimmte. Ein Sieg war das Resultat von langem, hartem Training und von Erfahrung; das Geschlecht hatte wenig damit zu tun. Rennen wurden von intelligenten, engagierten, durchtrainierten Typen gewonnen, die vorausdachten und mit allen Arten von Wetter- und Trailverhältnissen fertig wurden.

Aus einer Ecke des Blockhauses hörte er die gelassene Stimme des Funkers und die verzerrte Antwort aus dem Funkgerät, immer noch statisch gestört, aber besser zu verstehen als vorher. Der Sturm ließ nach, und Alex hoffte, es würde am Morgen aufklaren.

Er brachte seinen leeren Kaffeebecher zur Anrichte und stapfte zum See mit seinen schweigenden Bewohnern. Als er an

Smiths Lagerplatz vorbeikam, mußte er an den toten Musher denken. Was für eine Art zu sterben.

Auf dem Weg zum Zelt griff ihm die Kälte, die noch zugenommen hatte, mit eisigen Fingern in den Nacken. Das half immerhin, die Augen offen zu halten. In den nächsten Tagen würde er auf Jessie gut aufpassen. Er verspürte eine leise Unsicherheit im Bauch, ein Gefühl, das er seit dem Umzug nach Alaska aus seinem Leben verbannt hatte. Ob er was unternehmen würde, war zweifelhaft, aber Interesse war da. Er kickte ein Stück Schnee aus dem Weg und fühlte sich lächerlicherweise wie ein Teenager.

9

Datum: Montag, 4. März
Tag: Dritter Tag des Rennens
Ort: Checkpoint Rohn
Wetter: Bedeckt und Schneeschauer, für Dienstag auflockernde
Bewölkung und Temperaturrückgang angesagt
Temperatur: −15 °C Maximum, −20 °C Minimum
Zeitpunkt: Spätabends

Der Checkpoint Rohn, knapp achtzig Kilometer nördlich von Rainy Pass, war in einem alten Blockhaus, dem Rasthaus Rohn, untergebracht. Jetzt umstanden sechs Männer und eine Frau das Funkgerät und lauschten in ungläubigem Staunen, was ihnen aus Rainy Pass über die Todesfälle gemeldet wurde. Neben dem Funker stand der Checkpoint-Organisator, ein Tierarzt aus Soldotna, und schaute auf seinem Clipboard nach, wann die beiden Musher, die nach Rohn unterwegs waren, Rainy Pass verlassen hatten. Sie müßten in den nächsten sechs Stunden in Rohn eintreffen, falls sie nicht hinter der Dalzell-Schlucht übernachteten. Das war eher unwahrscheinlich. Die meisten Fahrer versuchten, die Etappen ohne größere Pausen zu schaffen. Nur wer zermürbt war vom Kampf mit dem schweren Neuschnee, würde auf dem Trail nächtigen.

Der Abschnitt zwischen Rainy Pass und Rohn, auf den Höhen der Alaska Range, gehört in sternklaren Nächten zum Schönsten, was das Iditarod-Rennen zu bieten hat. Rechts und links vom Paß wird der Musher von den dunkelblauen Schatten der tief eingefurchten, schneebedeckten Berge begleitet, deren Gipfel hinter tiefhängenden Wolken verborgen sind. Nordlichter zucken in bleichen grünen, roten und blauen Bögen über den Himmel, gigantischen flatternden Vorhängen gleich. Manchmal strahlen sie so hell, daß der Fahrer und sein Gespann im Schnee Schatten werfen.

Hinter der Gabelung Pass Fork windet sich der Trail scharf um Felsen und Eislöcher herum. Schließlich trifft er auf den Dalzell Creek und folgt diesem durch den engen Dalzell Canyon bis zum Tatina River.

Hier wie an der südlichen Abzweigung des Kuskokwim River finden sich die unangenehmsten Wasserhindernisse des Iditarod Trail. Im tiefsten Alaska-Winter friert ein Fluß manchmal bis auf den Grund zu. Anfang März, zur Zeit des Rennens, setzt die Schneeschmelze ein, das Wasser beginnt tröpfelnd zu fließen, kriecht über den Rand des alten Eises, wo es sich zu breiten, flachen Pfützen formt, an denen Schlittenkufen und Hundefüße festfrieren können. Manchmal sind diese Überlaufpfützen tief genug, um einen ganzen Schlitten zu verschlucken.

Das übergequollene Wasser gefriert häufig aufs neue zu spiegelblankem Eis; fällt Schnee darauf, bläst ihn der Wind, der durch den Canyon pfeift, gleich wieder fort. Hunde und Musher kommen auf diesem Untergrund nur schlitternd und rutschend vorwärts; das Kratzen und Knirschen der Schlittenkufen und Hundepfoten sowie die nervösen Kommandos und Flüche der Fahrer sind manchmal im ganzen Canyon zu hören.

Wenn der Musher dann vom Eis in den dichten Wald hineinfährt und alsbald Hundegebell vernimmt, weiß er, daß der Checkpoint Rohn nicht mehr fern ist.

Obwohl mit allem Notwendigen ausgestattet, ist das kleine Blockhaus in Rohn das restliche Jahr über unbewohnt. Auf sein geneigtes Dach sind zum Schutz gegen Wind und Wetter flach geklopfte Fünf-Gallonen-Benzinfässer genagelt. Über der Tür hängen Elchgeweihe. Trockenes Feuerholz ist immer vorrätig.

Kurz vor dem Rennen werden Tierarzt, Funker und Zeitnehmer eingeflogen. Sie bleiben so lange, bis der letzte Iditarod-Teilnehmer den Checkpoint passiert hat. Dann wird alles wieder eingepackt, und das Haus bleibt bis zum nächsten Jahr geschlossen. Von dem winzigen Landeplatz zwischen den Bäumen werden das übriggebliebene Hundefutter, die Funkanlage und andere Gegenstände ausgeflogen. Das lange schmale Blockhaus bleibt leer zurück, wie auch die andere Hütte, das eigentliche Rasthaus, das aus jenen Tagen stammte, als zwischen der Kenai-Halbinsel und Nome auf dem Trail noch regelmäßig Frachtgut und Post transportiert wurden.

Dieser Checkpoint unterscheidet sich von den anderen durch seine ungewöhnliche Atmosphäre. Die Erleichterung, den Paß heil geschafft zu haben, zugleich aber die Durchquerung des Farewell Burn – die längste Etappe des Rennens – unmittelbar vor sich zu haben, versetzt die erschöpften Musher fast in Euphorie. Wer es bis hierher geschafft hat, schafft es bis ans Ende der Welt, meinen manche. Dann kommt beinahe so etwas wie Schunkelseligkeit auf. Am Feuer werden Lieder gesungen, die Hunde bekommen Leckerbissen, und alle schlafen besser als zuvor.

Jeder Musher muß im Verlauf des Rennens an einem beliebigen Checkpoint eine vierundzwanzigstündige Pause einlegen. Viele alte Hasen tun das in Rohn. Rainy Pass und Farewell Burn sind die längsten und schwierigsten Etappen auf dem Iditarod Trail. Zwischen ihnen eine gründliche Pause einzulegen, scheint nur vernünftig. Wer damit gute Erfahrungen gemacht hat, rastet jedesmal hier.

In diesem Jahr blieb fast die gesamte Spitzengruppe in Rohn. Nur zwei Fahrer waren gleich wieder aufgebrochen, in Richtung Nikolai.

Dale Schuller, der Rohn am frühen Abend erreicht hatte, gehörte zu der Schar am Funkgerät. Er hockte sich auf eine umgedrehte Holzkiste am Ofen, als nach dem Ende des Funkspruchs die Gespräche wieder auflebten. Im Licht einer Petroleumlampe warfen die zum Trocknen aufgehängten Kleider und Hundegeschirre groteske Schatten. Um Treibstoff zu sparen, wurde der Generator fürs Funkgerät ausgeschaltet.

Eine Weile später gingen die anderen Musher zu ihren Schlitten oder suchten sich im Blockhaus einen Schlafplatz; sie redeten immer noch über die schreckliche Situation. Schuller war in Gedanken versunken und beteiligte sich nicht am Gespräch.

Er ging hinüber zum Funkgerät, an dem nur noch der Funker und der Zeitnehmer standen.

»Harvey«, sagte er stirnrunzelnd und legte dem Zeitnehmer die Hand auf die Schulter, »man sagt, daß da was in Smiths Hundefutter gewesen ist, stimmt's?«

»Ja, aber das ist noch inoffiziell. Man nimmt es an.«

»Weiß man, was es war?«

»Nein. Die Hunde müssen in Anchorage im Labor untersucht werden, und vor morgen früh kriegen sie kein Flugzeug. Warum?«

»Warte eine Sekunde. Ich bin gleich zurück.«

Dale ging zu seinem Gespann, zog die Handschuhe aus und

wühlte in der Schlittentasche, bis er etwas fand. Vorsichtig, nur mit Hilfe von Zeigefinger und Daumen, zog er das Objekt heraus, wickelte es in ein sauberes Taschentuch und ging ins Blockhaus zurück.

Er faltete das Bündel auseinander und hielt es dem Zeitnehmer hin. Auf dem Tuch lag ein Tablettenröhrchen aus Plastik. Es war leer, wies aber Spuren von weißem Puder auf.

»Ich hasse es, wenn Müll auf dem Trail liegt«, erklärte er. »Wenn es geht, sammele ich den Abfall meistens auf. Das Ding hier fand ich, als ich die Hunde fütterte. Jemand hatte vor mir an derselben Stelle Rast gemacht.«

Harvey sah sich das Röhrchen genau an. »Kein Etikett«, sagte er und wollte es umdrehen.

Bevor er es anfassen konnte, zog Schuller es rasch zurück.

»Ich weiß, ›Fingerabdrücke‹ klingt lächerlich, und es hat mit der Geschichte vielleicht gar nichts zu tun, aber ich glaube, ich sollte lieber mal mit diesem Trooper in Rainy sprechen, meinst du nicht auch?«

»Yeah. Das Ding sollten wir gut verwahren.« Der Zeitnehmer schüttelte den Kopf. »Verdammt. Ich kann gar nicht glauben, daß das alles wirklich passiert.«

10

Datum: Dienstag, 5. März
Tag: Vierter Tag des Rennens
Ort: Zwischen den Checkpoints Rainy Pass und Rohn (achtundsiebzig Kilometer)
Wetter: Wolkenlos, leichter Wind
Temperatur: −17 °C Maximum, −23 °C Minimum
Zeitpunkt: Frühmorgens

Schon vor Tagesanbruch waren die Musher startbereit. Es schneite nicht, und der wolkenlose Himmel versprach für später strahlende Sonne, wenn auch die Temperaturen unter dem Gefrierpunkt bleiben würden. Die schneebedeckten Berggipfel über dem Paß waren in perlmuttweißes Licht getaucht.

Wer nicht gerade seinen Schlitten belud, seine Hunde fütterte oder anschirrte, machte sich Frühstück. Die Fahrer wechselten sich ab mit dem Herbeischaffen von Wasser, Essen und Kaffee. Niemand ließ seinen Kocher unbeaufsichtigt.

Mit kreischenden Schneemobilen machten sich zwei Trailbreaker vom Puntilla Lake zum Nordpaß und zur Dalzell-Schlucht auf. Hinter ihnen drängten sich dicht an dicht Musher und Gespanne.

Jensen stand mit seiner dritten Tasse Kaffee im Blockhaus am Fenster und sah dem Aufbruch zu.

Auch Jessie steckte mit ihrem Gespann in dieser Prozession von Schlitten und Hunden, die sich über dem flachen Paßsattel auf den Dalzell Canyon zubewegte. Alle fuhren bewußt langsam, um den Schneemobilen Zeit zu geben, den Neuschnee zu spuren. Aber der Himmel war klar, und die Musher freuten sich, daß es endlich weiterging.

Der Anblick der steilen Hänge und des breiten Paßbuckels erinnerte Jessie an Bilder aus Afghanistan: Berge, die so massiv wirkten, daß man es kaum glauben wollte. Sie beherrschten die Landschaft, machten alles zwergenklein.

Der Abstieg in den Canyon kam einer Acht-Kilometer-Achterbahnfahrt gleich. Die restlichen zweiundsechzig Kilometer ließen sich wahrscheinlich leichter bewältigen, obwohl es immer schwierig war, den Schlitten um die Löcher und Überlaufpfützen des Dalzell Creek herumzumanövrieren. An einigen extrem schmalen Stellen kam man nur mit gekipptem Schlitten, auf einer Kufe, durch die Schlucht. Die Eisbrücken brachen leicht – im günstigsten Falle erst, wenn das Gespann schon drüber hinweg war, bisweilen aber Sekunden früher –, und schon verkeilte sich der Schlitten im Ufer. Dann war es für den Musher äußerst schwierig, ihn wieder in die Spur zu manövrieren.

Zu dieser frühen Stunde würde die Kälte allerdings für solide Eisverhältnisse auf dem Dalzell Creek und dem Tatina River sorgen. Wären sie erst mal auf dem Fluß, könnten sich die Gespanne besser verteilen und auf dem Weg nach Rohn Zeit gutmachen.

Jessie hatte ihren Fahrrhythmus gefunden und ließ die Gedanken schweifen. Als sie letzte Nacht nach dem Gespräch mit Jensen zu ihrem Gespann kam, saß Jim Ryan hellwach bei den Hunden und paßte auf. Bomber schnarchte auf seinem Schlitten. Die drei Musher hatten ihre Hunde und Schlitten zusammengerückt; Ryan hockte auf einem Strohballen und trank heißen Grog.

Ein Musher nimmt ständig irgendwelche Flüssigkeiten zu sich. Dehydration ist für den Menschen ebenso eine Gefahr wie für den Hund. Der Mensch gibt allerdings – über seine Körperoberfläche – mehr Feuchtigkeit ab als ein Hund, der nur über Pfoten, Nasen und Atemluft schwitzt.

Bei Temperaturen weit unter minus zehn Grad Celsius gefriert jegliche Feuchtigkeit, und die Luft trocknet aus. Und zwar um so rascher, je kälter es wird. Die arktische Luft schadet weder dem Hals noch den Bronchien, da sie im Körper angewärmt und durchfeuchtet wird, aber die Trockenheit macht der Haut zu schaffen.

Jessie hatte sich am Vorabend Nase und Lippen gerade tüchtig mit Vaseline eingecremt, als sie Jensen zum See gehen sah. Er verhielt einen Moment, wandte das Gesicht zum Himmel, den Schneeflocken entgegen, zog seinen Parka fest zu und eilte weiter. Er hatte müde, besorgt und seltsam verletzlich ausgesehen. Eigentlich wollte sie noch über ihr Gespräch nachdenken, aber als sie auf ihrem Schlitten in den schweren Schlafsack geschlüpft war, versank sie sofort in tiefen Schlaf, wie ein ins Wasser geworfener Stein.

Wie sie jetzt auf den Schlittenkufen stand und den Hunden von Zeit zu Zeit kurze Befehle zurief, dachte sie an Jensen und lächelte in sich hinein. Er interessierte sie. Wie es sich wohl anfühlte, von einem Mann mit einem solchen Schnurrbart geküßt zu werden? Sie war in letzter Zeit nicht geküßt worden, von den feuchten Busserln der Hunde einmal abgesehen. Schon lange hatte sie kein Fremder mehr fasziniert. Zu lange schon.

Die letzten zwei Jahre war sie zufrieden gewesen. Es machte ihr Spaß, Hunde aufzuziehen und sie zu trainieren, langsam eine eigene Zucht aufzubauen und bei Rennen gut zu bestehen. Nachdem es mit ihrem Partner in der Liebe wie bei der Arbeit nur Kämpfe gegeben hatte, empfand sie es als große Erleichterung, alles allein zu machen. Ihr Freund hatte von Frauen und Schlittenhunden ähnliche Vorstellungen gehabt: Beide behandelte er mit Zuckerbrot und Peitsche und war nur dann liebevoll, wenn alles nach seiner Nase ging.

Die Begegnung mit Alex Jensen traf Jessie völlig unvorbereitet. Seine Aufmerksamkeit schmeichelte ihr und –

Ihre Träumerei endete abrupt, als sich vor ihr der vereiste Canyonhang auftat. Mit einem wilden Schrei, der sich an den steilen Wänden brach, nahm Bomber die erste Serpentine in Angriff. Mit einem kurzen prüfenden Blick auf ihre Hunde folgte ihm Jessie, bremsbereit. Sie hoffte, Jim wäre nicht zu dicht hinter ihr.

11

Datum: Dienstag, fünfter März
Tag: Vierter Tag des Rennens
Ort: Zwischen den Checkpoints Rainy Pass und Rohn (achtundsiebzig Kilometer)
Wetter: wolkenlos, leichter Wind
Temperatur: −17 °C Maximum, −23 °C Minimum
Zeitpunkt: später Vormittag

Der Schnee reflektierte das Sonnenlicht so stark, daß Jensen geblendet die Augen zusammenkniff, als das kleine Flugzeug über das Eis des Puntilla Lake rollte und abhob. Links neben ihm saß der Pilot, Trooper Ben Caswell, die Sonnenbrille auf der Nase, und Alex wünschte sich, er hätte seine eigene Sonnenbrille nicht im Gepäck gelassen. Sein Magen tat einen Sprung, als die Maschine in einer leichten Windbö ins Schlingern kam. In Rainy Pass prallten die Fallwinde der umliegenden Berge aufeinander.

Während sie an Höhe gewannen, wurde das Licht zunehmend diffuser, bis Alex schließlich ungehindert hinunterschauen konnte auf die zerklüftete Landschaft tief unter ihnen. Die höchsten Erhebungen der Alaska Range und der Teocalli Mountains ragten wie Giganten in den Himmel. Um den Kurs mehr nach dem Verlauf des Dalzell Canyon auszurichten, drückte Caswell die Maschine leicht nach links und nach unten. Beim Anblick der Schlucht war Jensen froh, daß er nicht zu denen gehörte, die sie per Hundeschlitten ansteuerten.

Kurz nach neun war ein Versorgungsflugzeug aus Anchorage eingetroffen. Eine halbe Stunde später – sie waren gerade dabei, die schwarzen Plastiksäcke mit ihrem schauerlichen Inhalt zu verladen – landete Trooper Ben Caswell mit der polizeieigenen Maule M4 und kam über das Eis auf sie zu. Offenbar war jetzt auch die Zentrale der Meinung, daß die Trooper ein eigenes Fortbewegungsmittel brauchten. Jensen und Becker verstauten ihr Gepäck und machten sich auf den Weg nach Rohn, um mit Dale Schuller zu reden. Das Plastikröhrchen würde ein anderes Flugzeug beim Zwischenstopp in Rohn mitnehmen.

Auf Alex' Bitte hin flog Caswell so niedrig wie möglich über den Canyon hinweg. Er konnte die Gespanne gut erkennen; wie an einer Schnur aufgereiht, jagten sie hintereinander her. Von oben sahen die langgestreckten Formationen wie Tausendfüßler aus. Die meisten Fahrer hatten das steilste Stück schon hinter sich und gewannen langsam Abstand voneinander. Von der nächtlichen Kälte war der Trail noch angenehm fest, und einige der an der Spitze liegenden Musher hatten gewaltig Tempo gemacht. Sie näherten sich bereits dem zweiten Abschnitt der Etappe. Alex sah scharf hin, als sie die Gespanne überflogen, aber Jessies leuchtendroten Parka entdeckte er nicht.

»Kannst du noch eine Runde drehen, Ben?« fragte er.

Beim zweiten Mal nahm er das Fernglas zu Hilfe und sah, daß Jessie, Bomber und Jim Ryan neben dem Trail nahe am Fluß rasteten. Alle drei winkten ihnen zu. Beruhigt wies Alex den Piloten an, nach Rohn weiterzufliegen.

Die Landebahn in Rohn ist ein schmales Handtuch, in einen Fichtenwald gehackt. Die meiste Zeit bläst ein unangenehmer Seitenwind, und beim Landeanflug umklammert der Pilot mit weißen Knöcheln das Steuerruder, während die Passagiere angstvoll die Füße gegen den Boden stemmen und die Luft anhalten. Obwohl kein nennenswerter Wind wehte, waren die drei Trooper froh, als die Maschine auf dem holperigen Boden zum Stehen kam und sie hinausklettern konnten.

»Ein Hauch mehr Wind und ich hätte ein Loch ins Chassis getreten«, sagte Jensen zu Caswell, während sie das Flugzeug an den Bäumen vertäuten.

»Verständlich. Die Landung hier verursacht immer einen Adrenalinstoß. Bin in Rohn bestimmt schon ein dutzend Mal gelandet, aber ich schwöre dir, jedesmal sind die verdammten Bäume ein Stück näher dran. Einmal hab' ich's erst im vierten Anlauf geschafft.«

Ein Zeitnehmer wies Jensen den Weg. Er fand Schuller in einiger Entfernung vom Blockhaus damit beschäftigt, an seinem umgedrehten Schlitten die Plastikkufen zu erneuern, die durch Fels- und Eisabrieb völlig verschlissen waren. Schuller drückte gerade neue Kufen in die Führungsschienen. Er schüttelte Jensen die Hand, ohne die dünnen Arbeitshandschuhe auszuziehen.

»Ich bin froh, daß Sie kommen konnten, bevor ich wieder los muß«, sagte er. »Haben Sie was dagegen, wenn ich das hier fertigmache? Es dauert höchstens noch zehn Minuten.«

»Natürlich nicht. Kann ich helfen?«

»Nein danke. Danke für das Angebot, aber ich würde disqualifiziert werden, wenn ich es annähme. Keine direkte Hilfe gestattet. Ist schon okay. Die eine Kufe ist drauf, also dauert's nicht mehr lange.«

»Ich schaue Ihnen zu und stelle ein paar Fragen. Bei so etwas war ich noch nie dabei. Später zeigen Sie mir dann Ihren Fund.«

»Keine Sorge, wir haben das Röhrchen gut versteckt. Und außer mir und dem, der es vorher hatte, hat es niemand in der Hand gehabt.«

Schuller wandte sich wieder seinem Schlitten zu und klopfte die Kufe mit dem stumpfen Ende einer Axt in den Führungsschienen fest. »Ich weiß, daß George verunglückt ist; aber was war mit Ginny und Steve? Und wie geht es Bill Turner?«

»Seitdem ich aus Finger Lake fort bin, habe ich nichts mehr gehört, aber ich hatte den Eindruck, er hielt sich ganz gut.«

Schuller blickte auf und runzelte die Stirn.

»Ich werde wohl lieber den Funker bitten, in Anchorage nachzufragen. Hoffentlich leidet Bills Talent als Fahrer nicht darunter. George hielt große Stücke auf ihn.«

»Jessie Arnold äußerte sich ähnlich.«

»Sie müßte es ja wissen. Sie ist selbst verdammt gut.«

»Ach ja?«

»Wir sind beim Kusko dieses Jahr ein Stück zusammen gefahren. Sie ist eine gute Freundin von mir, und sie versteht ihr Handwerk.«

Alex fragte sich, ob diese Äußerung eine tiefere Bedeutung hatte.

Mit dem letzten Schlag rutschte die zweite Kufe an ihren Platz. Schuller zog die Schrauben fest an und drehte den Schlitten um. Die Reparatur war beendet. Sorgfältig packte er Werkzeug und Ausrüstungsgegenstände zusammen.

»Jetzt holen wir das Röhrchen, und dann ab ins Warme, damit ich meine Finger auftauen kann. Die Fingerhandschuhe sind zu dünn, aber in Fäustlingen kann ich nicht arbeiten.«

Im Blockhaus hielt Jensen das Plastikröhrchen gegen das Licht, wobei er aufpaßte, daß das Taschentuch zwischen seinen Fingern und dem gerillten Verschluß nicht verrutschte. Zwei Kratzer waren auf dem transparenten Behälter zu sehen; sie lagen einander genau gegenüber. Vorsichtig entfernte er den Verschluß und sah sich die Spuren von weißem Pulver auf der Innenseite an.

»Was ist das für ein Zeug?« fragte Harvey, der Zeitnehmer. »Probieren Sie's nicht, so wie die Bullen im Fernsehen?« Er schob seine leuchtend rote Pudelmütze nach hinten. Mit der Mütze über seinem roten Haarkranz und dem struppigen Bart sah er aus wie ein Gartenzwerg.

Jensen schüttelte den Kopf.

»Auf keinen Fall. Wenn das Zeug ausgereicht hat, eine ganze Hundemeute zu erledigen, gehe ich kein Risiko ein. Das überlasse ich den Jungs im Labor. Einige Halluzinogene sind so stark, daß nur wenige Gramm ausreichen, acht Menschen zu töten.«

»Guter Gott, bloß weg damit.«

Alex steckte das Glasröhrchen in einen Beweisbeutel.

»Wo haben Sie's gefunden?« fragte er Schuller.

»Etwa die halbe Strecke den Tatina runter. Ich hielt an einer günstigen Stelle an, um die Hunde zu füttern. Offenbar hatte dort schon jemand vor mir Rast gemacht. Ich habe es etwa einen Meter neben dem Trail gefunden.«

»Diese Kratzer auf dem Röhrchen. Gehen die auf Ihr Konto?«

»Nein. Ich habe das Ding zwischen meine Ersatzsocken gepackt, und die kratzen nicht. Es sah schon so aus, als ich es aufsammelte.«

»Haben Harvey oder Sie mit irgend jemandem über Ihren Fund gesprochen?«

»Die Leute waren letzte Nacht so schon aufgebracht genug, nach den Neuigkeiten aus Rainy«, sagte Harvey stirnrunzelnd. »Es schien uns nicht ratsam, sie noch mehr zu verunsichern. Das wollten wir Ihnen überlassen.«

»Gut«, sagte Jensen nachdenklich. »Vielleicht hat es überhaupt keine Bedeutung, und wir wollen nicht unnötig Gerüchte in die Welt setzen. Behalten Sie die Sache also weiterhin für sich. Das Röhrchen wird bald abgeholt.«

»Werden Sie uns erzählen, was Sie herausfinden?« fragte Schuller.

»Wenn es mir möglich ist, gern. Diese chemischen Analysen brauchen ihre Zeit. Melden Sie sich auf jeden Fall bei mir, bevor Sie aufbrechen, vielleicht habe ich noch Fragen.«

»Klar.«

Er wandte sich zu Harvey. »Können Sie mir sagen, wann die anderen Musher in Rohn angekommen sind? Ich muß wissen, wo jeder einzelne war, als das alles passierte.«

»Hier ist die Aufstellung.« Der Zeitnehmer drückte ihm eine Liste in die Hand. Sie enthielt alle wichtigen Daten, seit der Checkpoint installiert war: Ort der Kontrolle, Name des Zeitnehmers und des Mushers; Tag und Stunde seiner Ankunft, die Zahl seiner tatsächlich eingesetzten Hunde sowie der Reservehunde, die vorschriftsmäßige Überprüfung der Ausrüstung, die gefahrene Zeit seit dem Start, den Zeitpunkt des Aufbruchs in Rohn und schließlich die Unterschrift des Mushers.

Angesichts dieser Materialfülle dachte Jensen sehnsuchtsvoll an einen Fotokopierer.

Harvey grinste ihn an. »Geben Sie schon her«, sagte er lachend. »Bei mir geht das schneller. Sie haben genug anderes zu tun.« Er kratzte sich am Kopf, setzte sich an den Tisch mit dem Funkgerät und griff nach einem Stift.

»Tausend Dank«, sagte Alex erleichtert. Er ging Becker suchen, der in der Reihenfolge ihrer anstehenden Starts die Teams befragte. Jensen setzte Harvey auf seine – ungeschriebene – Liste von Helfern, zu der im Moment Matt Holman, Bill Pete und andere gehörten, etwa die gute Seele, die ihm am Morgen ein Spiegelei gebraten hatte. Und, natürlich, Jessie.

Er zog seinen Parka über und ging hinaus, quer über die Lichtung zu einer Gruppe von Menschen, die um ein Feuer herum standen. Eine laute, ärgerliche Stimme durchbrach seine Überlegungen, wie kooperationswillig diese Leute wohl sein mochten.

»Für wen halten Sie sich eigentlich, verdammt noch mal? Sie können mich nicht so herumschubsen. Ich war es nicht. Ich war weit weg, als der ganze Scheiß passiert ist. In zwei Stunden starte ich, und ich habe für diesen Mist keine Zeit. Ich weiß *überhaupt* nichts.«

Als Jensen ans Feuer trat, erhaschte er Beckers Blick, aber der junge Trooper konzentrierte sich auf den erbosten Mann vor ihm und nickte ihm nur kurz zu. Der wütende Musher war gut zehn Zentimeter größer und entsprechend breiter als Bekker mit seinen einsachtundsiebzig. Die eine Hand hatte er in die Hüfte gestemmt, in der anderen hielt er ein Bündel Hundeleinen, die er drohend in Beckers Richtung schwang. Glattrasiert, mit scharfen Zügen, funkelte er den Trooper unter buschigen Augenbrauen an, die neben seiner Größe das Auffälligste an ihm waren. Alex kannte Tim Martinson aus der Zeitung – er war ein bekannter Wettkämpfer und hatte schon häufig gewonnen –, und er erinnerte sich, daß der Mann den Ruf hatte, sehr direkt und äußerst schwierig zu sein.

»Hey, Tim«, mischte sich ein Zuhörer ein. »Sei friedlich. Er fragt doch bloß. Nimm's nicht persönlich.«

Die funkelnden dunklen Augen richteten sich auf den Friedensvogel. »Ach ja? Ich war verflucht noch mal nicht *dort*. Und du auch nicht, John. Was maßt der sich eigentlich an, einen von uns für verantwortlich zu halten? Genau das tut er nämlich. Kapierst du das nicht? Ich kapier's jedenfalls. Und ich *nehme* es, verdammt noch mal, persönlich.«

Neben Alex stand eine dunkelhaarige Frau und starrte versonnen ins Feuer, als sei sie ganz woanders. Er hatte Gail Murray in Rainy Pass kennengelernt. Sie war nicht zum ersten Mal beim Iditarod-Rennen dabei. Ganz in der Nähe begann ein Hund zu bellen, verwirrt durch die wütende Stimme.

»Ich seh' das anders. Steve war ein Freund von mir, und ich werde jede Frage beantworten, die weiterhelfen kann. Wie zum Teufel kann der Trooper wissen, wo du warst, Tim, wenn du es ihm nicht sagst?«

Alex war versucht, einzugreifen, pfiff sich aber zurück. Das hier war Beckers Show. Er mußte allein damit fertigwerden. Alex wartete gespannt.

Zum Glück hatte er sich zurückgehalten. Der junge Trooper trat einen Schritt vor und streckte der freundlichen Frau die Hand entgegen.

»Vielen Dank«, sagte er. »Ich würde mich gern mit Ihnen unterhalten, wenn ich mit Mr. Martinson fertig bin.« Er drehte sich um und sprach mit fester, autoritativer Stimme weiter.

»Sir, ich verstehe gut, daß Ihnen die Situation nicht behagt. Aber wir brauchen Ihre Hilfe, wenn wir der Sache auf den Grund gehen wollen. Wir müssen alles der Reihe nach prüfen und nichts auslassen. So läuft's nun mal. Ich gebe zu, es ist unwahrscheinlich, daß Sie etwas wissen.

Okay, machen wir es kurz und schmerzlos. Das bedeutet, Sie beantworten meine Fragen, oder... ich halte Sie hier so lange fest, bis Sie dazu bereit sind. Ich würde kaum so weit gehen, Sie wegen mutwilliger Behinderung einer polizeilichen Untersuchung zu verhaften, weil ich weiß, daß Sie es nicht so weit kommen lassen werden. Das ist keine Drohung, Mr. Martinson, sondern eine gesetzlich legalisierte Hilfsmaßnahme.

Wollen Sie am Rennen weiterhin teilnehmen? Dann antworten Sie mir.«

Becker stand abwartend da. Immer noch funkelnden Blicks setzte Martinson zum Sprechen an, klappte den Mund aber wieder zu. Sie starrten einander ins Gesicht, während der Musher überlegte. Schließlich wandte er den Blick ab und warf die Leinen auf einen Schlitten neben sich.

»Okay. Verdammt, wie Sie wollen«, knurrte er.

»Prima. Ich weiß das zu schätzen. Gehen wir ein Stück.«

Alex sah die beiden in Richtung Fluß spazieren, Becker stellte Fragen, auf die Martinson widerwillig antwortete. Sie blieben bei einer Gruppe von Fichten stehen; der Musher schien etwas in seinen Augen Wichtiges entdeckt zu haben. Von da an beherrschte er das Gespräch. Der Trooper nickte und machte sich Notizen. Beruhigt drehte sich Alex um und begann selbst, Fragen zu stellen.

12

Datum: Dienstag, 5. März
Tag: Vierter Tag
Ort: Zwischen den Checkpoints Rainy Pass und Rohn (achtundsiebzig Kilometer)
Wetter: Wolkenlos, leichter Wind
Temperatur: −17 °C Maximum, −23 °C Minimum
Zeitpunkt: Später Vormittag

Am freundlicheren Nordende des Dalzell Canyon machten Jessie, Jim und Bomber Rast. Obwohl die Sonne Myriaden winziger Schneekristalle zum Funkeln brachte, lagen die Temperaturen unter zehn Grad Minus.

Sie lenkten ihre Gespanne neben den Trail und hielten an. »Der Höllenschlund«, rief Bomber und deutete schwungvoll auf das Stück Weg, das hinter ihnen lag. »Wieder mal davongekommen. Alter Bastard!« Er ließ sich neben seinem Schlitten in den Schnee fallen und verdrehte die Augen.

Jessie warf ihm einen Schneeball ins Gesicht.

»Mach lieber Feuer, du falscher Fuffziger.«

Schnaubend setzte Bomber sich auf und wischte sich den Schnee aus den Augen.

»Ach, Scheiße. Ein kleiner Fauxpas, und schon wendet sich der treue Fan mit Grausen.«

Grinsend holte er aus seiner Schlittentasche den Kaffeetopf, Pulverkaffee, Stroh und Anmachholz. »Schieb mal was von deiner Holzkohle rüber, Jessie.«

Sie gab ihm ein paar Brocken sowie das Zündfix, das sie immer bei sich hatte. Damit setzte er ein kleines, intensives Feuer in Gang, das das Schmelzwasser rasch zum Kochen brachte.

Sie fütterten die Hunde, ließen sich am Feuer nieder und aßen selbst etwas. Bomber stopfte abwechselnd Butterstückchen und Erdnüsse mit Schokoladenüberzug in sich hinein.

»Wie bringst du das nur runter?« fragte Ryan. »Kriegst du davon nicht Durchfall?«

»Ist doch pure Energie, Mann. Aber ich krieg' nie Durchfall. Bin wohl 'ne gottverdammte Ziege. Willste was abhaben?«

»Ich halt' mich an das hier.« Ryan zeigte ihm die Salami, die er gerade zerteilte. Dann schüttete er löffelweise Schokomix in seinen Kaffee.

Jessie hielt ein gebratenes Hühnerbein in die Höhe. »Ich freue mich auf meine Vorräte in Rohn. Den Fraß hier hab' ich satt – Hühnerbeine und Erdnußbutter-Jelly-Sandwiches. Meine Mutter macht die besten Schinken-Käse-Makkaroni der Welt, und in Rohn warten mehrere Portionen auf mich. Ich träume regelrecht von diesen Makkaroni, sogar, wenn ich nicht auf dem Trail bin.«

»Ich bin jedesmal beim Rennen auf irgendwas Bestimmtes scharf«, sagte Ryan. »Letztes Jahr, kurz vor Ophir, war es Lasagne. Als ich in Nome ankam, hätte ich mein Gespann dafür eingetauscht. Ging mir nicht mehr aus dem Kopf. Alles andere schmeckte einfach nicht richtig.«

Jessie stöhnte. »Vor zwei Jahren ging's mir so mit Pepperonipizza. Seitdem gehört die bei mir zum Standardvorrat. Was hast du in Rohn?«

Ryan grinste. »La-sa-gne!«

Lachend lehnte sich Jessie gegen ihren Schlitten. »Ich bin total hinüber, und wir sind erst auf halbem Weg nach Rohn.«

»Ja, aber die zweite Hälfte ist leichter. Nicht so viele steile Strecken«, sagte Bomber.

»Hoffentlich wird's heute nachmittag nicht so warm. Meine Biester laufen ungern über Eis, wenn Wasser drauf steht. Sie wollen dann dauernd aufs Ufer springen.« Ryan schüttete den Kaffeesatz aus seinem Becher und schenkte sich neu ein.

»Wißt ihr, wer wirklich gut ist... gut war... in der Schlucht?« fragte Bomber. Er saß auf einem Strohballen neben seinem Schlitten, die Beine zum Feuer hin ausgestreckt. »George. Er tüftelte immer alles genau aus. Verteilte die Lasten auf dem Schlitten absolut richtig; schirrte die kleineren Hunde auf der Bergseite ein. Er hätte notfalls auch angehalten, um die Hunde besser zu plazieren. Er war in der Schlucht zwar nie der Schnellste, aber keiner seiner Hunde hat sich je überanstrengt. Scheiße, er wird mir verflucht noch mal fehlen.«

Jessie blickte auf und war überrascht, daß er sie anstarrte.

Sie schwiegen eine Weile.

»Wißt ihr«, sagte Jim schließlich, »ich finde, er sollte eine Art

Auszeichnung bekommen. Er hat mehr Iditarod-Know-how weitergegeben, als ich je haben werde.«

»Er und Joe Redington hätten schon vor Jahren zu *master coaches* ernannt werden sollen«, fügte Jessie hinzu. »Jeder hätte zugestimmt. Garantiert. Ich könnte nie alles aufzählen, was er mir beigebracht hat.«

»Na ja«, sagte Bomber, »die Idee finde ich gut, aber wenn's wieder nur so'n verdammter Pokal ist, der beim Bankett in Nome überreicht wird, halt' ich das nicht aus. Letztes Jahr dauerte die verdammte Geschichte über vier Stunden. Ich freute mich schon aufs Frühstück, als sie endlich fertig waren. Wenn es nicht Pflicht wäre, würde ich sowieso nicht hingehen.«

Jessie stand auf und begann, in ihrer Schlittentasche zu wühlen. Mit gummiisolierten Stiefeln und trockenen Socken in der Hand, ließ sie sich wieder am Feuer nieder und wechselte das Schuhwerk.

Bomber lehnte sich an seinen Schlitten; er war dem Feuer am nächsten.

»Gute Idee. Ich bin bereit.« Er hielt einen Fuß hoch, der in einem nagelneuen, gut eingefetteten Lederstiefel steckte. »Letztes Jahr, als es so kalt war und wir schon über den Tatina rüber waren, dachte ich aus irgendeinem Grund, daß wir das Schlimmste schon hinter uns hatten. Ich zog meine Mukluks an, und eh ich mich versah, saß ich bis zum Arsch im Wasser. Es hatte wie topsolides Eis ausgesehen. Wir fuhren drauf, und als erste Warnung spritzte mir Wasser ins Gesicht. Ich mußte einen Stopp einlegen und uns allen neue Pfotenschützer verpassen. Ich hasse es, verdammte Scheiße –«

»Hey, polier deinen Wortschatz, Mann.« Ryan hatte genug von Bombers Gequatsche und nickte zu Jessie hinüber.

Bomber hob die Augenbrauen. »Nun mach mal halblang. Sie kennt das. Wenn sie zu uns Kerlen gehören will...« Er zuckte die Achseln. »Stimmt doch, Jessie?«

Sie sah ihn an, ohne zu antworten.

Als Jessie ihre Stiefel zugeschnürt hatte, erfüllte plötzlich Flugzeuglärm die Luft. Sie sahen hoch. Der Pilot ließ die Maschine flügelwackelnd im Tiefflug über sie brausen. Ryan stand auf, und sie winkten alle drei. Das Flugzeug drehte nach Norden ab und verschwand aus ihrem Blickfeld.

Jensen, dachte Jessie. »Sie haben sich offenbar vergewissert, daß wir okay sind.« Daß der Trooper dort oben war, war ein tröstlicher Gedanke. Aber vielleicht hatte gar nicht Jensen im Flugzeug gesessen. Es konnte auch Holman gewesen sein.

»Hey, Jessie. Was hat der Trooper dir erzählt?«

Bomber hob den Kopf, ebenfalls interessiert.

»Och, nichts, was wir nicht schon wußten. Er wollte mehr übers Rennen wissen, solche Sachen.«

»Hat er was über George oder Steve gesagt?«

»Nicht direkt. Er wollte einfach wissen, wie es hier draußen so zugeht.«

Sie hörte auf zu sprechen und begann, mit dem Rücken zu den Männern am Feuer, die Knebel an ihrer Schlittentasche durch die Ösen zu stecken. Sie hatte seit dem frühen Morgen nicht mehr viel an Jensen oder ihre Gespräche mit ihm gedacht. Jetzt entdeckte sie, daß sie keine Lust hatte, ihren Gefährten davon zu erzählen. Bombers Interesse störte sie, aber sie drehte sich zu ihm um, als er sprach.

»Ich weiß nicht, ich finde, er wirkt ganz okay. Aber haben dich die Fragen nicht geärgert? Über wen wollte er denn was wissen?«

Was geht dich das an, dachte sie. Ryan schaute sie erwartungsvoll an, und sie fand auch ihn bescheuert. Was ist denn los mit mir? Sie haben ein Recht, betroffen zu sein. Sie werfen mir ja schließlich nicht vor, daß ich sie angeschwärzt hätte. Warum bin ich so verdammt abweisend?

»Man kann gut mit ihm reden. Viel besser, als ich dachte. Außerdem möchte ich, daß der erwischt wird, der für die Sache verantwortlich ist, und vielleicht kann ich was dazu beitragen.«

»Wer ist es denn, was glaubst du?«

»Verdammt, ich habe keine Ahnung. Ich denke, er auch nicht. Er hat nur Angst, daß noch jemand dran glauben muß. Matt geht's genauso.«

»Mir auch«, sagte Ryan.

»Okay, setzen wir unseren Scheiß hier wieder in Bewegung.« Bomber warf Schnee aufs Feuer, das zischend erlosch. Er schüttete den Rest Kaffee obendrauf, wischte den Becher mit Schnee aus und verstaute ihn in seiner Schlittentasche. »In

Rohn können wir uns richtig ausruhen, volle vierundzwanzig Stunden.«

Zehn Minuten später hatten sie alles verpackt und waren startbereit, mit Bomber an der Spitze.

»Gentlemen«, rief er seinen Hunden zu, »seid ihr bereit?«

Wie eine Kette von Dominosteinen, nur andersherum, sprangen die Hunde auf und richteten sich im Gespann aus, allen voran Junkie, das Leittier. Cranshaw hatte sämtliche Hunde nach Schnaps oder Drogen benannt. Es gab Snow, Mary Jane, Stout, Speed, Brandy, Black Jack, Jose, Kahlúa Lou und noch andere, an die Jessie sich nicht erinnerte.

»Ab die Post, ihr Schildkröten.« Bomber zog den Schneeanker und ließ die Hunde losrennen.

Jessie folgte dicht dahinter. Bomber drehte sich um und grinste sie an. Ich sollte mich bei ihm vorsehen, dachte sie. Die Show hatte er vor allem für sie abgezogen. Sie war froh, daß Ryan zu ihrer Gruppe gehörte.

13

Datum: Dienstag, 5. März
Tag: Vierter Tag des Rennens
Ort: Checkpoint Rohn
Wetter: Wolkenlos, leichter Wind
Temperatur: −17 °C Maximum, −23 °C Minimum
Zeitpunkt: Mittag

Das Flugzeug, das das Beweismittel aus Rohn mitnehmen sollte, war gelandet. Vor dem Weiterflug gab Alex dem Piloten, einem Trooper, Aufträge für Anchorage mit, die er nicht per Funk weiterleiten wollte. Der Pilot machte sich Notizen.

In letzter Zeit habe es keinen Ärger mit Tierschutzfanatikern gegeben, meinte er.

»Daß die so verrückt reagiert haben, ist schon lange her, und das ging auch nur ein, zwei Jahre so. Während eines Rennens hat ein Reporter einen Musher dabei erwischt, wie er seine Hunde verprügelte. Das löste den Konflikt aus. Und irgendwie blieb das hängen, und die Zeitungen wärmten die Geschichte immer wieder auf.«

»Welcher Musher war das?«

»Das weiß ich nicht mehr. Jemand aus McGrath oder Ruby, glaube ich. Der Typ bekam eine Geldstrafe und wurde disqualifiziert oder so was. Fragen Sie die Tierärzte. So was kommt nicht oft vor.«

Alex bat ihn, die Geschichte auf jeden Fall zu überprüfen. Es gab immer die Möglichkeit, daß eine einzige Person einen Groll hegte.

Die zweite, wahrscheinlichere, Möglichkeit waren illegale Wetten. So etwas gab es ganz gewiß, und nicht zu knapp. Für einen, der gern eine Menge Geld bei einer alaskatypischen Sportart riskieren wollte, war es die ideale Gelegenheit.

»Setzen Sie jemanden auf die Bars und Privatclubs in Anchorage an. Da sind immer solche Sachen am Laufen. Nehmen Sie Abbott. Er kennt sich in Anchorage gut aus, sein Vetter arbeitet bei der Polizei in Anchorage. Gemeinsam müßten sie was herausfinden.«

»Okay, aber ein, zwei Tage wird's dauern.«

»Das ist mir klar. Macht nichts. Ich will nur keine losen Fäden.«

»Apropos loser Faden – ich schwinge mich mit dem Röhrchen hier besser in die Luft, bevor das Labor Feierabend macht. Wenn die noch heute abend mit den Tests beginnen, haben Sie vielleicht morgen früh schon das Ergebnis.«

»Sagen Sie Farber ein Dankeschön für Caswell.«

Der Trooper salutierte, kletterte ins Flugzeug und war auf und davon.

Am wichtigsten war für Jensen der Zeitpunkt, an dem die Musher jeweils beim Checkpoint eingetroffen und später wieder gestartet waren. Aus diesen Daten könnte er eine vorläufige Liste von Verdächtigen zusammenstellen. Am Nachmittag müßten sie die Musher vernehmen, die in Rohn ein- und auscheckten. Das konnten Caswell und Becker machen.

Er nahm die Liste, die Harvey für Rohn zusammengestellt hatte, und verglich sie im Laufe der folgenden Stunde mit denen aus Skwentna, Finger Lake und Rainy Pass.

Als sich die Trooper vor ihrem Zelt zum Lunch trafen, schüttelte Alex auf Caswells fragenden Blick hin den Kopf.

»Dazu kommen wir gleich. Was habt ihr heute morgen alles erfahren? Was ist mit Tim Martinson, Phil? Was hat er dir erzählt, nachdem du seine Wut so meisterlich gebändigt hast?«

Becker grinste angesichts dieses Lobs und zog sein Notizbuch aus dem Parka. »Viel schien er wirklich nicht zu wissen«, sagte er nach kurzem Studium seines Gekritzels. »Er ist vom Rennen absorbiert. Aber nach etwas Ermunterung fiel ihm dann doch ein, daß er Koptak und drei oder vier weitere Musher in Skwentna am selben Lagerfeuer hatte hocken sehen. Er sagte, sie waren alle gegen drei Uhr morgens angekommen. Er glaubt, daß sie auch zusammen übernachtet haben, denn als er gegen fünf Uhr aufbrach und an ihnen vorbeifuhr, schnarchten sie alle in ihren Schlafsäcken. Turner war dabei und noch zwei andere, Paul Banks und Bill Pete. Wer der vierte war, wußte er nicht mehr. Falls der überhaupt je existiert hat.«

»Banks – Jessie Arnold sagt, der ist aus Bethel.«

»Du hast ja gestern 'ne Menge Zeit mit ihr verbracht, Alex. Sollten wir da Genaueres wissen?« neckte ihn Becker.

Jensen fühlte, wie er errötete, und trank hastig einen Schluck heißen Kaffee, wobei er sich die Zunge verbrannte. »Sie kannte Ginny Kline«, sagte er abwehrend und ärgerte sich dabei über sich selbst. »Sie glaubt, fanatische Tierschützer könnten dahinterstecken. Ich lasse es von Anchorage überprüfen. Hast du sonst noch was, Phil?«

»Nichts Definitives, aber ich werde meine Notizen noch mal durchgehen. Es ist wirklich nicht einfach, diese Typen zum Reden zu bringen. Manche haben Angst. Manche wollen nicht über die Kollegen reden. Manche konzentrieren sich so sehr auf das Rennen und ihre Gespanne, daß sie nicht mal merken würden, wenn hier eine Eisenbahn durchbrausen würde. Und Cas, was hast du rausbekommen?«

»Ich hab' nach dem Plastikröhrchen gefragt, das Schuller aufgesammelt hat. Wenn es was mit dem Fall zu tun hat, wird der, der es verloren hat, das natürlich niemals zugeben.«

»Die Kratzer auf beiden Seiten sind interessant«, sagte Alex. »Sie wurden durch Reibung verursacht. Wenn es ein Beweisstück ist, will ich wissen, woher die Kratzer stammen. Ich gehe jede Wette ein, daß der Inhalt in Smiths Hundefutter gelandet ist.«

»Bist du mit den Listen schon weitergekommen?« fragte Caswell.

Alex zog die Blätter raus und sah sie in chronologischer Reihenfolge durch. »In Skwentna war's verdammt voll. Der Checkpoint liegt nur kurz hinter dem Start, so daß das Feld noch dicht beisammen ist. Sechsundzwanzig Musher, ein Tierarzt, zwei Zeitnehmer und ein Funker waren zwischen Koptaks Ankunft und Weiterfahrt vor Ort. Zwei Musher haben in Skwentna aufgegeben, vier weitere waren nicht zeitig genug an den nächsten Checkpoints, um für die beiden anderen Morde verantwortlich zu sein.«

»Dann sind da natürlich noch die Leute aus Skwentna, wenn wir sie miteinbeziehen wollen. Fünfundzwanzig Einwohner plus die vielen Fans, die per Flugzeug gekommen sind, um beim Rennen dabei zu sein«, murmelte Caswell.

»Richtig«, erwiderte Alex, »und wir haben keine Ahnung, wann das Zeug in die Thermosflasche gekippt wurde.«

»Aber diese Leute konnten nicht gleichzeitig in Finger Lake

Ginny Klines Gespannleine durchschneiden«, mischte sich Becker ein. »Also, wer war in Finger Lake – von dem Zeitpunkt an, als Ginny ihre Gespannleine überprüfte, bis zu ihrem Aufbruch?«

»Wer hat denn überhaupt gesehen, daß sie die Leine prüfte?« fragte Caswell.

Alex kramte in seinen Notizen. »Talburgen, der schwedische Musher, der nach dem Unglück Ginnys Hunde eingefangen hat. Er sagte, sie hätte ihre komplette Ausrüstung äußerst gründlich kontrolliert, bevor sie schlafen ging. Talburgen brach am nächsten Morgen in aller Herrgottsfrühe auf, noch vor Cranshaw und fünfunddreißig Minuten vor Kline.«

»Okay«, Becker nickte begeistert. »Also, wer war noch in Finger Lake und Rainy Pass?«

»Eins nach dem anderen, Phil«, grinste Jensen. »So einfach ist das nicht. In Finger Lake waren nur wenige – Bill Pete, Dale Schuller, Paul Banks, Bill Turner, Bomber Cranshaw, Jessie Arnold, Tim Martinson, Jim Ryan, Ron Cross, Rex Johnson, Jules Talburgen, Steve Smith, Wilbur Close und noch ein paar mehr. Dazu wieder je ein Zeitnehmer, Tierarzt und Funker, aber von denen war niemand in Skwentna oder später in Rainy Pass.

Ich denke, die Organisatoren können wir streichen, sie hatten keine Gelegenheit. Jeder von ihnen war immer nur an einem Ort – so wie Harvey und seine Leute hier in Rohn.«

Caswell überlegte eine Weile und runzelte die Stirn. »Mit den Organisatoren hast du recht, wenn es sich nur um *einen* Täter handelt. Und wenn es mehrere waren?«

»Das glaube ich nicht, Cas. Möglich wäre es zwar, aber meinem Gefühl nach eher unwahrscheinlich. Gehen wir im Moment mal davon aus, daß wir nur einen Täter haben. Wenn du was entdeckst, das in die andere Richtung weist, sag mir Bescheid.«

Caswell nickte, immer noch stirnrunzelnd.

»Okay«, Becker machte munter weiter. »Also, können wir jeden eliminieren, der in Rainy Pass startete, bevor Smith eintraf? Das können wir nicht, denn noch wissen wir nicht, ob das Zeug in der Thermoskanne identisch ist mit dem Gift, das die Hunde tötete. Wenn dem so wäre, müßten wir dann nicht zusätzlich sämtliche Musher aus der Spitzengruppe in Betracht ziehen. Wenn nicht...«

»Hoppla. Ohne Pfosten kannst du keinen Zaun errichten«, warnte Alex. »Ich ahne, worauf du hinaus willst, aber noch haben wir den Laborbefund nicht. Vorsichtshalber streichen wir erst mal niemanden von der Liste.«

Während Alex unter seinen Papieren die Daten von Rainy Pass suchte, amüsierte er sich insgeheim über Becker. Der junge Mann dachte mit seinem Mundwerk. *Woher soll ich wissen, was ich denke, wenn ich's nicht ausspreche?* Er konnte gut mit Menschen umgehen; lachte gern, war begeisterungsfähig und interessiert. Es war schwer, Philip Becker nicht zu mögen. Die Menschen vertrauten ihm instinktiv und erzählten ihm häufig mehr, als sie wollten. Hinter seiner cleveren, wißbegierigen Art verbarg sich indes ein ausgeprägtes kriminalistisches Talent. Becker verschlang gierig jede noch so winzige Information und vergaß keine einzige.

Caswell dagegen ging sparsam mit Worten um, überlegte lange und gründlich, bevor er mit seinen Vorstellungen rausrückte. *Laß mich noch ein bißchen herumprobieren.* Er besichtigte die Fakten, als wäre er auf dem Flohmarkt und entdeckte Schätze, die andere übersahen. Er hatte etwas von einer Bulldogge. Alex wußte, die Mehr-als-ein-Täter-Theorie war noch nicht ausgestanden, aber er konnte sich darauf verlassen, daß Caswell ihn über jedes neue Detail informieren würde.

»Martinson, Schuller und fünf weitere Musher – Gail Murray, T. J. Harvey, Rick Ellis, John Grasle und Rod Pollitt – sind aus Rainy aufgebrochen, bevor Smith eintraf. Hier ist die Liste. Außer denen, die ich gerade genannt habe, waren neun Fahrer bei allen drei Checkpoints: Bill Pete, Paul Banks, Bomber Cranshaw, Jessie Arnold, Jim Ryan, Rex Johnson, Jules Talburgen, Mike Solomon und Susan Pilch. Wilbur Close habe ich gestrichen, weil er noch vor dem Paß aus dem Rennen ausgestiegen ist.«

Schweigend gingen sie die Namen durch.

»Wißt ihr«, sagte Caswell langsam, »es ist schon interessant: Keiner dieser Todesfälle ist durch direkte Gewalteinwirkung, wie Erschießen oder Erstechen, erfolgt. Kein direkter Kontakt. Jeder der drei ist zwar gestorben, hätte aber genausogut nur verletzt werden können. Koptak wäre vielleicht vom Schlitten in den Schnee gepurzelt und im Tiefschlaf liegen geblieben. Klines Gespannleine hätte auch vor der Schlucht reißen können, und ihr wären nur die Hunde davongelaufen. Wäre Smith an seinen Huskies ein paar Minuten früher etwas aufgefallen, wäre er vielleicht nur gebissen worden oder hätte sich gar unverletzt retten können.

Interessant ist auch, daß jede Methode nur einmal angewendet wurde und daß der Täter männlich oder weiblich, groß oder klein sein kann. Gift spricht allerdings eher für eine Frau.«

»Drogen«, korrigierte Becker.

Caswell nickte, verfolgte aber seinen Denkansatz weiter.

»Drogen deuten auf Planung hin. Es ist doch sehr unwahrscheinlich, daß sie zufällig hier aufgetaucht sind, wenn sie nicht bewußt von jemandem eingesetzt werden sollten. Die Leine kann allerdings spontan angeschnitten worden sein.

Sagt uns das irgendwas? Es könnte die Zwei-Täter-Theorie unterstützen. Fällt dir was zum Motiv ein, Alex?«

»Nichts Spezifisches, außer, daß sämtliche Unfälle den jeweiligen Musher aus dem Rennen geworfen hätten, auch ohne tödlichen Ausgang. Anchorage untersucht die illegale Wettszene und Tierschützeraktivitäten. Manche dieser Typen würden gern Frauen vom Rennen ausschließen, aber die Opfer sind ja nicht ausschließlich weiblich. Es ist noch zu früh, um Schlußfolgerungen zu ziehen. Wir brauchen mehr Informationen. Und wir müssen mit den Mushern reden, die heute noch hier ankommen. Harvey und Ellis sind auf dem Weg nach McGrath, wir werden sie dort erwischen.«

Er stand auf und reckte sich. »Becker, du machst das super mit den Interviews. Die Leute reagieren positiv auf deine Art, Fragen zu stellen. Warum schnappst du dir nicht die, die aus Rainy kommen. Sie müßten laut Harvey am frühen Nachmittag eintreffen.

Cas, du kannst mir helfen, die Listen noch mal durchzugehen. Vielleicht fällt uns zu zweit mehr auf.«

»Wollt ihr hier übernachten oder in McGrath? Wenn wir bleiben, müßte ich den Vogel noch fester anbinden.« Caswell war schon unterwegs zu seiner Maschine.

»Bevor ich das entscheiden kann, muß ich mit Holman reden,

aber wahrscheinlich werden wir bleiben. Ich finde es besser, wenn er am einen Ende des Farewell Burn ist und wir am anderen. Sobald ich ihn über Funk erwischt habe, komme ich wieder, okay?«

Becker, der gerade Abfall einsammelte, blickte Alex mit großen unschuldigen Augen an. »Wann wird eigentlich Miss Arnold erwartet?«

»Schnauze, Becker. Ich bin zu beschäftigt, um dir eins draufzugeben. Dein Talent, mit den Martinsons dieser Welt fertigzuwerden, gibt dir keine Narrenfreiheit. Treib's ja nicht zu weit.«

Caswells Gelächter wurde vom Zuschlagen der Flugzeugtür gedämpft. Seine Miene war ernst, aber seine Augen funkelten vergnügt.

»Ich komm' gleich nach, okay?«

»Klar«, sagte Alex. Er setzte seine Pfeife in Gang und marschierte zum Blockhaus.

Sobald er außer Hörweite war, würden sie natürlich über sein Interesse für Jessie Arnold tratschen. Auch wenn ihm sein Privatleben heilig war, machte ihm die Neckerei eigentlich nichts aus. Dann ging ihm auf, daß seine Phantasien eine Frau betrafen, mit der er gerade zweimal gesprochen hatte. Nein, dreimal, wenn er die kurze Begegnung in Finger Lake mitrechnete. Guter Gott. Er kannte sie überhaupt nicht. Vielleicht hatte sie einen Freund. Außerdem wollte er sowieso keine Beziehung. Oder doch?

Er stapfte zum Blockhaus hinauf, öffnete die Tür und sah sich Dale Schuller gegenüber, der bei einer Tasse heißer Schokolade mit Harvey zusammensaß.

Vom Trail gäbe es keine besonderen Vorkommnisse zu berichten, sagte Harvey. Dann versuchte er, über Funk Holman zu erreichen. Alex begrüßte Dale Schuller, erkundigte sich aber mit keiner Silbe nach den Mushern, die noch auf dem Weg von Rainy Pass nach Rohn waren.

14

Datum: Dienstag, 5. März
Tag: Vierter Tag des Rennens
Ort: Checkpoint Rohn
Wetter: Wolkenlos, leichter Wind
Temperatur: −17 °C Maximum, −23 °C Minimum
Zeitpunkt: Spätnachmittag

Als Jessie, Ryan und Bomber am späten Nachmittag in Rohn eintrafen, hatten Jensen und Caswell ihre Liste mit potentiellen Verdächtigen fertig, waren aber keineswegs schlauer.

»In zwei Stunden ist es dunkel«, sagte Alex. »Bauen wir erst mal unser Zelt auf. Am besten bei den Bäumen neben dem Flugzeug.«

Zu zweit schafften sie es in knapp dreißig Minuten; da der Untergrund aus reinem Eis bestand, legten sie die Schlafsäcke auf Pritschen. Als Jensen den Zeltverschluß zuzog, sah er Bekker zwischen den Bäumen auf sie zukommen.

»Rate mal, wer vor einer halben Stunde eingetroffen ist?« sagte er zu Caswell, ohne Alex eines Blickes zu würdigen.

»Becker!«

»Oh, tut mir leid, Chef.« Er grinste übers ganze Gesicht. »Bomber Cranshaw mit seinen Freunden. Ich dachte ja bloß, ich sollte aufpassen, wer kommt und wer geht.«

Jensen warf ihm ein Holzscheit zu. »Hier, mach dich nützlich.«

Erst sehr viel später, nach dem Abendessen – Becker war ins Blockhaus gegangen –, zog Alex los, die Pfeife zwischen den Zähnen, Jessie zu suchen. Holman hatte gefunkt, er habe vom Suchflugzeug nichts Ungewöhnliches bemerkt. Caswell war beim Licht einer Petroleumlampe mit Beckers Interviewnotizen beschäftigt, als Jensen den Zeltplatz verließ.

Er fand Jessie allein am Feuer sitzend, um sich herum drei Gespanne, die neben ihren leeren Futternäpfen friedlich schliefen. Sie kratzte die letzten Reste Makkaroni und Käse aus einem Plastikkochbeutel. Mit zufriedener Miene leckte sie den Löffel ab.

»Hi«, sagte er, als sie aufblickte, »schön, daß Sie's geschafft haben.«

Er war froh, daß Schuller nicht in der Nähe war, doch dann fiel ihm ein, daß seine Vierundzwanzig-Stunden-Pause vorbei und Schuller wahrscheinlich längst auf dem Weg nach Nikolai war; nicht, daß Alex enttäuscht war, er fand es nur seltsam, daß er sich nicht bei ihm abgemeldet hatte.

Jessie bemerkte Alex, noch bevor er ans Feuer trat. Die leichte Brise vom See her roch auf einmal nach Tabak. Sie lächelte ihn an und strich sich eine Haarsträhne aus dem Gesicht.

»Ebenfalls hi!«

Alex zog ein in Folie gewickeltes Päckchen aus der Tasche.

»Hier. Möhrenkuchen. Hat Caswells Frau mit dem Versorgungsflugzeug geschickt. Viel zuviel für uns drei.«

»Hey, danke schön.« Sie wickelte den Kuchen aus und kratzte mit dem Finger ein Stück der Cream-Cheese-Glasur ab. »Mmmmm.«

Er sah zu, wie sie den Kuchen genußvoll in sich hineinstopfte. Dann setzte er sich auf einen Holzklotz neben dem Feuer und akzeptierte eine Tasse Pfefferminztee.

»Wir haben einem Flugzeug zugewinkt, heute nachmittag. Waren Sie das?«

»Ja.« Er grinste. »Wir haben Sie bei 'ner Pause erwischt, was? Mitten auf dem Trail!«

»Man muß schon hin und wieder Rast machen. Wie Bomber so schön sagte: Wir waren gerade ›dem Höllenschlund entronnen‹.«

»Von oben sah es aus wie der reine Alptraum. Ich war heilfroh, daß ich drüber *geflogen* bin.«

»Durch den vielen Schnee war's dieses Jahr nicht so schlimm. Aber es ist eine der schwierigsten Etappen.«

»Sie sehen müde aus. Nehmen Sie Ihre Vierundzwanziger hier?« Alex war stolz auf seinen Iditarod-Jargon.

»Ich bin ganz schön hinüber. Doch – wir bleiben bis morgen nachmittag. Die Tierchen sollen sich richtig erholen, bevor wir den Farewell Burn in Angriff nehmen. Auch wenn genügend Schnee liegt, kann es eklig werden. Zwei Hunde haben wunde Pfoten, ihnen ist Eis zwischen die Ballen geraten, und sie können die Zeit gut gebrauchen.«

Ihre Unterhaltung wirkte gezwungen, und Jensen bemühte sich, unbefangen zu wirken. Verunsichert durch Beckers Nekkerei wie durch seine eigenen Gedanken, wußte er nur nicht, wie er das bewerkstelligen konnte. Er blickte Jessie an, wie sie erschöpft dasaß, und er merkte, ihr ging es wie ihm. Sie sah ins Feuer. Ihre Haare waren zerzaust, ungekämmt, und quer über die Wange zog sich ein Holzkohlestriemen. Und dennoch – müde oder nicht –, ihre Züge und ihre anmutige Art, die Tasse zu halten, waren attraktiv. Sie war keine Schönheit im üblichen Sinne, aber wenn man alle Details zusammenfaßte, war sie ungemein attraktiv.

Als er sie so schweigend betrachtete, hob sie den Kopf, sah ihm lange in die Augen und lächelte entspannt. Etwas Warmes, Elektrisierendes breitete sich zwischen ihnen aus, und auf einmal war die Spannung verschwunden. Er erwiderte ihr Lächeln.

»Jessie«, hörte er sich auf einmal fragen, »sind Sie...?«

»Nein. Ich lebe allein auf den Knik Flats in einem Blockhaus mit zwei Zimmern, dreiundvierzig Hunden – und vielleicht einem halben Dutzend neuer Welpen, wenn ich zurückkomme.«

Alex fing an zu lachen. »Dreiundvierzig Hunde, und sie sagt, sie lebt allein!«

Sie lehnte sich zurück, die Arme um die Knie verschränkt und grinste. »Ist alles relativ, denke ich. Wo wohnen Sie, in Anchorage?«

»Nein, in Palmer. Gewissermaßen nebenan.«

»Allein?«

Sie war offen und direkt, was auf Ehrlichkeit hinwies. Er zögerte angesichts der Bedeutung dieser schlichten Antwort.

»Ja.« Beide lächelten zufrieden. Jessie nickte. »Wird bei mir vorerst auch so bleiben«, sagte sie. »Ich muß mein Rennen durchziehen und Sie haben auch... eine Menge Arbeit.«

»Soll ich jetzt gehen, damit Sie sich ausruhen können?«

»Mmmmmm... bald. Erzählen Sie mir erst, was läuft. Haben Sie heute was erreicht?«

In der nächsten halben Stunde berichtete er von seinen Aktivitäten und Schlußfolgerungen, während sie zuhörte und Fragen stellte. Sie hielt es für unwahrscheinlich, daß einer der genannten Musher das Schlafmittel in Koptaks Kaffee getan hatte.

»Es ist einfach unlogisch. Jeder Musher mochte George. Irgendwann sind sie alle mal mit ihm zusammen Rennen gefahren. Sie haben sich gegenseitig Hunde verkauft und ausgeliehen. Bill, Pete und er sind seit Urzeiten befreundet.«

Sie stützte ihr Kinn auf die Knie und schaute nachdenklich in die Flammen. »Wissen Sie, ich kann mir einfach nicht vorstellen, warum jemand George hätte umbringen wollen. Er war ein freundlicher, gutherziger, ruhiger Mann.«

»Vielleicht sollte er gar nicht sterben. Nur aus dem Rennen ausscheiden. Aber das Zeug im Kaffee war eindeutig. Und die Thermoskanne war mit seinen Initialen versehen, G. K.«

»Was?« Sie richtete sich ruckartig auf und drehte sich voll zu ihm um. »Aber ich habe gesehen, wie Ginny diese Thermoskanne gefüllt hat. Ich dachte, es wäre ihre.«

Sie starrten einander an, während ihnen aufging, was das bedeutete. G. K. George Koptak. Ginny Kline.

»Oh, mein Gott«, sagte Alex. »Mir ist es nicht aufgefallen, und dabei sind wir die Namenslisten doch drei- oder viermal durchgegangen.«

»Es konnte Ihnen auch nicht auffallen. Sie wird immer als Virginia Kline geführt.«

»Das haben Sie in Skwentna beobachtet?«

»Ja.«

»Als ich in Happy Valley ihren Schlitten durchsuchte, fand ich nur eine Thermoskanne, eine rote, ohne Initialen.«

»Die rote ist ihre eigene. Sie füllte beide Kannen. Ich stand direkt neben ihr, und sie schenkte mir noch Kaffee nach, bevor sie die Kanne wieder absetzte.«

»Wo war das?«

»Im Blockhaus. Dort kann sich jeder Kaffee holen, so viel er will.«

»Dann hat sie also Koptaks Thermoskanne zusammen mit ihrer eigenen gefüllt.«

»Das ist gut möglich. Sie waren Freunde, und sie hat ihn auf dem Weg von ihrem Rastplatz zum Blockhaus getroffen. Die müssen gedacht haben, daß es Ginnys Thermoskanne war, nicht Georges.«

»Und als dann der Falsche starb, machten sie in Finger Lake einen neuen Versuch.« Alex schwieg, dachte scharf nach. »Überlegen Sie mal, Jessie. Wer war damals noch im Blockhaus? Können Sie sich daran erinnern?«

Sie schloß die Augen und konzentrierte sich. »Der Funker, der Zeitnehmer, Bill Turner... Tim, Ron Cross... Bill Pete mit seinen Elch-Abenteuern. Nein, verflixt, das war später. Ach ja, Bomber und Paul... oder war das vorher?« Sie schlug die Augen wieder auf und schüttelte den Kopf. »Tut mir leid, Alex. Sicher weiß ich es nur von den Organisatoren, Ginny, Bill und mir selbst. Es war soviel Trubel – ein ständiges Kommen und Gehen –, und ich habe auch nicht weiter drauf geachtet. Jeder konnte da gewesen sein.«

»Ist schon okay«, sagte er. »Quälen Sie sich nicht. Aber falls es Ihnen doch noch einfällt...«

»Natürlich.«

»Noch etwas.«

»Was Sie wollen.«

»Ich meine es ernst. Behalten Sie die Geschichte bitte für sich. Wer auch immer der Täter ist – er ahnt nicht, was wir gerade herausgefunden haben. Das kann wichtig sein.«

»Sicher. Keine Sorge, es gibt niemand, dem ich's erzählen würde.«

»Stellen denn Bomber und Ryan keine Fragen?«

»Das schon, aber ich brauche ja nicht zu antworten. Heute vormittag waren sie hübsch neugierig.« Sie runzelte die Stirn.

»Was ist los?«

»Ach nichts. Bomber war nur ein bißchen komisch.«

»Komisch in welchem Sinn?«

»Ach...«, sie zögerte, befangen. »Ich glaube, es bewegt ihn mehr, *daß* wir beide miteinander reden, als worüber wir reden.«

Sie schwieg einen Augenblick und sah ihn dann offen an. »Ich mag Sie, Alex. Ich denke, das weiß er, und es gefällt ihm nicht.«

»Hat er irgendwie ein Recht dazu?« fragte er vorsichtig.

»Überhaupt nicht. Ich habe ihm mal einen Korb gegeben, vor etwa einem Jahr. Aber er hat's überlebt.«

»Was ist mit Ryan?«

»Jim ist in Ordnung. Wir sind Freunde, und ich bin froh, daß er in der Nähe ist. Mit Bomber ist es manchmal ganz schön happig.«

Unentschlossen, ob er sie fragen sollte oder nicht, schwieg Jensen eine Weile. »Erinnern Sie sich an einen Vorfall, der schon ein paar Jahre zurückliegt, als ein Musher dabei erwischt wurde, wie er seine Hunde verprügelte?«

»Ach Gott, nicht schon wieder diese Geschichte! Kann denn damit nicht endlich Schluß sein!«

»Wer war das?«

Angespanntes Schweigen breitete sich aus; dann erzählte sie es ihm kopfschüttelnd. »Es war Bomber, aber... Nein, Alex. Das Rennen ging aufs Ende zu. Er war müde, kam vom Trail ab, und seine Hunde ließen ihn im Stich. Da verlor er einen Moment die Beherrschung. Hätte jedem passieren können.«

»Ihnen auch?«

Sie überlegte. »Nein, ich glaube nicht. Aber...«

»Wollen Sie damit sagen, das passiert ihm überhaupt nicht mehr oder nur nicht mehr in der Öffentlichkeit?«

»Nun ja, manchmal ist er etwas grob, aber, ...ich glaube nicht.«

»Möchten Sie aus der Dreiergruppe aussteigen?«

Sie antwortete nicht gleich. »Nein. Ich habe keinen Grund, mich über ihn aufzuregen. Dazu kommt, daß ihn Georges Tod wahrscheinlich stärker erschüttert hat, als er merken läßt. Er hielt große Stücke auf George. Ich kenne Bomber ganz gut. Falls es Probleme gibt – mit denen werde ich fertig. Außerdem ist da immer noch Jim.«

»Ganz sicher?« Weil er gezwungen war, ihrer Einschätzung zu vertrauen, sollte sie ihm bestätigen, daß sie wirklich meinte, was sie sagte. Ganz wohl war ihm nicht dabei, aber schließlich lag die Entscheidung bei ihr.

»Ja... Ja, ich bin mir ganz sicher.«

»Okay, aber falls Sie sich aus irgendeinem Grunde trennen, bleiben Sie bei Ryan.«

Er wollte gerade zu seinem eigenen Rastplatz gehen, als Bomber und Jim zurückkamen.

»Jensen.« Mit einem knappen Nicken stellte Bomber ihn seinem Gefährten vor. »Alles klar bei Jessie und Ihnen?«

Seine Stimme klang ein wenig bitter, aber nicht aggressiv.

»Ich wünschte, ich könnte das sagen«, antwortete Alex vorsichtig. »Wir haben uns über Ihren Trip durch die Dalzell-Schlucht unterhalten.«

»Wir haben's geschafft. Das allein zählt. Wir haben gesehen, wie leicht Sie sich's gemacht haben, mit dem Flugzeug.«

Bombers Sticheleien ärgerten ihn, aber er bremste sich. Er wollte Jessie nicht in Schwierigkeiten bringen.

»Möchten Sie tauschen?« fragte er.

»Nein, danke. Ich bleibe bei meinen Freunden.«

Er drehte sich zu seinem Schlitten und kramte seinen Schlafsack hervor.

Ryan blickte Jessie fragend an. Als sie den Kopf schüttelte, begann auch er, seinen Schlafsack auszurollen. Sie wandte sich zu Alex, zuckte die Achseln und lächelte ein wenig.

»Wir sehen uns morgen«, sagte er. »Gute Nacht.«

Als er zu seinem eigenen Zelt hinüberging, war er froh, daß er sich zusammengerissen hatte. Bomber hatte sich bewußt zweideutig geäußert. Hatte er sich in Happy Valley noch kooperativ gezeigt, so verhielt er sich jetzt unterschwellig aggressiv und etwas herablassend. Daß das mit seinem Verhältnis zu Jessie zu tun hatte, war eindeutig, aber steckte vielleicht doch mehr dahinter? War der Mann zu clever oder nicht clever genug? Bei der Wunschdame seines Herzens würde ihm das nicht gerade Punkte bringen.

Vielleicht hatte er auch nur was gegen Polizisten. Erschöpfung mochte seine Hemmschwelle gesenkt und Feindseligkeit freigesetzt haben, aber er balancierte auf dünnem Eis. Alex schlüpfte in seinen Schlafsack und schlief sofort ein, im Bewußtsein, daß er von jetzt an Cranshaw beobachten würde. Dale Schuller schien fast das kleinere Übel zu sein.

Er wachte zwar mehrmals auf – kein Wunder bei den vielen Menschen und Hunden im Umkreis, einmal heulte in der Ferne gar ein Wolf, aber die Atmosphäre war friedlich, und er schlief rasch wieder ein, geschützt durch das Zelt und seinen warmen Schlafsack.

15

Datum: Mittwoch, 6. März
Tag: Fünfter Tag des Rennens
Ort: Checkpoint Rohn
Wetter: Wolkenlos, schwach windig bis windstill
Temperatur: −18 °C Maximum, −22 °C Minimum
Zeitpunkt: Frühmorgens

Vor 1977 gab es in der Umgebung von Farewell Burn, die von einem dichten Netz größerer und kleinerer Wasserläufe durchzogen wird, Fichtenwald und Tundra. Im Juli und August jenes Jahres stellte ein gigantisches Wildfeuer die Kräfte von über dreihundert Feuerwehrleuten auf die Probe. Mehr als vierzehnhundert Quadratkilometer Land verbrannten, bis das Feuer aus Mangel an Nahrung erlosch. Übrig blieben verrußte Stämme und Baumstümpfe.

Bei gutem Wetter und reichlich Schnee läßt sich der Burn relativ leicht mit dem Hundeschlitten durchqueren, doch muß man höllisch aufpassen, denn überwucherte Baumstümpfe, kaum erkennbare Schlaglöcher und von Moosbeeren bedeckte Huckel machen die Strecke zum reinsten Hindernisrennen. In manchen Jahren kann man die Etappe Rohn-McGrath in knapp einem halben Tag schaffen. In anderen Jahren fegt der Wind ungehindert über die Ebene hinweg und deckt den Trail mit Steinchen und Stöckchen zu. Und der Musher gerät außer sich, wenn sein Schlitten buchstäblich unter ihm auseinanderbricht oder wenn er gezwungen ist, langsam zu fahren, weil gleich mehrere Hunde verletzt sind und nicht alle in der Schlittentasche transportiert werden können. Ungünstige Wetterbedingungen zwingen ihn, die meiste Zeit hinter seinem Schlitten herzumarschieren, erst die hundertzwölf Kilometer von Rohn bis Nikolai und dann noch mal siebenundsiebzig Kilometer bis McGrath. Natürlich ist er bei seiner Ankunft zu Tode erschöpft. Aus diesem Grunde absolvieren manche Fahrer die vorgeschriebene Vierundzwanzig-Stunden-Pause erst nach der Durchquerung des Farewell Burn.

Sie wanken erschöpft nach McGrath hinein, oft mit der ganzen Ausrüstung auf dem Buckel und mit den Nerven am Ende. Manche geben wütend auf; sie haben genug. Manche sprechen kaum ein Wort, schlafen erst mal, bis sie überhaupt merken, daß sie auch hungrig sind. Selbst bei guten Schneeverhältnissen trabt kein Hund schwanzwedelnd und energiestrotzend in den Ort hinein. Wenn Gespann und Fahrer Erholung brauchen – physisch und psychisch –, dann hier, in McGrath.

Am späten Montagabend waren in Rohn die Musher T. J. Harvey und Rick Ellis unter Verzicht auf die Vierundzwanzig-Stunden-Pause zum Farewell Burn aufgebrochen. Ihre Hunde müßten es schaffen, hatten sie doch mehrere Stunden gerastet. Harvey und Ellis entschieden sich für die Karnickeltaktik – das heißt, sie versuchten, sich mit einem gewaltigen Satz vom restlichen Feld abzusetzen. Sie würden erst in McGrath die große Pause machen. Die beiden Fahrer erhofften sich von diesem Vorgehen, einen Teil ihres Vorsprungs halten zu können und die Konkurrenten zu Verfolgern zu machen. Wenn sie den südlichen Arm des Kuskokwim River in der Nacht in Angriff nähmen, bei Temperaturen weit unter Null, kämen sie schneller voran als bei Tage. Den schwierigsten Teil des Farewell Burn könnten sie dann bei Tageslicht absolvieren.

Als Dale Schuller Rohn am Dienstagabend verließ, hatten Harvey und Ellis den Burn erfolgreich hinter sich gebracht, waren hinter Nikolai und näherten sich bereits McGrath. Noch vor Schuller hatten sich Murray und Martinson auf den Weg gemacht; auch ihre Vierundzwanzig-Stunden-Pause war vorbei.

Dale Schuller fuhr direkt hinter Martinson und lag somit auf Platz fünf. In ein paar Stunden würden zwei weitere Fahrer aufbrechen. Die meisten von ihnen würden in McGrath eintreffen, bevor die beiden »Karnickel« ihre obligatorische Pause beendet hatten.

All dies erfuhr Jensen am Mittwoch früh um halb sieben von Harvey, als dieser Alex' Tabelle mit neuen Zahlen ergänzte.

»Jeder läuft nach Plan, verstehen Sie«, kicherte Harvey. »Daran arbeiten sie das ganze Jahr, genau wie an ihrer psychologischen Kriegsführung. Iditarod, das ist nicht einfach ein Rennen von hier nach dort. Nein, es geht vor allem um Strategie, und niemand gibt seine Pläne preis.«

»Das wird mir langsam klar«, stimmte ihm Jensen zu.

»Es wird immer wüster, je näher sie dem Ziel kommen. Manch einer wartet bewußt darauf, daß ein Rivale seine Hunde gefüttert und sich schlafen gelegt hat, um gerade dann aufzubrechen. Rast der Rivale hinterdrein, findet er womöglich nur fünf Meilen weiter den anderen Musher friedvoll schlafend vor. Ich liebe diese Spielchen.«

Er biß gerade in ein Schinken-Sandwich, als das Funkgerät losknatterte.

»Hey Harvey, wo ist der Tierarzt?« rief jemand von der Tür herüber.

Heftig kauend wies Harvey mit dem Sandwich nach Süden und krächzte schließlich: »Draußen bei Lindholm. Der ist eben mit ein paar kranken Hunden und einem verstauchten Handgelenk angekommen.«

»Was ist passiert?« fragte Alex und sah zu, wie Harvey das Sandwich mit Orangensaft hinunterspülte.

»Er hat ein Eisloch erwischt im Dalzell Canyon. Vier Hunde sind klatschnaß, und fast wäre einer seiner Leithunde hinüber gewesen. Er hing im Geschirr zwischen Eis und Schlittenbug fest. Wahrscheinlich gießt sich Lindholm gerade das Wasser aus den Stiefeln.« Harvey wandte sich zum Funkgerät und begann, an den Knöpfen zu drehen.

Alex freute sich, daß er verstanden hatte, was Harvey ihm erzählte. Er kritzelte hastig auf einen Zettel: »Vielen Dank für alles, wir starten nach McGrath« und legte ihn vor Harvey auf den Tisch; der nickte, winkte ihm zu und fuhr fort, Anchorage zu melden, wer alles seit seinem letzten Bericht ein- und ausgecheckt hatte. In Rohn zumindest schien alles wieder beim alten.

Auf dem Weg zum Flugzeug ging Jensen bei Jessie vorbei. An ihrem Lagerplatz fand er nur Ryan, der alles, was er in seinem Schlitten so mitschleppte, um sich herum ausgebreitet hatte. In seiner Nähe standen drei Kocher, auf denen Hundefutter vor sich hinköchelte. Ryan sortierte seine Ausrüstung.

»Hey«, begrüßte er den Trooper lächelnd. »Das ist von Zeit zu Zeit einfach mal nötig, sonst finde ich die wichtigsten Sachen nicht mehr, wie Kippen oder Klopapier. Vor zehn Minuten war's mein Jagdmesser.« Er hielt es triumphierend in die

Höhe. »Natürlich war es in meinem Parka, wo ich schon zweimal nachgesehen hatte. Sie suchen Jessie?«

»Ja.«

»Sie ist mit Bomber Wasser holen. Sie müssen gleich zurück sein.«

»Ich muß das Flugzeug beladen helfen. Würden Sie sie bitten, zu uns rüberzukommen, wenn sie zurück ist?«

»Klar. Sie brechen auf?«

»Ja, bald.« Jensen schweig, unsicher wie er den nächsten Satz formulieren sollte.

»Werdet ihr klarkommen?« fragte er schließlich.

Ryan machte ein ernstes Gesicht. »Dafür werde ich schon sorgen.«

Alex nickte und ging.

Sie waren mit dem Beladen fertig und tranken noch einen Kaffee, als Jessie durch die Bäume zu ihnen ans Feuer kam. Sie hatte sich das Gesicht geschrubbt und die Haare gekämmt. Ihre Wangen leuchteten rosa von der Kälte. Alex fand, daß sie fantastisch aussah, auch wenn ihr Parka und ihre Thermohosen mit Holzkohle- und Hundefutterflecken verziert waren.

Sie schüttelte Becker und Caswell die Hand und nahm das Kaffeeangebot an.

»Ich hatte noch keine Zeit fürs Frühstück. Die ersten zwei Stunden morgens gehören den Hunden.«

»Wie geht es den wunden Pfoten?« fragte Alex.

»Schon besser. Ich habe sie noch mal eingefettet. Es heilt langsam.«

»Was für ein Zeug benutzen Sie?« wollte Becker wissen.

»Das hängt von den Umständen ab. Es gibt zwei Salben, eine auf Alkoholbasis, die die Pfoten während des Laufens trocken hält, und eine andere auf Ölbasis für Druck- und Wundstellen; sie verhindert außerdem übermäßiges Austrocknen. Jeder benutzt etwas anderes. Ich mache meine Mixturen selbst, die Bestandteile liefert mir ein Tierarzt. Das Zeug ist auch gut für meine Kratzer und Schnitte.« Sie zeigte ihre Hand, die Kratzer und Abschürfungen aufwies.

»Manchmal spürt man bei starker Kälte nicht, daß man sich irgendwo geklemmt hat, wenn man die Hunde umschirrt. Und hier bin ich dem Kocher zu nahe gekommen.«

»Das fängt bestimmt an zu brennen, wenn Sie ins Warme kommen«, sagte Becker.

»Nun ja, die Hände werden leicht etwas steif. Mit dem Messer oder der Axt passe ich höllisch auf.«

Caswell wischte seine Tasse mit Schnee sauber und wandte sich an Becker. »Auf geht's. Laßt uns das Feuer löschen und die Maschine startklar machen.« Er nickte zu Jessie hinüber. »Nett, Sie kennengelernt zu haben, Miss Arnold.«

Alex begleitete Jessie bis zu den Bäumen an ihrem Lagerplatz.

»Alles okay?« fragte er, sobald sie außer Hörweite waren.

»Ja. Bomber hat Sie gestern abend geärgert, nicht wahr?«

»Nun... Ich denke, Sie haben recht mit Ihrer Einschätzung.«

»Wird schon alles klappen.« Sie blieb stehen und sah zu ihm auf. »Sie fliegen nach McGrath?«

»Ja. Bitte seien Sie vorsichtig, Jessie.«

»Keine Sorge. Wir passen schon auf.«

Er schaute sie an, wollte sie berühren, wollte...

Sie merkte, was in ihm vorging, lächelte, stellte sich auf die Zehenspitzen und schlang die Arme um seinen Nacken, kurz und heftig, behindert durch die dicke Thermokleidung. »Hey, Trooper«, sagte sie ihm ins Ohr. »Mach deine Arbeit gut.«

Dann war sie fort, lachend, winkend, ein »On Down the Trail« auf den Lippen.

Alex sah ihr nach, bis sie verschwunden war.

Nach dem Start folgte Caswell mit seiner Maule M4 zunächst dem südlichen Arm des Kuskokwim River. Weil besonders viel Schnee lag, hatte man den Trail über eine lange Strecke auf das vereiste Flußbett verlegt. Vom Flugzeug aus hielten sie Ausschau nach den Mushern, entdeckten aber niemanden.

Harvey hatte Jensen auf der Landkarte den Streckenverlauf gezeigt. In manchen Jahren, erklärte er, schlängelte sich der Trail oberhalb des Ufers durch dichtes Gebüsch und den Wald am Fuße eines knapp zweitausend Meter hohen Berges bis zu den westlichen Ausläufern der Terra Cottas. »Da führt noch ein Teil des historischen ›Iditarod Trails‹ entlang«, sagte er. »Manche der alten Wegmarkierungen an den Bäumen sitzen in sechs Meter Höhe. In jenen Tagen gab es Unmengen Schnee.«

Ein paar Meilen weiter mündet der Post River in den Kuskokwim, die Berge weichen vom Fluß zurück, und hier beginnt Alaskas große Binnenebene.

»Was ist das?« fragte Becker. Jensen schaute nach unten und erblickte in der Nähe des Flusses auf einer Ebene mehrere große Tiere. »Elche vielleicht?«

Caswell flog im Bogen zurück. »Guckt noch einmal hin.«

Becker nahm jetzt das Fernglas zu Hilfe. »Oha, Büffel. Alex, schau selbst.«

Alex zählte sieben Zottelviecher. Er hätte niemals Büffel in diesem Teil der Welt vermutet. Sie bearbeiteten den Schnee mit Hufen und Mäulern, um an das Gras darunter zu gelangen.

»Wie zum Teufel...?«

»Sie wurden in den dreißiger Jahren hierhergebracht«, sagte Caswell. »Ökonomisch kein Erfolg, aber sie haben überlebt, in kleinen Herden. Manchmal begegnen sie dem Musher. Die Hunde jagen die Büffel nur zu gern.«

Gut dreißig Kilometer hinter Rohn überflogen sie den Farewell Lake mit dem Blockhaus und der Landebahn. Der Trail verlief quer über den See und war gut zu erkennen; sie sahen, wie ein Musher, auf den Kufen seines Schlittens stehend, den Fahrspuren folgte. Er winkte ihnen zu, als sie vorbeiflogen. Weiter westlich entdeckte Jensen Funktürme. Der Karte nach mußte das Farewell Station sein, wo die Federal Aviation Administration eine Wetter- und Navigationsstation unterhielt; eine technologische Insel inmitten der Wildnis.

Inneralaska ist im Süden, im Westen und im Osten von Bergen umschlossen, die das Land von der Zivilisation trennen. Außer in den kleinen, einsam gelegenen Städten und Dörfern hat das moderne Leben sich hier kaum bemerkbar gemacht. Fairbanks, die blühende Stadt an der Ostküste, verdankt ihren Namen weißen Eindringlingen, aber fast alle anderen markanten Punkte tragen noch die athabaskischen Bezeichnungen oder sind nach russischen Pelzhändlern benannt.

Auch das Wetter ist hier anders. Es ist noch kälter, und der Schnee ist trockener als in den Küstenregionen. An wolkenlosen Tagen und klaren Nächten, bei Sonnenschein und der *aurora borealis*, dem Nordlicht, ist das Fahren für den Musher ein Vergnügen.

Allmählich blieben die Berge hinter ihnen zurück. Im Südwesten beherrschten Mount McKinley und Mount Foraker den weiten Himmel. Als sie Farewell Burn überflogen, konnten die Trooper sehen, wie zerstörerisch das Feuer gewirkt hatte.

Es gab auch Zeichen der Wiederherstellung. Gebüsch und kleine Bäume hatten immerhin schon die Höhe der verkohlten Stämme erreicht. Von oben sah das Gelände völlig flach aus, obwohl es Hügelketten gab und tiefe Flüsse.

Während Jensen auf die verbrannten Flächen unter ihnen hinabsah, fiel ihm plötzlich eine Art Bodennebel auf.

»Das ist Pulverschnee, den der Wind vor sich her treibt«, erklärte Caswell. »Der Wind nimmt zu. Das wird im Laufe des Nachmittags wahrscheinlich noch schlimmer.«

Der staubfeine, knochentrockene Schnee türmte sich zwar hoch auf, doch fegte ihn der Wind unbarmherzig davon und legte große Flächen Gras und Moosbeeren frei.

Sie hielten sich grob an den Verlauf des Trail, er schien eine Ewigkeit übers freie Feld zu gehen, aber schließlich entdeckten sie die Siedlung Nikolai und ihre winzige orthodoxe Kirche mit den drei Kreuzen auf dem Dach. Später kamen die ersten flachen Gebäude von McGrath ins Blickfeld. Sie hatten insgesamt fünf Musher gezählt zwischen Farewell Station und McGrath, wo sie bei heftigem Gegenwind landeten.

16

Datum: Mittwoch, 6. März
Tag: Fünfter Tag des Rennens
Ort: Checkpoint McGrath
Wetter: Wolkenlos, extreme Fernsicht, leichter Wind
Temperatur: −18 °C Maximum, −22 °C Minimum
Zeitpunkt: Früher Nachmittag

Als die drei Trooper aus dem Flugzeug kletterten, fuhr ein Minibus vor. Am Steuer saß Matt Holman.

»Wenn wir noch zehn Minuten warten, erwischen wir den Versorgungsflieger aus Anchorage«, sagte er. »Der hat was für Sie dabei, Jensen.«

Froh, der engen Maule M4 entronnen zu sein, steckte Alex seine Pfeife an und berichtete Holman das Neueste aus Rohn. Dann rollte das Versorgungsflugzeug auch schon auf sie zu.

»Sind Sie Sergeant Jensen?« fragte der Pilot. Als Alex nickte, überreichte er ihm einen versiegelten DIN-A4-Umschlag. Im Bus riß Alex den Umschlag auf: Aha, die Hypothese »fanatische Tierschützer« oder »illegale Wettgeschäfte« ließ sich nicht erhärten. Dann die Autopsieergebnisse von Kline, Koptak, Smith und den Hunden. Neu war für ihn nur, welche Substanzen man gefunden hatte.

Während Holman beim Ausladen des Flugzeugs half, suchten Becker und Caswell im Minibus Schutz vor dem Wind.

»Phencyclidin«, las Alex vor. »PCP. Engelsstaub. Im Körper der Hunde, in ihrem Futter – und in dem Röhrchen, das wir von Schuller haben.«

»Ach du heiliger Bimbam«, sagte Becker. »Ich hatte keine Ahnung, daß PCP auf Hunde so wirkt.«

»Ich auch nicht. Aber Dave aus dem Labor schreibt hier, daß Phencyclidin ursprünglich von der Tiermedizin als Tranquilizer entwickelt wurde und gelegentlich noch in dieser Eigenschaft verwendet wird. Selbst winzige Mengen sind hochgradig giftig und können Desorientierung, Halluzinationen, Übererregung, Unruhe, Aggressionen, Krämpfe, Lungenversagen und Koma bewirken. Der therapeutische Rahmen ist extrem eng gesteckt, das heißt, die Dosis muß exakt auf das Körpergewicht zugeschnitten sein, um die toxische Grenze nicht zu überschreiten. Die meisten Tierärzte lehnen PCP aus diesem Grunde ab. Gibt man als Gegenmittel Ammoniumchlorid, das eine Übersäuerung von Blut und Urin bewirkt, wird das PCP dem Hirn entzogen und beschleunigt über die Nieren ausgeschieden.«

»Jesus, wie kompliziert«, sagte Becker. »Das erklärt den Tod des kleinen Hundes. Zu geringes Körpergewicht.«

»Ja. Wenn wir sie nicht erschossen hätten, wären noch mehr an dem PCP gestorben. Natürlich wissen wir nicht, wieviel von dem Zeug in dem Plastikröhrchen war oder wieviel das Futter enthielt. Aber laut Laborbericht muß es eine extrem hohe Dosierung gewesen sein.«

»Was, zum Teufel, ist eigentlich Ammoniumchlorid?«

Caswell antwortete. »Ist das nicht ein Lötflußmittel?«

»Ja, aber auf dem Wege würde ich es mir ungern besorgen. Es absorbiert Feuchtigkeit, Phil. Und hilft dem Stoffwechsel, die Droge auszuscheiden.«

»Aber wie ist das Röhrchen an die Stelle gelangt, wo Schuller es gefunden hat?« Caswell sah sich schon erneut die Checkpoint-Berichte durchgehen.

»Die Kratzer haben was damit zu tun«, sagte Alex.

Er ließ das Plastikröhrchen aus dem Umschlag gleiten. Blitzsauber lag es da, in eine Klarsichthülle verpackt. Sie nahmen es der Reihe nach in die Hand, sahen es sich genau an.

Jensen schoß eine vage Erinnerung durch den Kopf, aber er konnte sie nicht festhalten. Er starrte vor sich hin und versuchte, sich zu konzentrieren. Schließlich schüttelte er den Kopf.

»Was ist?« fragte Caswell.

»Ich weiß nicht... irgendwas.«

Er hielt den Behälter gegen das Licht. »Seht mal, die Kratzer verlaufen auf der einen Seite über die ganze Länge des Röhrchens, von oben nach unten. Auf der anderen Seite verlaufen sie eher horizontal, schräg in die Wölbung hinein. Was auch immer das Ding festhielt, übte einen Zug in zwei Richtungen aus. Hab' ich recht?«

»Mmmmh.«

»Und hat genug Druck bewirkt, um Kratzer zu erzeugen.«
»Stimmt genau.«
»Was käme als Ursache in Frage?«
»Mmmh... die Kratzer könnten natürlich alt sein, könnten woanders her stammen.«
»Das glaube ich nicht. Es gibt bestimmt einen Zusammenhang. Noch was?«
Caswell schüttelte den Kopf, Becker ebenfalls.
»Okay«, sagte Holman und stieg in den Bus. »Können wir fahren?«

McGrath ist ein Verkehrs-, Kommunikations- und Versorgungszentrum für Inneralaska, dreihundertfünfzig Kilometer nordwestlich von Anchorage und vierhundertdreißig Kilometer südwestlich von Fairbanks liegt der Ort in einer Schleife des Kuskokwim River, unmittelbar südlich von dessen Zusammenfluß mit dem Takotna River. Zwei Flugzeuglandebahnen bilden ein großes »T«, das die Schleife fast völlig ausfüllt. Der Ort mit seinen fünfhundert Einwohnern drängt sich unter dem östlichen Querbalken des »T«.
Die Passagiere spazieren direkt von der Maschine ins Zentrum. Vom Terminal sind es nur ein paar Schritte zu McGuire's Tavern. Ein oder zwei Häuser die Straße oder – je nachdem was man vorhat – die Landebahn hinauf, steht ein Gebäude, in dem mehrere Fluggesellschaften, ein Sportgeschäft, das Iditarod-Trail-Café und der Checkpoint untergebracht sind. Am Ostende des T-Balkens macht die Straße beim Alaska Commercial Company Store einen Knick, ungefähr zwei Blocks weiter befinden sich eine Dienststelle des Ministeriums für Fischerei und Forstwirtschaft sowie das Polizeirevier.
Schon vor Anbruch der Neuzeit hatten Indianer, die Athabasken des oberen Kuskokwim, das Areal zum Versammlungs- und Handelsplatz erkoren. Sie lebten noch dort, als 1906, im Zuge der Goldfunde im Innoko-Distrikt, McGrath zur festen Siedlung wurde. Während des anschließenden fünfzehn Jahre dauernden Goldrauschs war McGrath der nördlichste Punkt, den die Heckrad- und Schaufelraddampfer mit Goldgräbern und Vorräten an Bord erreichen konnten. Zu jener Zeit lag McGrath auf der Nordseite des Flusses, aber Ero-

sion und Überschwemmungen machten die Verlegung ans andere Ufer erforderlich. Damit verlor der Ort seine Bedeutung als Flußhafen.

1908 wurde nach einer Route gesucht, um im Winter Vorräte und Post bis Nome transportieren zu können, und das war die Geburtsstunde des Iditarod Trail. Zwischen 1911 und 1920 benutzten ihn Hunderte von Menschen, um zu Fuß oder mit dem Hundeschlitten von Seward aus zu den Schürfstätten zu gelangen. 1924 wurde zum ersten Mal in der Geschichte Alaskas in McGrath die Post mit dem Flugzeug angeliefert.

Während des Rennens war im Iditarod-Trail-Café mehr los als sonst. Hier fanden Musher, Funktionäre und Zuschauer Informationen und tatkräftige Hilfe und natürlich auch etwas zu essen. Im Trail-Café machten Matt Holman und die drei Trooper erst mal Pause.

Sie setzten sich an einen Tisch am Fenster, tranken Kaffee und warteten auf ihre Hamburger mit Pommes frites.

»Wie läuft's in McGrath, Matt?« fragte Jensen den Race Marshall.

»Verdammt gut. Keine ungewöhnlichen Vorkommnisse. Als hätten wir das alles in Rainy Pass hinter uns gelassen.«

»Schön wär's, aber ich glaube nicht daran.« Alex runzelte die Stirn.

»Ich weiß, und es macht mich langsam nervös.«

Die Hamburger wurden serviert, riesig, dampfend, dazu wieder Kaffee. Eine Weile hörte man nichts als zufriedene Mampfgeräusche. Phil Becker war zuerst fertig und lehnte sich zufrieden seufzend zurück.

»Entweder war ich zu lange da draußen, oder das war einer der besten Hamburger, die ich je gegessen habe. Jesus, hatte ich Kohldampf.«

Holman grinste. »Lil führt den Laden schon ewig, und ihr Essen ist legendär. Martin James startet beim Rennen nur, um nach McGrath zu kommen, und hier steigt er aus wegen Lil... und McGuire's.«

»Was ist das?«

»Trinkhalle und Fanclub. Beim Iditarod-Rennen rund um die Uhr geöffnet. Randvoll mit Einheimischen, Fans und Partylöwen, die nicht am Rennen, sondern am ganzen Drumherum interessiert sind. So mancher Musher ist hier schon zu spät aufgebrochen, abgefüllt mit dem geballten Goodwill von McGuire's. Sie werden es schon sehen. Wir gehen später noch hin.«

Alex war amüsiert angesichts dieses Enthusiasmus, aber die Müdigkeit in Holmans Augen entging ihm nicht. Für das Rennen verantwortlich zu sein, war wohl nicht gerade ein gemütliches Ehrenamt. Holman sah erschöpft aus und klang gestreßt.

Wie wir alle, dachte Alex. Und irgendwo da draußen lauert der Täter. Wie es wohl Jessie und ihren Rennkameraden ging?

»Matt, haben Sie eine halbe Stunde Zeit für uns? Ich möchte rekapitulieren, wie weit wir sind und ob uns dazu etwas einfällt.«

»Gern, aber nicht länger. Ich muß mit einem Tierarzt nach Ophir rüber.«

»Kein Problem. Also: Koptaks Kaffee war mit Secobarbital gedopt, aber gestorben ist er an der schweren Kopfverletzung. Virginia Klines Gespannleine riß genau dort, wo sie angeschnitten war. Todesursache: Genickbruch, aber es hätten ebensogut die inneren Blutungen sein können. Unter uns: Smiths Hunde sind durch PCP, Engelsstaub, erledigt worden.«

»PCP?« Holman schüttelte angeekelt den Kopf und schüttete sich Zucker in den Kaffee.

»Wenn Koptak nicht gegen den Baum gerast wäre – hätte ihn dann das Zeug in seinem Kaffee getötet?« fragte Caswell.

»Nein. Die Menge reichte gerade aus, ihn bewußtlos zu machen, sagt das Labor.«

»Wer den Kaffee auch gedopt haben mag – er wollte George also offenbar nicht umbringen«, sagte Matt. »Der Zusammenstoß mit dem Baum war nicht vorherzusehen.«

»Gut möglich.«

»Haben Sie noch mehr über das Plastikröhrchen rausgefunden?«

»Nicht viel. Keine Fingerabdrücke, außer denen von Schuller. Aber ich bin überzeugt, die Kratzspuren haben eine Bedeutung.«

Caswell runzelte frustriert die Stirn. »Was ich nicht kapiere, ist, wie das verdammte Röhrchen seinem Inhalt vorauseilen kann. Das Ding hat sich doch nicht von allein auf dem Trail bewegt.«

Alex starrte ihn an. »Richtig! Es ist leer. Irgend jemand hat es ausgeleert. Aber nicht unbedingt ins Hundefutter.« Er wandte sich an Holman und Becker. »Denkt drüber nach.«

Sie starrten vor sich hin, bis Caswell sich plötzlich aufrichtete und nickte.

»Natürlich«, sagte er. »Das ist 'ne Spur. Ich freß 'n Besen.«

Holman räusperte sich. »Kann mir mal jemand verraten, worum es geht?«

Alex erklärte ihm: »Schuller fand das leere Röhrchen ein Stück hinter Rainy Pass. So weit entfernt, daß es nicht am Checkpoint gewesen sein konnte, als Smith starb. Aber das Röhrchen enthielt Spuren von PCP, also hat der Mörder das Zeug irgendwann von diesem Behälter in einen anderen umgefüllt und das leere Röhrchen den Trail raufgeschickt. Um es zu beseitigen und uns zu verwirren.«

»Aber wie?« fragte Holman.

»Mit einem Schlitten?« überlegte Becker.

»Ganz genau«, bestätigte Alex. Er zog das Röhrchen aus dem Klarsichtbeutel und legte es vor Holman auf den Tisch.

»Sie sind doch Musher, Matt. Schauen Sie sich mal diese Schleifspuren an. Sehen Sie? Die hier verlaufen von oben nach unten und die hier von rechts nach links. Wenn Sie das Ding an einem Schlitten festklemmen, es nicht in die Taschen stopfen wollten, was würden Sie tun? Damit diese Art Schleifspuren entstehen?«

Holman griff nach dem Röhrchen und inspizierte es sorgfältig. Dann blickte er Jensen an und lächelte. Ihm schien eine Idee zu kommen. Er nickte dem Trooper zu und formulierte bedächtig, was er sich gerade zusammenreimte.

»Senkrecht ist es ausgeprägter. Eher zerkratzt als geschürft.«

»Und...?« fragte Alex ermunternd.

»War wahrscheinlich zwischen zwei verschiedenen Materialien eingeklemmt; eines war härter als das andere.

Gespannleinen scheiden aus. Ebenso die Befestigungsriemen an den Schlittentaschen. Vielleicht steckte das Ding zwischen einer Strebe und einem Knebel oder einem Gummispanner. Während der Fahrt reiben sich beide aneinander; verändert die

Schlittentasche ihre Position – und das passiert rasch –, fällt das Röhrchen runter.«

»Der Täter konnte also das PCP in einen weniger auffallenden Behälter umfüllen und das Röhrchen an dem Schlitten irgendeines Mushers festklemmen, der vor Schuller Rainy Pass verließ.«

»Genau«, stimmte Matt zu. »Oder auch an Schullers Schlitten. Dale hat es nicht fallen sehen und dachte, jemand anderes hätte es verloren.«

»Das heißt also, daß alle unschuldig sind, die Rainy Pass verlassen haben, bevor Smith von seinen Hunden zerfetzt wurde?« fragte Holman, zusehends besser gelaunt.

»Erst wenn wir nachweisen können, daß es sich so abgespielt hat. Aber auch dann könnte einer aus der Führungsgruppe das Röhrchen absichtlich auf dem Trail gelassen haben. Wir brauchen Beweise, bevor wir jemanden von der Liste der Verdächtigen streichen.«

»Aber hört mal«, sagte Caswell, »vielleicht wurde das PCP dem gefrorenen Futter schon früher beigemengt. Vielleicht waren zwei Leute beteiligt und einer von ihnen hat auf dem Trail das Röhrchen weggeworfen. Das heißt, daß weder Schuller noch die Musher vor ihm aus dem Schneider sind.«

»Warum hat er's dann abgegeben, wenn er in die Sache verstrickt ist?« fragte Holman.

Caswell antwortete. »Damit Sie denken, daß er es gefunden hat, genau wie er es erzählt hat.«

»Durchaus möglich.« Das war Alex.

»Können Sie es beweisen?« fragte Holman herausfordernd.

Jensen überlegte. »Das Vergiften des Futters erforderte gründliche Planung. Und das paßt nicht zum modus operandi bei den anderen Unfällen. Die beiden anderen wurden inszeniert, als Zeit und Umstände günstig waren, Planung kam erst unmittelbar vor der Ausführung ins Spiel. Und was die Hypothese mit den zwei Tätern angeht: sie paßt nicht. Ich sehe einfach kein Motiv. Das Rennen kann nur einer gewinnen. Ein halbierter Gewinn reicht als Motiv nicht aus.«

Er wandte sich an Caswell. »Wie viele Schlitten waren vor Schuller nach Rohn unterwegs?«

»Sechs. Fünf Männer, eine Frau. Sieben, Schuller mitgerechnet, hätten das Röhrchen dabeihaben können. Zu den sieben gehören die zwei, die schon hier sind.«

»Wenn am Röhrchen Kratzer sind, könnten auch welche an dem betreffenden Schlitten sein. Vielleicht nicht gerade an einem Knebel, aber an einer Strebe. Falls unsere Theorie stimmt.«

»Wird schwierig sein, diese Kratzer von der üblichen Abnutzung zu unterscheiden«, bemerkte Holman mürrisch. »Jeder Schlitten ist voller Kratzer.«

»Schauen Sie sich's noch einmal an, Matt.« Jensen gab ihm das Röhrchen. »Sehen Sie, wie schartig die Kante vom Schraubverschluß ist, genau auf der Gegenseite der scharfen Kratzer. Das dürfte eine Holzstrebe ganz hübsch markieren. Wir sehen uns die Schlitten mal genauer an.«

»Gehen wir.« Becker stand auf.

»Nein, wir sind noch nicht fertig. Die meisten sind eh noch unterwegs. Und die, die schon hier sind, werden so bald nicht aufbrechen, stimmt's, Matt?«

»Sie müssen hier die Vierundzwanzig-Stunden-Pause einlegen. Waren die Checkpoint-Daten zu etwas nütze?«

»O ja, um die Liste zu verkürzen.«

»Auf die Leute, die an allen drei Checkpoints waren?«

»Ja. Cas?«

Caswell zog seine Notizen heraus und sah erneut die Namen durch: Sechzehn Musher sowie andere Rennbeteiligte waren sowohl in Skwentna, Finger Lake und Rainy Pass gewesen. Er reichte Holman die Liste über den Tisch. Holman betrachtete sie gequält.

»Mein Gott. Und Sie verdächtigen wirklich alle diese Leute? Ich *weiß* genau, daß manche nie und nimmer – «

»Stopp«, unterbrach ihn Jensen. »Dies sind nur die Leute, die an allen drei Checkpoints zu den möglichen Tatzeiten waren. Wir haben noch eine Menge andere Gesichtspunkte zu berücksichtigen.

Cranshaw zum Beispiel hat eine scharfe Zunge und ist nicht besonders beliebt. Schuller ist in Rohn aufgebrochen, ohne mir Bescheid zu sagen. Martinson hat Phil gegenüber mächtiges Geschütz aufgefahren, vielleicht nur als Bluff. Schwer zu sagen. Auch wenn ich's nicht beweisen kann – ich glaube nicht, daß Bill Pete etwas damit zu tun hat. Er hat es immerhin auf sich genommen, Smiths Hunde zu erschießen.«

»Da liegen Sie absolut richtig«, stimmte ihm Holman zu. »Abgesehen davon, daß er einen Angriff auf das Rennen persönlich nehmen würde, hat er manche der Hunde selbst aufgezogen. Smith hat sie ihm vor zwei Jahren abgekauft.

Arnold und Ryan können Sie ebenfalls streichen. Die sind nicht gewalttätig, Susan Pilch auch nicht. Kann ich mir einfach nicht vorstellen.«

Alex war froh, daß Holman Jessies Namen genannt hatte. Er wußte nicht recht, wie er sein Vertrauen zu ihr begründen sollte.

»Erzählen Sie mir von Susan Pilch. Wir brauchen Informationen über alle diese Leute. Wer sind sie? Was treibt sie an? Wenn wir die Geschichte aufklären wollen, müssen wir noch viel mehr wissen.«

Holman blickte ihn traurig und bockig zugleich an. »Ich soll Ihnen jemanden auf dem Teller servieren«, sagte er schließlich. »Wie zum Teufel soll ich das anstellen?«

»Nein, verflucht noch mal!« Alex explodierte. »So ist es nicht. Denken Sie mal nach, Matt. Entweder finden wir genug heraus, um den Typ zu schnappen, oder die Sache geht weiter. Alles, was Sie uns berichten, ist ein Stück Information, nichts weiter. Ich sag' Ihnen was. In Skwentna...« Er unterbrach sich und riß sich zusammen. Beinahe hätte er preisgegeben, was Jessie und er über Koptaks Thermoskanne herausgefunden hatten. »Ach, nichts«, sagte er lahm. »Also... Was können Sie uns erzählen?«

Holman gab Caswell die Liste zurück und setzte sich aufrecht hin. »Sie haben recht. Es wär' ganz schön blöd, wenn noch jemand sterben müßte.«

Er lehnte sich vor, stützte die Ellenbogen auf den Tisch. »Also – ich bringe den Tierarzt und sein Zeug nach Ophir. Das dauert höchstens eine Stunde. Dann suchen wir uns einen ruhigeren Platz; wo nicht der ganze Ort zuhören kann.«

»Gut.«

Bevor sie aufstehen konnten, legte ein großgewachsener Mann, ein Abzeichen wies ihn als Zeitnehmer aus, Holman die Hand auf die Schulter. »Matt«, sagte er keuchend, »du solltest besser mitkommen. Im Farewell Burn, jenseits von Nikolai, feuert jemand Notraketen ab.«

»Scheiße«, sagte Holman. »Dann muß jemand anders Chuck nach Ophir bringen.«

17

Datum: Mittwoch, 6. März
Tag: Fünfter Tag des Rennens
Ort: Checkpoint McGrath
Wetter: Extreme Fernsicht, mäßiger Wind
Temperatur: −18 °C Maximum, −22 °C Minimum
Zeitpunkt: Spätnachmittag

Auf dem Farewell Burn fegte der Wind den Schnee vor sich her und trieb ihn den Mushern, die sich in Richtung Nikolai quälten, ins Gesicht. An einigen Stellen auf dem Trail schaute der nackte Felsen hervor. Andernorts türmte sich der Schnee so hoch, daß Baumstümpfe und totes Holz darunter verschwanden: eine verletzungsträchtige Falle für Musher und Gespann.

Alex fragte sich, wie man bei dem Wetter von einer Maule M4 ein Schlittenhundegespann sichten könne. Dann blitzte ein Leuchtsignal im Schneegestöber auf. Beim Überfliegen sah Jensen kurz eine winkende Gestalt neben dem schattenhaften Umriß eines Gespanns.

»Wer es auch ist, er ist nicht so verletzt, daß er nicht mehr winken könnte«, sagte er erleichtert. Aber es gab einen weiteren Schlitten, neben dem niemand stand und winkte.

»Verdammt«, fluchte Holman von seinem Platz hinter Alex. »Das sind Solomon und Pollitt. Sie sind die einzigen, die es schon so weit geschafft haben. Die drei, die vor ihnen gestartet sind, müßten irgendwo zwischen Nikolai und McGrath sein.«

»Aus der Luft können wir nichts unternehmen.« Caswell brachte die Maschine in Schräglage und drehte nach Norden ab. »Die Luftwaffe schickt einen Hubschrauber nach McGrath. Hoffentlich läßt der Wind so weit nach, daß sie landen können. Aber die beiden wissen wenigstens, daß Hilfe kommt. Wir sollten zurückfliegen und mit dem Rettungsteam reden.«

»Ich möchte wissen, wer von beiden in Not ist, Pollitt oder Solomon«, sagte Alex. »Und was überhaupt passiert ist.«

»Ein neuer Anschlag?« fragte Holman.

»Läßt sich so nicht sagen. Wir müssen auf die Jungs mit dem Hubschrauber warten.«

Als sie landeten, traf gerade Tim Martinson beim Checkpoint ein. Gail Murray kam eine halbe Stunde später an, vierzig Minuten vor Dale Schuller. Die Musher schienen nicht zu wissen, was sich hinter ihnen auf dem Trail abgespielt hatte.

»Ich war mehr oder minder den ganzen Tag die letzte von uns dreien«, erzählte Gail Murray Alex. »Auf halber Strecke nach Nikolai habe ich Dale überholt, als er gerade seine Hunde tränkte, aber ich habe weder Mike noch Rod gesehen.«

»Warum sind Sie mit so großem Zeitabstand eingetroffen?« fragte Jensen. »Sie hatten doch zusammenbleiben wollen?«

Martinson war gekränkt.

»*Ich* habe das nie gesagt. Ist das ein Rennen oder ein gottverdammter Kindergarten? Das haben die Kerls in Rainy ausgeheckt. Ich hatte dazu nichts zu sagen, und ich werde mein Rennen fahren, wie ich es will. Wenn das ein Problem ist, verhaften Sie mich doch. Und jetzt muß ich die Hunde füttern.«

Er stapfte zu seinem Gespann.

Alex zählte innerlich bis zehn und ließ ihn gehen. Die Versuchung, Martinson zusammenzustauchen, war außerordentlich groß, aber er holte tief Luft und verzichtete auf Genugtuung. Er beobachtete, wie der Musher seinen Leithund mit einem Ruck hochzerrte, kurz über die Schulter zu Alex zurückblickte und davonfuhr, um irgendwo ein paar Stunden auszuruhen, bevor er nach Ophir aufbrechen würde. Alex sah Martinson nach, bis er aus seinem Blickfeld verschwunden war.

Im Café stieß er auf Becker, der schon Kaffee bestellt hatte. Er setzte sich und wärmte seine Hände an dem heißen Becher, bevor er sich eine Pfeife ansteckte. In diesem Moment, dachte er, müßte Jessie ihre Vierundzwanzig-Stunden-Pause beendet haben und in Rohn aufbrechen. Er fragte sich, wie lange sie bei dem schlechten Wetter wohl für den Farewell Burn brauchen würde. Wahrscheinlich bis morgen früh.

Als er von seinem Kaffee aufblickte, bemerkte er, daß Phil Becker ihn beobachtete. Becker war in McGrath geblieben, um die Schlitten von Rick Ellis und T. J. Harvey zu überprüfen. Jetzt rutschte der junge Trooper unruhig auf seinem Stuhl hin und her, zuckte die Achseln und grinste.

»Ich hab euch durchs Fenster gesehen. Was hältst du von ihm?«

»Von wem? Ach, Martinson. Weiß nicht recht; ich glaube, er zieht eine Schau ab, und ich frage mich, weshalb. Was will er mit dem Theater verbergen?«

»Vielleicht hat er Ärger mit der Polizei gehabt?«

»Mag sein.«

Plötzlich ließ gewaltiger Lärm die Fensterscheiben erzittern, und ein Militärhubschrauber mit Doppelrotor ging auf der Landebahn nieder. Alex nahm den letzten Schluck Kaffee und schnappte sich seinen Parka. »Überprüf auch die anderen Schlitten«, sagte er zu Becker. »Wir sehen uns, sobald ich zurück bin.« An der Tür traf er auf Holman, der ihn abholen kam.

Zwei Stunden später, es war bereits dunkel, kam Jensen ohne Holman zurück. Der Hubschrauber stoppte einen Moment, so daß Alex herausspringen konnte, und flog sofort weiter nach Anchorage.

Ben Caswell kam ihm vom Company Store entgegen, mit einem Milchkanister aus Plastik in der Hand. Alex wartete, die qualmende Pfeife zwischen die Zähne geklemmt. Der Wind riß den Rauch in die Dunkelheit fort.

Caswell grinste. »Wir sind zum Abendessen eingeladen. Holmans Frau hat einen Elchbraten im Backofen. Ich habe Becker schon Bescheid gesagt. Er hat übrigens Neuigkeiten für dich. Wo ist Matt?«

»Matt ist bei Mike Solomon geblieben und fährt Pollitts Gespann nach Nikolai. In ein, zwei Stunden kommt er zurück.«

»Ist mit Pollitt alles okay?«

»Sieht ziemlich schlimm aus. Er ist gegen einen verkohlten Baumstumpf geprallt; er hat sich das Bein gebrochen; Splitterbruch. Auch das Knie hat was abbekommen; außerdem ist der Schlitten hin. Solomon hat Pollitt neben dem Trail gefunden. Gut, daß sie Notraketen dabei hatten. Mike konnte nur per Hubschrauber abtransportiert werden.«

»Siehst du einen Zusammenhang mit den anderen Unfällen?«

Jensen zog nachdenklich an seiner Pfeife.

»Ich glaube nicht, Cas. Ich kann mir nicht vorstellen, wie man das inszenieren könnte. Trotzdem fühle ich mich wie ein alter Jagdhund, der das Wort ›jagen‹ hört.«

»Gehen wir erst mal zu Mrs. Holman und reden nach dem Essen darüber.«

Sie näherten sich einem behaglich aussehenden Holzhaus, zwei Häuserblocks von der Landebahn entfernt. »Eigentlich sollten wir, weil Holman auf dem Trail ist, heute die *Witwenlampe* raushängen.«

Alex sah Caswell fragend an.

»Eine alte Sitte. Zur Zeit des Goldrauschs waren die Musher bei Wind und Wetter mit Post und anderer Fracht auf dem Trail; und die Rasthäuser hängten eine Laterne vor die Tür, damit jedermann wußte, daß noch jemand draußen war in der weißen Wüste. Das Licht blieb so lange an, bis der Musher heil eintraf.

Jetzt gilt dieser Brauch beim Iditarod-Rennen. Sobald das Rennen in Anchorage losgeht, wird in Nome eine Laterne angezündet, und sie brennt so lange, wie der letzte Musher noch auf dem Trail ist.

In MacGrath hängt man keine Laterne mehr raus, aber vielleicht wäre es heute nacht angebracht.«

Nach der Kälte draußen fand Alex die Wärme in Holmans Haus überwältigend. Sie hatten Parkas und Stiefel ausgezogen und nebst Mützen und Handschuhen im »arktischen Windfang« verstaut, einem kleinen, von zwei Türen begrenzten verandaähnlichen Raum, der das restliche Haus vor der kalten Außenluft schützen sollte. Heilfroh, endlich die schweren Stiefel loszusein, lief Alex im Haus wie alle anderen auf Strümpfen. Als sie nach Emma Holmans köstlichem Dinner beim Kaffee saßen, war er so müde, daß er kaum seine Pfeife in Gang brachte. Aber Beckers Neuigkeiten machten ihn hellwach.

Caswell hatte darauf bestanden, daß sie während des Essens nicht über den Fall redeten – für Becker eine Qual. Und so fing er jetzt beinahe an zu stottern vor lauter Eifer, Alex alles rasch zu berichten.

»Sie ist da«, sagte er. »Genau wie du dir's gedacht hattest. Die Scheuerstelle an einer der Streben. Paßt genau zum Röhrchen, sogar zu den Spuren am Schraubverschluß, und sie sitzt direkt neben einem Knebel am Schlittensack.«

»An wessen Schlitten?«

»Ha. Das wird dir gefallen. Es ist nicht Schullers. Den habe ich Zentimeter für Zentimeter durchgecheckt. Den von Martinson habe ich mir auch vorgenommen. Der Typ war natürlich nicht gerade begeistert. Nix. Es ist Gail Murrays Schlitten.«

»Murrays?«

Er nickte genüßlich.

Caswell grinste. »Das stimmt, Alex. Ich habe den Schlitten beschlagnahmt. Wir haben Glück gehabt. Murray sagt, sie wüßte von nichts. Sie war ziemlich erschüttert, aber da sie eh den Schlitten wechseln wollte, hat sie ihn gleich rausgerückt.«

Becker schüttelte den Kopf. »Sie war total verwirrt. Schuller hätte sich wahrscheinlich einen Reim darauf machen können, wenn er es gewußt hätte. Wir haben Murray um Stillschweigen gebeten, aber...« Er zuckte die Achseln. »Was wirst du tun?«

Jensen zögerte und versuchte, seine Gedanken zu sortieren. Wenn *ich* schon so müde bin, mit einem guten Essen im Bauch und Pausen hier und da, wie muß sich erst Jessie fühlen nach stundenlanger Schlittenfahrt im Stehen. Und das bei dem Schneesturm im Farewell Burn.

Während ihm diese Gedanken durch den Kopf gingen, kündigte ein dumpfes Getrampel Holman an. Emma tauchte aus der Küche auf, umarmte ihren Mann und versicherte ihm, daß niemand seine Portion aufgegessen habe. Sobald Holman vor einem gut gefüllten Teller saß, fragte Alex: »Wie lange werden Murray, Martinson und Schuller in McGrath bleiben, Matt?«

»Nicht sehr lange. Sie haben ihre *Vierundzwanziger* schon in Rohn genommen. Schätze, nicht mehr als vier oder fünf Stunden, falls das Wetter ihnen keinen Strich durch die Rechnung macht.«

Caswell zog mit seinem Kaffeelöffel Kreise auf der Tischdecke.

»Das alles beweist noch gar nichts«, sagte er langsam. »Gail Murray war zwar in Finger Lake und Skwentna, aber sie war nicht in Rainy Pass, als Smiths Hunde vergiftet wurden. Wir wissen nur, daß das Plastikröhrchen sich an ihrem Schlitten befand und dort Spuren hinterlassen hat.«

»Irgendwelche Vorschläge?« Alex sah in die Runde.

Holman dachte nach und nahm einen Schluck Kaffee, dann sagte er: »Wir könnten etwas Druck ausüben. Gehen wir zu McGuire's. Das ist *die* Nachrichtenbörse. Dort erfahren wir am ehesten, wann sie aufbrechen, und können ihnen zusehen. Ein bißchen rumstehen und die Augen offenhalten. Uns tut's nicht weh, wenn sie sich darüber wundern.«

»Also im Trüben fischen, Matt.«

»Klar. Aber vielleicht beißt ja einer an. Wir haben nix zu verlieren.«

Alex betrachtete sehnsüchtig einen bequem aussehenden Polstersessel, der nahe beim Holzofen stand, und seufzte. Auch wenn ihn die Kälte und Dunkelheit der Nacht überhaupt nicht lockten: es wäre richtig, wenn sie gingen.

»Okay, Matt. Aber erst erzählen Sie uns etwas über die anderen Musher auf der Liste. Wir brauchen immer noch Ihre Einschätzung.«

Holman runzelte die Stirn und schob sich einen Happen Bratenfleisch mit Soße in den Mund. Kauend brummelte er: »Gefällt mir nicht besonders.«

»Ich weiß. Wir werden Ihnen helfen. Fangen Sie mit Martinson an, er ist nicht gerade sehr kooperativ. Hat Phil und mir die Arbeit ganz schön schwer gemacht. Nach seiner Aussage haben Turner, Banks und Bill Pete in Skwentna mit Koptak zusammen kampiert. Er war sich nicht ganz sicher, es könnte noch einer mehr gewesen sein. Wer das war, fiel ihm nicht ein. Wer ist Martinson? Woher stammt er?«

Holman starrte verkrampft auf seinen Teller. Schließlich antwortete er: »Aus Wasilla. Ist dort vor drei Jahren aus Delta Junction hingezogen.«

»Was ist mit ihm los? Ist er immer so grob?«

»Sehr umgänglich ist er nicht gerade, aber ein guter Musher. Ehrlich. Kann wunderbar mit Hunden umgehen. Hatte vor ein paar Jahren eine schwierige Phase. Verlor in Delta fast die gesamte Zucht, als unter seinen Hunden ein Virus grassierte. Er ist immer noch am Wiederaufbau.«

»Hey«, unterbrach ihn Becker. »Ich habe was vergessen. Als ich in Rohn mit Mike Solomon redete, hat er sich quasi für Martinson entschuldigt. Solomon sagte, Martinson sei wahnsinnig unter Druck, das Rennen zu gewinnen, weil er sonst Hunde verkaufen müßte, um die Zucht weiter finanzieren zu können.«

»Das kann sein...«, bestätigte Holman. »Ich weiß, daß er sich letztes Jahr ganz schön verschuldet hat.«

»Was noch?« wollte Jensen wissen.

»Nicht viel. Er ist ledig. Ist über Kurzstreckenrennen zum Mushing gekommen. Dann hat er eine Weile mit Reddington gearbeitet, dem Mann, der das Iditarod-Rennen kreiert hat. Das war, bevor er sich selbständig machte.«

»Okay. Dann zu Schuller. Er hat Koptak zum Checkpoint gebracht, aber nicht abgewartet, um Fragen zu beantworten. Dann hat er das Röhrchen gefunden und sich wieder davongemacht, ohne sich bei mir abzumelden. Was wissen Sie über ihn?«

»Er ist aus Fox, in der Nähe von Fairbanks. Wahrscheinlich hat er einfach vergessen, sich bei Ihnen zu melden. Dieses Jahr hat er echte Chancen. Rennt nach Plan. Schreibt sich alles genau auf – wann er Pause macht, wieviel und was er füttert und so. Er ist nicht sehr gesellig, aber immer bereit zu helfen, wenn Not am Mann ist. In seinem ersten Iditarod-Jahr war er der beste Rookie.«

»Finanzen?«

»Alles okay, glaube ich. Verdient gut dies Jahr.«

»Gail Murray?«

Bevor Holman antworten konnte, schüttelte Becker den Kopf. »Die war's nicht, Alex«, sagte er. »Außer, daß sie zur richtigen Zeit am falschen Ort war, scheint sie einfach nicht der passende Typ zu sein. Außerdem hat sie uns bereitwillig ihren Schlitten gegeben und alle Fragen beantwortet.«

»Er hat recht«, stimmte Holman zu. »Gail wird außerdem durch ihren Vater unterstützt. John Murray ist ein berühmter Züchter. Eine gute Familie.«

Er langte über den Tisch, schnappte sich die Liste und sprach rasch weiter, als wolle er die Sache endlich hinter sich bringen. »T. J. Harvey lebt in Skwentna. Für ihn würden alle bürgen, wenn Sie mit den Leuten dort redeten. T. J. ist der Lokalmatador, und alle haben geholfen, seine Startgebühr zusammenzubringen. Die Jungs in Skwentna glauben, er kann übers Wasser laufen.

Ellis und Johnson sind nicht aus Alaska, sie kommen aus Montana und Minnesota. Ellis ist einen Monat vor Beginn des Rennens hergekommen und hat sein Gespann in Unalakleet trainiert, um es an die Küste zu gewöhnen. Ich bezweifle, daß er die einheimischen Musher gut genug kennt, um einen so absurden Haß gegen einen von ihnen zu entwickeln. Hat ein paar Leuten Hunde abgekauft. Zum Beispiel Koptak. Und Johnson ist erst kurz vor dem Start angekommen.

Ellis hat mal zwei oder drei Hunde von Rod Pollitt ausgeliehen –«

Jensen unterbrach Holmans Monolog. »Pollitt kommt mir bekannt vor. Lebt er auch in Wasilla?«

»In der Nähe. Am großen See. Sie haben ihn wahrscheinlich in Palmer getroffen. Seine Freundin ist Kellnerin im *Jay's*.«

»Wenn er's gewesen sein sollte, wie paßt dann der Unfall im Burn dazu?« fragte Becker.

»Falls es ein *Unfall* war«, kommentierte Caswell.

»Es war ein Unfall«, konstatierte Holman. »Das konnte man unmöglich inszenieren. Das war einfach verdammtes Pech.«

Er nahm sich die Liste wieder vor. »John Grasle ist typischer Durchschnitt. Trainiert am Stadtrand von Fairbanks, zusammen mit seiner Frau. Sie ist in der Gruppe, die zu spät in Finger Lake und Rainy Pass eintraf, um auf dieser Liste zu landen.

Und – ehrlich gesagt – ich finde immer noch, daß auch Bill Pete hier nichts zu suchen hat, so wenig wie Arnold, Ryan oder Pilch. Ich kenne Jessie. Sie weiß, was sie will, ist ein Dickkopf, aber fairer als viele andere. Tut mehr, als sie müßte. Hat vor einer Weile mit einem anderen Musher zusammengearbeitet; ihr mißfiel, wie der mit seinen Hunden umsprang. Trainiert jetzt ihre eigenen. Und das sehr viel besser.«

Jensen wollte etwas sagen, zögerte aber. Holman wartete, und Caswell blickte Alex an.

»Ach, nichts«, sagte er schließlich, »mir fiel nur gerade ein, daß sie gesagt hat, sie könne nächstes Jahr nur teilnehmen, wenn das Geld ausreichte, um das Gespann in Form zu halten.« Kaum waren die Worte raus, dachte er – ich habe ihr Vertrauen mißbraucht. Aber er mußte es sagen.

Holman wischte Alex' Worte beiseite. »Das paßt auf die Hälfte aller Teilnehmer. Nur die großen Namen, mit einer berühmten Zucht oder einem mächtigen Sponsor im Hintergrund, müssen sich ums Geld nicht sorgen. Berühmte Namen bedeuten einfach gute Sponsoren.« Er fuhr fort:

»Ryan kommt ebenfalls aus der Gegend von Fairbanks. North Pole. Einer der zuverlässigsten Typen, die ich kenne. Bevor er selbst Rennen fuhr, half er beim Iditarod ein paar Jahre als Tierarzt aus. War drei Jahre nacheinander in Rainy und einmal in Kaltag. Er ist –«

»Tierarzt?« unterbrach ihn Alex. Caswell und Becker beugten sich vor. »PCP wurde ursprünglich bei Tieren als Tranquilizer eingesetzt. Haben Sie das gewußt, Matt?«

Holman starrte ihn überrascht an. »Kann ich nicht gerade behaupten. Aber ich glaube, Sie zielen auf den Falschen. Er hat zusammen mit Sportmedizinern andere Musher darin unterwiesen, wie sie ihre Hunde gesundheitlich optimal...« Seine Stimme wurde plötzlich leiser, er dachte nach. »Nein. O nein. Nicht Ryan! Der ist so rührend zu seinen Kerlchen. Kann doch nicht der einzige sein, der weiß, was das Zeug bei Hunden anrichtet.«

»Aber er könnte es sich leicht besorgen«, bemerkte Caswell.

»Ja gut... mag sein.«

»Und was ist mit Bomber Cranshaw?« fragte Jensen. »Er war in Happy Valley sehr hilfsbereit, aber er wirkt auf mich unangenehm, etwas sarkastisch jedenfalls. Er redet viel und ist rasch in der Defensive.«

»So ist Bomber nun mal. Hat ein paar empfindliche Stellen. Hat Ihnen halt nur seine schlechten Seiten gezeigt, würde ich sagen. Ist ein verdammt guter Musher, redet nur zuviel. Trotz seiner scharfen Zunge ist es ihm wichtig, was die anderen denken. Er verlangt Respekt.«

»Geldprobleme?«

»Er hat ein paar Sponsoren verloren, weil er letztes Jahr nicht besonders gut abgeschnitten hat. Bin mir aber nicht sicher, ob er schlechter dran ist als andere.«

»Hat er was gegen Frauen im Rennen?«

»Mmmmm... macht manchmal Bemerkungen in der Richtung. Aber er hat sich schließlich mit Jessie zusammengetan. Lebt seit ein paar Jahren von seiner Frau getrennt. Die hatte für das Rennen nichts übrig und ist auf und davon, nach Anchorage. Könnte zu seinem Problem gehören, aber er scheint drüber hinweg zu sein.«

»Verprügelt er noch immer seine Hunde?«

»Scheiße. Das wissen Sie also? Nein, nicht, daß ich wüßte.«
Holman schüttelte angeekelt den Kopf und fuhr mit dem Finger über die Liste.

»Wen haben wir noch? Susan Pilch, ein wirklich liebes Mädchen. Die können Sie streichen. Wenn sie ein Problem hat, dann das, daß sie sich zu sehr um ihre Hunde kümmert. Ihr Mann ist Bauunternehmer und macht viel Geld. Mike Solomon aus Kaltag. Ein guter Freund von Steven Smith. Er würde niemals einem anderen Musher was antun. Außerdem hätte er Probleme, sich in seinem Dorf PCP zu beschaffen.

Das sind alle. Noch Fragen?«

»Ist jemand dabei, der um jeden Preis gewinnen muß?«

Holman sah schweigend die Liste durch und blickte Alex offen ins Gesicht.

»Ich werde niemanden ans Messer liefern, Alex. Das ist Ihr Job, nicht meiner. Ich will zwar nicht, daß noch jemand stirbt, aber anschwärzen will ich auch keinen. Tut mir leid.«

»Ist schon okay, Matt. Sie haben uns sehr geholfen.«

Holman stand auf und trug seinen Teller in die Küche, in der seine Frau geräuschvoll herumwerkelte, und kam zurück.

»Hören Sie«, sagte er und machte wieder ein fröhliches Gesicht, »warum übernachten Sie nicht bei uns? Einer auf der Couch, die beiden anderen im zweiten Schlafzimmer. Emma hat ein neues Pfannkuchenrezept und könnte zum Frühstück Versuchskaninchen gebrauchen.«

Sie akzeptierten freudestrahlend, schoben die Stühle zurück und schlüpften in Parkas und Stiefel.

»Wir gehen zu McGuire's, Em. Kommst du mit?«

Sie erschien in der Küchentür. »Nein, danke. Ich weiß, wie es da zugeht während des Rennens. Ihr habt Glück, wenn ihr überhaupt durch die Tür kommt.«

Sie lächelte Alex mitfühlend an. »Lassen Sie sich von den Jungs in der Kneipe nicht ärgern«, sagte sie. »Oder von denen hier. Sie sehen so müde aus, als könnte Sie schon ein kleiner Stoß umhauen.«

»Die kalte Nachtluft wird mich aufwecken«, sagte er. »Vielen Dank fürs Essen, Emma. Es war super.«

Die Luft hielt tatsächlich. Warm verpackt in Parkas und Stiefel gingen die Männer die Straße hinauf und um die Ecke zur Kneipe. Bei McGuire's erwarteten sie Zigarettenqualm und Lärm. Die Decke war so niedrig, daß Alex, der größte der vier, es fast mit der Angst zu tun bekam. Eine ganze Wand nahm die Bar ein. Davor standen Tische und Stühle unterschiedlichster Provenienz. Der Raum war rappelvoll.

Als sie sich an der Bar entlang schoben, hörten sie jemanden unbeholfen Gitarre spielen; ein paar Leute brüllten dazu einen Song über den Iditarod Trail. In der hinteren Ecke war ein Billard-Spiel im Gange, obwohl die Spieler kaum Platz hatten, ihre Queues zu benutzen.

Am Ende der Theke fanden sie eine Lücke, in die sie sich hineinquetschten, und Holman bestellte für alle Bier. Es war miefig und warm, aber da die Tür durch den Andrang pausenlos auf- und zuschwang, zogen Rauch und Hitze beständig ab. Alex zog den Reißverschluß an seinem Parka auf, stopfte Mütze und Handschuhe in die geräumigen Taschen und sah sich um. Ihrem Aussehen nach zu urteilen, hatten manche Leute schon den ganzen Tag in der Kneipe verbracht. An einem Tisch mit sieben oder acht fröhlichen Zeitgenossen schlief ein Mann, den Kopf auf beide Arme gebettet; der Lärm schien ihn nicht zu stören.

An der Rückwand hinter der Bar hing eine gerahmte handgeschriebene und signierte Notiz eines früheren Gewinners des Rennens: »Wenn ich mal sterbe, komme ich in den Himmel, weil ich im Farewell Burn gewesen bin.«

»Solomon müßte vor Mitternacht hier sein«, hörte Alex jemanden sagen.

»Was gibt's Neues von Pollitt?«

»Wird gerade operiert, in Anchorage. Keine Ahnung, wie's ihm geht.«

Holman nickte Alex wissend zu – ich hab's Ihnen ja gesagt – und wandte sich an einen der drei Barkeeper, den einzigen in Hörweite. »Sind Schuller, Martinson oder Murray schon wieder weg?«

»Noch nicht«, antwortete der Barmann und goß, ohne eine Sekunde innezuhalten, Cocktails in sechs Gläser. »Schuller hat 'ne Stunde geschlafen und ist jetzt im Café am Futtern. Murray ist immer noch bei Sherman's. Martinson sitzt da drüben.« Mit einer Kopfbewegung wies er auf einen Tisch in einiger Entfernung.

Alex wandte den Kopf. Der bullige Musher hockte mit drei anderen Männern an einem winzigen Tisch voller Biergläser. Er starrte den Trooper an, ohne zu lächeln. Alex nickte ihm schließlich zu. Keine Reaktion. Martinson blickte auf das Glas in seiner Hand, trank aus, erhob sich, stand auf und zwängte sich in seinen Parka. Ohne Jensen eines Blickes zu würdigen, drehte er sich um und marschierte zur Tür.

»Jetzt geht er«, bemerkte der Mann, der über Pollitt gesprochen hatte. »Schuller sollte sich beeilen.«

»Ich sage Gail Bescheid.« Eine Frau in seiner Nähe eilte davon. »Hebt mir mein Bier auf. Ich komme wieder.«

Holman wandte sich an Jensen. »Martinson könnte schneller aus der Stadt raus sein als Harvey und Ellis; obwohl die schon beim Packen sind.«

»Dann wird's Zeit, ihn ein wenig unter Druck zu setzen, Cas«, sagte Jensen. »Es gibt keinen Grund, Harvey und Ellis zu beobachten. Du nimmst dir Schuller vor. Phil, du weißt, wo Murray ist. Matt und ich beobachten Martinson. Auf geht's.«

Innerhalb der nächsten Stunde hatten vier Fahrer McGrath verlassen: Harvey, Ellis, Schuller und Martinson; in dieser Reihenfolge. Auf der anderen Seite der Landebahn, gleich am Fluß, stießen Jensen, Holman und Caswell auf Becker, der zusah, wie Gail Murray sich zum Aufbruch fertigmachte. Sie hatte sämtlichen vierzehn Hunden Pfotenschützer angezogen. Es schien sie nicht zu stören, daß sich zu den übrigen Zuschauern noch die drei Trooper gesellt hatten. Sie lächelte, winkte ihnen zu, löste den Schneeanker und fuhr schräg über den Uferhang auf den vereisten Kuskokwim River.

Keiner der drei Musher hatte ihnen bei seinem Aufbruch irgendeinen Hinweis zur Lösung des Rätsels geliefert. Martinson hatte zwar wütend in Jensens Richtung geschaut, aber keinen Ton gesagt. Schuller ignorierte Caswell vollkommen.

Alex wandte sich zu Holman und gähnte so herzhaft, daß ihm fast die Ohren abfielen.

»Und nun –«, begann er, als er wieder sprechen konnte.

Becker unterbrach ihn. »Hey«, sagte er mit einem verrückten Grinsen, »gehen wir wieder zu McGuire's. Es dauert doch höchstens noch acht Stunden, bis die Sonne wieder aufgeht.«

Jensen streckte seinen Fuß aus und ließ Becker sauber in die nächste Schneewehe stolpern.

18

Datum: Donnerstag, 7. März
Tag: Sechster Tag des Rennens
Ort: Checkpoint McGrath
Wetter: Extreme Fernsicht, schwachwindig bis windstill
Temperatur: −18 °C Maximum, −25 °C Minimum
Zeitpunkt: Später Vormittag

»Gibt's was Neues zu Pollitt?«

Sie hatten gefrühstückt. Caswell war schon weg, wollte sich ums Flugzeug kümmern; Becker stopfte sich im Fortgehen das letzte Stück Speck in den Mund; sein Ziel war der Checkpoint, das Trail-Café, wo er die Neuankömmlinge überprüfen würde. Alex und Emma leerten gerade ihre Kaffeetassen, als Holman, der schon lange vor Sonnenaufgang draußen gewesen war, hereinkam.

»Pollitt ist aus dem OP heraus; geht ihm gut, aber er wird wohl eine ganze Weile nicht trainieren können. Der Arzt meinte, es sei nicht so schlimm, wie er zuerst vermutet hatte.«

»Ist Solomon gestern abend noch gestartet?«

»Nein. Hat hier übernachtet. Er stand beim Tierarzt vor der Tür, als ich von dort wegging. Arnold, Cranshaw und Ryan haben eingecheckt. Ich habe Jessie vor einer Stunde am Checkpoint getroffen. Sie fragte nach Ihnen.«

»Ist mit den dreien alles in Ordnung?«

»Jessie sah reichlich mitgenommen aus, ein bißchen beunruhigt, aber das geht allen hier so bei der Ankunft. Sie und Ryan wollten erst mal die Gespanne versorgen.«

»Verdammt.« Alex stellte die Tasse ab. »Das muß ich klären.«

Als er aufstand, klopfte es an der Tür.

Jessie Arnold stand vor ihnen, käseweiß unter der vom Wind geröteten Haut.

»Hi«, sagte sie mit erschöpfter Stimme. Und zu Alex gewandt: »Ich muß mit dir reden.«

»Kaffee?« fragte Emma und brachte schon welchen.

Alex half Jessie, Parka und Stiefel auszuziehen, und führte sie zum Tisch.

»Setz dich«, sagte er. »Danke, Emma. Trink erst mal was Heißes, Jessie. Was du auch sagen willst, es kann fünf Minuten warten.«

So wie sie sich in den Stuhl fallen ließ, schien sie schrecklich müde zu sein. Irgendwas stimmte nicht. Jensen tauschte einen Blick mit Holman. Beide warteten schweigend, während Jessie den heißen Kaffee schlürfte.

Emma brachte Creme, ein Handtuch und ein kleineres feuchtheiß dampfendes Gesichtstuch. »Hier, Jessie. Wasch dir Gesicht und Hände. Das wird dir guttun.«

Alex sah, wie Jessie die Tränen kamen angesichts dieser freundlichen Geste, aber sie dankte Emma mit fester Stimme. Sie preßte sich das feuchtheiße Tuch ans Gesicht, seufzte wohlig und bearbeitete dann ihre Hände.

»Mein Gott, ist das angenehm.«

Während sie sich Gesicht und Hände eincremte, warf sie einen langen Blick auf Alex und holte tief Luft.

»Mein Revolver ist verschwunden«, sagte sie. »Kurz vor der Siedlung war ein Elch auf dem Trail. Ich konnte ohne Schwierigkeiten um ihn herumfahren, aber als ich zur Sicherheit meinen Revolver rausholen wollte, war er weg. Bomber hat mit seiner Waffe ein paar Schüsse abgegeben, die den Elch verscheuchten. Im Checkpoint habe ich meinen Schlitten gründlich durchsucht, während die Hunde fraßen. Der Revolver ist weg.«

Jensen war plötzlich ganz und gar Trooper.

»Welches Fabrikat?«

»Eine 44er Smith and Wesson.«

»Koptaks Waffe.«

»Ja. Er hat mich damals beim Kauf beraten.«

»Wann hast du die Waffe zuletzt gesehen?«

»Bei meiner Vierundzwanzig-Stunden-Pause in Rohn. Ich habe sie gereinigt und überprüft. Sie sollte im Notfall griffbereit sein.« Sie hielt Emma den Kaffeebecher hin.

»Wann genau war das?«

»Gleich nach der Ankunft; ich hatte Hundefutter aufgesetzt und wartete darauf, daß es garkochte.«

»Das heißt also, die Waffe kann irgendwann im Verlauf der vierundzwanzig Stunden in Rohn verschwunden sein oder auch danach – bis zum Moment, als du auf den Elch trafst. War noch jemand außer Ryan und Cranshaw an deinem Lagerplatz, der gesehen haben könnte, wie du die Waffe gereinigt und verstaut hast?«

»Darüber denke ich nach, seitdem klar war, daß der Revolver weg ist. Schuller hat bei uns angehalten und mit Ryan gesprochen. Martinson brachte Bomber ein paar Leinen zurück, die in Finger Lake unter seine geraten waren. Gail besuchte mich auf einen Schwatz. Keiner hielt sich lange auf, weil alle am Aufbrechen waren. Am nächsten Tag kam praktisch jeder, der seine Vierundzwanziger nahm, mal bei uns vorbei. Wer seine Waffe nicht am Körper trägt, bewahrt sie normalerweise in der Schlittentasche unter dem Lenker auf. Da würde man als erstes nachsehen.«

»Hast du was zu Cranshaw oder Ryan gesagt?«

»Nein. Jim hat mich gefragt, ob irgendwas nicht stimmt, aber ich sagte bloß, ich sei müde. Ich habe Angst, Alex. Ich habe den Revolver nicht verloren.«

»Deine Angst ist berechtigt. War im Farewell Burn jemand an deiner Ausrüstung?«

»Jim und Bomber. Aber mit meiner Erlaubnis. Außerdem war ich in der Nähe und hätte bestimmt was bemerkt. Wir haben mehrmals gerastet, zweimal mit anderen Fahrern. Ich kann nicht ständig alles im Auge behalten. In Nikolai waren wir alle drei zur selben Zeit im Blockhaus, aber unsere Gespanne waren an einer Stelle angepflockt, wo sie jeder sehen konnte.«

»Und wo jeder zugreifen konnte. Inklusive Ryan und Cranshaw, die garantiert mehrmals rein- und rausgegangen sind.«

»Stimmt.«

Jensen marschierte durchs Zimmer und überlegte. Durchs vordere Fenster sah er, wie am Ende der Straße ein Flugtaxi die Fahrbahn überquerte.

Er wandte sich um und blickte Holman an, der ihn schweigend beobachtete. »Matt?«

»Nun?«

»Haben Sie eine Waffe, die Sie Jessie borgen können? Wenn sie sich hier im Ort eine kauft, wird der Typ, der ihre hat, es bestimmt erfahren.«

Holman stand auf und verließ das Zimmer. Er kam zurück

mit einem Schrotgewehr und einer Handfeuerwaffe, die noch im Holster steckte. »Such dir eine aus, Jessie. Kannst auch beide haben, wenn du willst.«

Das Schrotgewehr wollte sie nicht. »Wenn ich das vom fahrenden Schlitten abfeuere, könnte ich die Hunde treffen. Und wenn ich absteige und schieße, laufen sie womöglich davon. Ich werd' die hier nehmen. Danke, Matt. Ich geb' sie dir später zurück.«

»In Nome. Fährst du mit den beiden weiter?«

»Weiter fahre ich schon. Mit den beiden?« Sie zuckte die Achseln. »Weiß nicht. Kommt wohl drauf an.«

»Wenn ja, sollten wir uns als nächstes mal die Schlitten von Cranshaw und Ryan vornehmen. Was meinen Sie, Jensen?«

»Scheint angebracht.«

Jessie setzte sich kerzengerade hin. »Aber sollen sie denn wissen, daß mein Revolver weg ist? Sollte das überhaupt jemand wissen?«

»Wenn wir alle Schlitten kurz vor dem Start durchsuchen, fällt es am wenigsten auf«, schlug Holman vor. »Wir müssen ja nicht verraten, wonach wir suchen. Jedenfalls erwischen wir auf die Weise alle, die mit dir zusammen in Rohn und im Burn waren.«

»Gute Idee«, sagte Alex. »Wann brichst du auf, Jessie?«

Sie sah auf die Uhr an der Wand. »In knapp drei Stunden.«

»Dann ruh dich lieber aus. Emma, haben Sie was dagegen, wenn Jessie solange hier bleibt?«

»Nein, natürlich nicht. Komm mit, Jessie. Willst du duschen?«

»Ja gern, aber ich schlafe lieber erst eine Runde und nutze die Dusche zum Wachwerden. Meine sauberen Sachen sind alle auf dem Schlitten.«

»Ich hol sie dir«, bot Alex an. »Wo ist dein Schlitten, und was brauchst du?«

Sie beschrieb ihm den Standort. »In der Schlittentasche ist ein roter Matchbeutel. Jan Thompson, eine Freundin von mir, bewacht meinen Schlitten, und ich habe ihr gesagt, sie soll kreischen, wenn jemand irgendwas anfaßt. Du zeigst ihr besser deinen Sheriffstern.«

»Wie lange willst du schlafen?«

»Anderthalb Stunden. Nicht länger.«
»Bis dahin hab' ich die Sachen hier, Jessie.«
»Danke, Alex.« Ihr Blick war so innig wie die Umarmung in Rohn. Dann folgte sie Emma in Richtung Schlafzimmer.
Als Alex sich zur Tür wandte, stand Holman auf. »Ich komme mit.«
Sie zogen sich Stiefel an und schlüpften in ihre Parkas. Als sie die Straße hinuntereilten, sagte Holman: »Jessie, aha. Sie könnten es erheblich schlechter treffen, Jensen.« Bevor Alex etwas erwidern konnte, fuhr Holman fort: »Ich werde mit dem Zeitnehmer reden.«

Als Alex zwei Stunden später zurückkam, saß Jessie in Emmas Bademantel am Ofen und fuhr sich mit den Fingern durchs Haar, um es zu trocknen. Sie sah sauber geschrubbt aus, müde und... wunderschön.
»Ich hätte nicht duschen sollen«, sagte sie. »Das macht den Aufbruch noch schwerer, aber es fühlt sich einfach gut an, sauber zu sein.«
Er stellte den Matchbeutel auf den Fußboden und sah von oben auf ihren Nacken, während sie den Kopf zum Ofen vorbeugte. Er mußte sich zusammenreißen, um seine Hand nicht auf ihre feuchten Locken zu legen.
»Wo ist Emma?«
»Im Laden, Munition kaufen. Sie wollte nicht, daß ich gehe.«
Er stand da, schaute auf sie hinunter und schwieg, er wollte sie an sich drücken, wollte ihr sagen... ja, was eigentlich? Daß er sie da draußen nicht mit einem Verrückten allein lassen wollte? Daß ihm das eine Heidenangst machte? Was denn nun?
Auf einmal war er wütend auf sich selbst. Warum sagte er nichts? Warum konnte er seine Gefühle nicht zeigen? Sie hatte den ersten Schritt getan, als sie ihn umarmte. Was war los mit ihm?
Schließlich fiel ihr sein Schweigen auf, sie ließ die Hände sinken und sah zu ihm auf. »Alex?«
Er wollte sich instinktiv abwenden, ließ sie dann aber doch sehen, wie verwirrt er war.
Sie schaute ihn eine Ewigkeit an. Dann stand sie auf, war plötzlich in seinen Armen. Sie hob das Gesicht, ihre Münder

suchten und fanden sich, und Alex' ganze Wut, Angst und Begierde vermischten sich gründlich mit dem Geschmack von Zahnpasta. Jessie war warm, roch nach Seife und Shampoo, und sie erwiderte seinen Kuß in aller Gründlichkeit.

Sie versteckte das Gesicht an seiner Schulter und lachte. »So, jetzt weiß ich es«, sagte sie.

»Was weißt du jetzt?«

»Na ja, dein Schnurrbart. Ganz nett, aber er kitzelt.«

»Dann rasiere ich ihn ab.« Alex lächelte.

»Auf keinen Fall. Mir gefällt er.«

»Wirklich?«

Sie küßte ihn.

Als das vorbei war, sah er zu ihr hinab und runzelte die Stirn. »Ich habe nachgedacht. Wir müssen miteinander reden.«

»Oh, Alex, das geht nicht. Ich muß mich anziehen und zu meinem Gespann. Ich habe noch eine Menge zu tun, bevor wir aufbrechen.«

»Aber darum geht es ja. Ich will nicht, daß du weitermachst.«

»Alex!« Sie trat einen Schritt zurück und schüttelte verwundert den Kopf. »Du wirst doch nicht sagen... Halt, warte.«

»Überleg doch mal, Jessie. Das sind keine spontanen Überfälle. Die ›Unfälle‹ sind, bis zu ihrem tödlichen Ende, genau geplant, und wer der Täter auch sein mag – er treibt sich auf jeden Fall noch da draußen herum. Wir tasten uns zwar an ihn heran. Er hat ein paar Fehler gemacht. Aber noch haben wir ihn nicht.

Daß er deine Knarre geklaut hat, könnte heißen, daß du sein nächstes Opfer bist. Wenn du aussteigst, bist du für ihn uninteressant. Bitte, Jessie.«

Sie funkelte ihn an. »Gleich wirst du sagen: ›Hab Vertrauen zu mir.‹ Verdammt noch mal, Alex. Ein paar Küsse, und schon fühlst du dich für mich zuständig? Falsch! Niemand macht mir beim Rennen Vorschriften. So ist das nun mal.«

»So ist es eben *nicht*. Da draußen könnte was schiefgehen, und ich habe eine Scheißangst, weil ich dich nicht schützen kann. Verdammt, du bedeutest mir etwas. Merkt man das denn nicht? Es ist doch nur ein *Rennen*.«

Ihre Stimme klang gefährlich ruhig. »Bitte... sei... fair.«

Sie hatte ihn die ganze Zeit angeschaut, schmallippig, bleich. Jetzt sagte sie nichts und starrte auf den Boden.

»Jessie?«

Sie reagierte nicht. Er wanderte zum Fenster hinüber und starrte auf das leere Grundstück nebenan, hilflos, wütend, frustriert. Warum konnte die Frau nicht vernünftig sein? Warum mußte sie unbedingt das Rennen durchziehen, wenn doch ihr Leben auf dem Spiel stand? Alles war in ihrer unmittelbaren Nähe passiert. Das Risiko war gigantisch.

Was war das für ein Gefühl gewesen, als er Ginnys schlaffen Körper im Arm hielt, damals in Happy Valley; und Georges Gesicht, und Steve Smiths schrecklicher Tod. Blut und Tod im Schnee – jedesmal hätte es auch sie sein können.

Er hatte von seinen Händen das Blut dreier Menschen abwaschen müssen – und das einiger Hunde. Jetzt betrachtete er prüfend seine Hände, als wäre das Blut noch zu sehen. Nach langer Zeit zum erstenmal kam ihm eine Szene mit Sally in Erinnerung, kurz vor ihrem Tod im Krankenhaus von Idaho.

Sie hatten versucht, ihr eine Injektion zu geben, aber die Haut an ihrem Arm war von unzähligen Einstichen vernarbt. Benommen vom Schmerz, bekam sie die Aktion gleichwohl mit und wehrte sich. Sie hatte Spritzen immer gehaßt. Er konnte es kaum ertragen zuzusehen, wie die Schwester sich abmühte, bis ihre Hände zitterten und jemand anders weitermachen mußte.

Als die Nadel endlich in der Vene war, spritzte etwas von Sallys Blut auf seinen Ärmel; er hatte ihre Hand gehalten. Erleichtert kämpfte er gegen Tränen von Frustration und Liebe, als ihr Griff sich endlich lockerte. Seine Finger waren taub. Sally hatte sich so festgekrallt, daß drei ihrer Fingernägel sich in seinen Handrücken gebohrt hatten: drei sauber ausgeschnittene rote Halbmonde.

Er sah auf seine Hand. Eine der feinen Narben war noch schwach zu erkennen. Sie hatte nicht fest genug halten können.

Die Erinnerung überschwemmte ihn mit Trauer. Niemand sollte noch einmal so abhängig sein von ihm, sich so an ihn klammern und dann sterben. Der Gedanke daran drehte ihm den Magen um, und sekundenlang wünschte er sich, er hätte Jessie nie getroffen. Aber es war dumm, so zu tun, als hätte er jetzt noch die Wahl.

»Alex?«

Ihre Stimme riß ihn aus seinen Grübeleien. Er drehte sich um.

Ihr Gesichtsausdruck hatte sich verändert. Sie saß wieder im Sessel und sah ihn bittend an.

»Setz dich bitte. Ich muß dir etwas erklären.«

Er kam langsam näher und setzte sich.

»Ich weiß, wie es für dich aussieht, Alex, und ich will wirklich kein Dickkopf sein. Die Sache macht mir schreckliche Angst. Aber ich kann nicht einfach aussteigen, nur weil ich Angst habe. Ich bin nur eine von vielen Teilnehmern und nicht mehr gefährdet als die anderen, stimmt's?«

»Ich weiß nicht, Jessie. Ich würde anders darüber denken, wenn dein Revolver nicht verschwunden wäre. Wir wissen nicht, warum er gestohlen wurde.«

»Aber ganz so schlimm kann es nicht sein, denn sonst wäre nicht Ginny, sondern ich das Opfer gewesen. Aber das wollte ich eigentlich nicht sagen.

Wie du weißt, ist dies mein fünftes Iditarod-Rennen. Du verstehst bestimmt nicht, was das bedeutet. Es bedeutet, daß ich in diesen fünf Jahren Hunde gezüchtet, aufgezogen und trainiert habe – nur auf *das* Rennen hin. Jedes Rennen ist *das* Rennen. Als ich nach meinem ersten Rennen heimkam, stellte ich sofort ein neues, besseres Gespann zusammen. Das tue ich jedes Jahr.

Ich habe Hunde gekauft, eingetauscht, ausprobiert, habe herausgefunden, aus welchen Welpen gute Läufer werden, und ich habe ebenso viele Tiere verkauft und abgestoßen, wie ich hielt. Mit harter Arbeit habe ich eine regelrechte Rennmaschine geschaffen. Ich weiß, welche Hunde jede Kälte vertragen, welche gut sind bei Wind, welche am wenigsten schwitzen. Wir verstehen uns. Tank weiß, fast noch eher als ich, was ich will und was zu tun ist. Er ist ein großartiger Leithund. Und die anderen kennen mich genauso, vertrauen mir und tun, was ich ihnen sage. Sie lieben das Rennen genauso wie ich. Ich *liebe* es, Alex, sonst wäre ich nicht dabei.

Jedes Jahr machen wir nach dem Rennen erst mal Pause und erholen uns. Den Frühling und Sommer über arbeite ich mit allen Hunden. Im Herbst trainiere ich die, die für das Rennen in Frage kommen; Hunderte von Kilometern kommen da zusammen. Im Februar sind wir in Topform und bereit fürs Rennen.

Letztes Jahr hatte ich schon ein gutes Gespann, aber mein jetziges ist das beste, das ich je hatte. Ich bring's nicht fertig, solche Qualität in den Wind zu schießen, Alex. Die vergangenen fünf Jahre habe ich nur auf dieses Rennen hin gelebt. Das kann ich nicht ausradieren. Ich kann's einfach nicht.«

Sie brach ab, stand auf und ging schweigend auf und ab. Jensen merkte, daß sie noch nicht alles gesagt hatte. Er wartete. Schließlich setzte sie sich wieder und ergriff seine Hände.

»Du willst doch den erwischen, der für den Tod von George, Ginny und Steve verantwortlich ist?«

»Natürlich.«

»Was würdest du tun, wenn jemand dich bittet, deine Nachforschungen einzustellen, weil du in Gefahr geraten könntest?«

»Das würde keiner tun. Es ist mein Job.«

»Und wenn doch?« hakte sie nach. »Wenn ich dich zum Beispiel bitten würde?«

»Ich müßte es ignorieren und würde weitermachen«, sagte er langsam. »Risiken gehören nun mal zu meinem Job. Ich wußte das, als ich mich dafür entschied, Trooper zu werden.«

»Magst du deine Arbeit?«

»O ja. Normalerweise schon. Es gibt Dinge, die ich hasse. Daß Menschen umgebracht werden, zum Beispiel, und die Leute, die so was tun. Aber einen Fall zu lösen, meine Fähigkeiten dafür einzusetzen, das finde ich schön.«

»Mir geht es genauso«, sagte sie. »Ich liebe meine Arbeit, und ich bin qualifiziert. Sie verlangt nämlich einige Fähigkeiten. Ich hasse es, wenn ich so müde werde, daß ich kaum noch funktioniere, oder wenn ich mich halb totfriere. Aber alles andere macht das wieder wett, so wie bei deinem Job.

Deswegen kann ich deinen Wunsch, so verständlich ich ihn auch finde, nicht erfüllen. Ich muß mit meiner Arbeit weitermachen. Kannst du das jetzt verstehen? Dieses Rennen ist etwas, was ich für mich tue. Es ist sehr wichtig. Verstehst du das?«

Seine Wut war verschwunden, der Frust war geblieben. Er sah ein, daß sie recht hatte. Er betrachtete das Rennen immer noch, als wäre es eine Art Gesellschaftsspiel, eine Sportveranstaltung, und nicht der Endpunkt einer jahrelangen Hingabe, so wie sie es beschrieb. Auch wenn er nicht fühlte, was sie fühlte, so hatte sie doch recht. Leider, denn das hieß, er müßte zusehen, wie sie ihre eigene Entscheidung fällte.

Er stand auf und drückte sie fest an sich. Mir ist es ernst, dachte er. Er preßte das Gesicht an ihr feuchtes Haar und schloß die Augen.

»Ja«, sagte er. »Ich verstehe, was du meinst. Mir gefällt es nicht, aber ich sehe es ein. Ich verstehe genau, was du sagst, und akzeptiere es. Aber zugleich habe ich entsetzliche Angst und möchte, daß du aussteigst. Alles geschieht so schnell, daß wir einander einfach vertrauen müssen, klären können wir's später. Versprich mir nur, nicht leichtsinnig zu sein. Okay?«

Sie nickte in sein Ohr hinein.

Die Tür ging auf, und Emma Holman kam herein. Sie lächelte und sagte rasch: »Die anderen sind gleich hinter mir, wenn's euch was ausmacht.«

Es machte ihnen eigentlich nichts aus, das spürte Alex, auch wenn sie auseinanderfuhren, als Becker und Caswell über die Schwelle traten.

19

Datum: Donnerstag, 7. März
Tag: Sechster Tag des Rennens
Ort: Checkpoint McGrath
Wetter: Extreme Fernsicht, schwach windig bis windstill
Temperatur: −18 °C Maximum, −25 °C Minimum
Zeitpunkt: Später Vormittag

Alex verstaute seine Sachen im Flugzeug, steckte sich eine Pfeife an und warf einen Blick zum Supermarkt jenseits der Landebahn, wo Becker gerade Lebensmittel einkaufte. Caswell kletterte vom Pilotensitz herunter; er hatte die Windschutzscheibe von innen geputzt.

»Du siehst arg nachdenklich aus«, bemerkte er.

»Wie schätzt du Holmans Informationen über die Musher von gestern abend ein?«

»Ich kann seine Bedenken verstehen, aber ein bißchen mehr hätte ich schon erwartet. Dann könnten wir bestimmt ein paar Namen streichen.«

Jensen nickte. »Stellen wir doch selbst eine Liste zusammen. Wir werden schon sehen, was dabei rauskommt. Wichtigstes Kriterium ist das Motiv. Eine Gelegenheit, die Taten zu begehen, hatten sie alle.«

Caswell schlug seinen Notizblock auf. »Schieß los.«

»Zuerst Martinson, dann Cranshaw, dann Ryan. Danach Schuller, aber der spielt keine Rolle.«

»Warum?«

»Warum Schuller?«

»Nein. Alle vier.«

»Martinsons Verhalten. Ich glaube, er steht nahe am Abgrund. Daß er seine Zucht verlieren könnte, ist ein verdammt gutes Motiv. Das große Geld wird er nur machen, wenn er siegt oder einer der ersten ist. Er ist besessen vom Gedanken an den Sieg. Außerdem ist er ein Einzelgänger. Die Todesfälle scheinen ihn nicht berührt zu haben. Das beunruhigt mich.«

»Vielleicht hat er einfach Angst, versucht, sie zu verstecken, und spielt den starken Mann.«

»Sicher. Irgend etwas verbirgt er vor uns. Es ist sicher eine Nervensache, aber ich glaube, es wäre ihm zuzutrauen, und – Gelegenheit dazu hat er gehabt. Für mich steht er immer noch auf Platz eins, nicht weit vor Cranshaw.«

»Was könnte Cranshaws Motiv sein?«

»Das ist nicht so einfach. Holman sagt, er hätte Sponsoren verloren. Wenn er schlecht abschneidet, verliert er vielleicht noch die anderen, und das weiß er. Du weißt doch, wie man reagiert, wenn einer anders redet, als er wirklich denkt? So einer ist Cranshaw. Ein verdammter Egoist. Jähzornig und vergißt keine Kränkung, das wette ich. Er ist dagegen, daß Frauen an Rennen teilnehmen, zeigt es aber nicht offen.

Jessie sagt, er trauert um Koptak, aber das ist so eine Sache, Cas. Auf der Thermoskanne standen die Initialen G. K., George Koptak, nicht? Aber der Mörder hat vielleicht gedacht, sie gehört Ginny Kline. In Skwentna hatte Ginny sie zusammen mit ihrer eigenen Thermoskanne gefüllt. Wenn Cranshaw die falsche Person umgebracht hat, sollte ihn das schon erschüttern.«

Caswell pfiff durch die Zähne und schwieg.

»Das soll auch weiterhin niemand wissen. Auch, daß das Zeug im Hundefutter PCP war. Ich habe Holman gebeten, den Mund zu halten.«

»Damit wären wir bei Ryan und seiner Tierarztvergangenheit?«

»Genau. Von einem Motiv kann man bei ihm nicht sprechen, und Holman denkt auch, er sei okay, aber ich kann die Koinzidenz nicht übersehen. Ryans Kontakt mit der Sportmedizin wäre die pefekte Tarnung. Außerdem wissen wir kaum etwas über ihn. Was treibt ihn an?«

Caswell zog ein Buch aus der Tasche. »Das ist das Presse-Info, das sie jedes Jahr rausbringen.« Er blätterte. »›James Ryan, Tierarzt aus North Pole, Alaska. Aufgewachsen in Minnesota, wo er begann, Schlittenhunde zu züchten, zu trainieren und an Rennen teilzunehmen. Arbeitete 1983 bis 1986 freiwillig als Tierarzt in verschiedenen Checkpoints. Der stille Achtunddreißigjährige ist heute Sportmediziner. Hobbys: mit seiner Freundin Patty Jakes zusammensein, Country-Western-Musik hören und reisen.‹ Klingt ganz normal, Alex.«

»Ja, so normal, daß man sich fast fragen könnte, ob er überhaupt da war. Verheimlicht er etwas? Aber Jessie vertraut ihm. Sie ist gern mit ihm zusammen, und sie scheint ja Menschenkenntnis zu haben.«

»Alex...«

»Ja?«

Caswell blickte ihn erwartungsvoll an.

»Ich weiß, du denkst, ich fische ihn nur raus, weil sie ihn mag. Andererseits will ich ihn aber auch nicht allein deswegen verdächtigen, weil er in ihrer Gruppe ist.«

»Dann entscheide dich.«

»Überlaß das meiner Intuition. Er bleibt auf Platz drei, und wir warten erst mal ab, was wir über ihn rausfinden.«

»Wer steht noch auf der Liste?«

»Schuller und Murray gehören wegen des verdammten Plastikröhrchens auf die Liste. Murray ist sauber, denke ich, kein Motiv in Sicht. Aber Schuller ist aus Rohn abgehauen, ohne mir Bescheid zu sagen. Außerdem hat er das Ding gefunden.

Wir streichen alle, die nicht aus Alaska stammen – Ellis, Johnson, Talburgen. Pete, Pilch, Grasle und Harvey haben kein Motiv. Und Arnold«, betonte er. »Hier mag wieder meine Intuition zuschlagen, aber mehr Objektivität bringe ich nicht auf, Cas.«

»Ich bin ja deiner Meinung. Brauchst dich nicht zu verteidigen. Bleiben Banks und Solomon. Habe ich gestrichen. Und Pollitt ist eh raus.«

Er zog unter die ersten drei Namen einen dicken Strich und zögernd auch unter den vierten. »Martinson, Cranshaw, Ryan und Schuller. Stimmt's so?«

»Im Moment ja. Über die will ich von jetzt an alles wissen. Wo und mit wem sie zusammen sind, wann sie essen und wann sie schlafen. Selbst wenn sie ausspucken, will ich es wissen, auch wenn ich nicht weiß, wie wir das bewerkstelligen sollen; können ja nicht die ganze Zeit neben ihnen her laufen. Ich will jede Information, die Anchorage liefern kann. Ruf die Zentrale an, Fairbanks soll was über Ryan und Schuller rauskriegen. Palmer kann Martinson überprüfen, wir kümmern uns um Cranshaw. Hier kommt Becker. Auf geht's.«

Becker stürmte heran und warf eine Tüte Lebensmittel ins Flugzeug.

»Womöglich gibt es ein Problem, Alex. Holman sagt, Bomber sei gerade eben in fürchterlicher Eile aufgebrochen.«

»Allein?«

»Ja. Matt hat Cranshaws Schlitten durchsucht, aber Jessies Revolver ist nicht aufgetaucht. Nur Bombers eigene Waffe, und das ist keine 44er. Er behauptete, er hätte kurz vor McGrath zwei Schüsse abgefeuert, um einen Elch zu verscheuchen.«

»Das stimmt. Ist Ryan bei Jessie?«

»Ja. Du solltest mit ihnen reden. Irgendwas ist da passiert.«

Sie fanden Jessie und Jim jenseits der Landebahn; sie waren mit Packen fast fertig.

»Was ist los? Becker sagt, Cranshaw ist gestartet, ohne auf euch zu warten?«

Ryan nickte, ohne seine Arbeit zu unterbrechen. Jessie ließ von ihrem Schlitten ab und antwortete ihnen.

»Er ist losgefahren, das stimmt. Becker meinte, wir sollten es dir besser sagen. Bomber ist allein los, weil er furchtbar wütend auf mich war.«

»Erzähle.«

Sie nickte. »Als er seine Hunde zu unserem Lagerplatz zurückbrachte, war er schon geladen. Der Zeitnehmer hatte ihm die Durchsuchung angekündigt, und das paßte ihm nicht.«

»Was meinst du damit ›als er seine Hunde zurückbrachte‹? Hat er nicht mit euch kampiert?«

»Nein. Er wohnt doch hier. Als wir eingecheckt hatten, fuhr er zu seinem Haus irgendwo am Rand der Siedlung.«

»Warum seid ihr, Ryan und du, nicht mitgegangen?«

»Na ja, er fragte, ob wir mitkommen wollten, aber er schien nicht sehr erpicht darauf. Ich denke, er wollte allein sein, und wir hatten eigentlich auch keine Lust. Bomber hat sich seit Rohn nur dämlich benommen, da tat es uns nicht leid, ihn eine Weile nicht zu sehen. Außerdem wollte ich mit dir über meinen Revolver reden.«

»Und als Cranshaw zurückkam?«

»Er war wütend. Ist herumgestapft und hat sich beklagt, daß wir noch nicht fertig seien; dabei war es noch längst nicht die verabredete Zeit. Er hat auf die Schlittendurchsuchung geschimpft, auf die Trooper und die unnötige Warterei, bis mir schließlich der Kragen platzte.

Dann ist er ausgerastet. Hat mir vorgeworfen, ich hätte dir erzählt, ich hielte ihn oder Jim für den Mörder. Ich hab' mich gewehrt, gesagt, das stimmte nicht, aber da... Na ja, da wurde er fies. Jim hat meine Partei ergriffen. Das hat ihn nur noch mehr gereizt. Und dann sagte er, ich hätte meine Kanone verloren, und ich dumme Kuh würde mich nur nicht daran erinnern. Mit so zwei Idioten würde er nicht weiterfahren, und dann brauste er auf und davon.«

»Die Überprüfung seines Schlittens war bestimmt kein Vergnügen.«

Becker nickte mit angeekeltem Gesicht. »Er ist nicht gerade ein pingeliger Hausmann.«

»Habt ihr was gefunden?«

»Nein. Aus seinem Revolver sind kürzlich Schüsse abgefeuert worden, aber den Grund dafür kennen wir.«

»Wie hat Ryan reagiert, als er erfuhr, daß du mit mir gesprochen hast?« Alex senkte seine Stimme und ging mit Jessie zur Seite.

»Völlig okay. Ich habe ihm gesagt, daß ich ihn nicht verdächtige. Nachdem Bomber weg war, stellte er ein paar Fragen, die Durchsuchung hielt er für eine gute Idee. Er machte sich echt Sorgen wegen meiner verschwundenen Waffe.«

»Was wirst du jetzt tun, Jessie?«

Ihre Stirn glättete sich. »Weiterfahren natürlich.«

»Mit Ryan? Gibt es nicht jemand anders?«

»Nicht, wenn wir gleich aufbrechen. Warum fragst du, Alex? Du glaubst doch nicht...?«

»Ich traue keinem, Jessie. Ich weiß nicht recht. Sagen wir's mal so – ich wäre glücklicher, wenn ihr mehr als zwei wäret.«

Sie überlegte kurz und schüttelte den Kopf. »Das Risiko muß ich eingehen. Ich muß los.«

»Dann gib dein Bestes.«

Sie lächelte strahlend. »Komm, Ryan«, rief sie. »Laß uns abhauen.«

Als die beiden Schlitten hinter der Uferkante verschwunden waren, wandte sich Jensen zu Becker. »Wo ist Holman?« fragte er. »Ich will mir Cranshaws Haus ansehen. Die Nuß muß geknackt werden.«

Als sie, auf den Kufen stehend, hinter Ryan herpreschte, Richtung Takotna und Ophir, hob sich Jessies Stimmung. Mit seiner Befürchtung, sie könnte das nächste Opfer sein, hatte Alex sie mächtig erschüttert; das war ja auch seine Absicht gewesen. Aber Alex' Zuversicht und sein Vertrauen zu ihr beruhigten Jessies Nerven, so daß sie sich traute, McGrath zu verlassen. Nach einer Weile spürte sie wohltuend den Einfluß der rhythmischen Fahrbewegung, und jede Angst fiel von ihr ab.

Beim Gedanken an Alex vermeinte sie, seine Wärme fast körperlich zu spüren. Er sollte seinen Schnurrbart ein winziges bißchen stutzen. Seltsam, daß sie so oft an Alex denken mußte – ausgerechnet bei einem Rennen, das höchste Aufmerksamkeit von ihr verlangte, ob es sich nun um die Hunde, den Trail oder die Konkurrenten handelte.

Das leise Zischen der Schlittenkufen und der elastische Schwung, mit dem der Schlitten den Verwerfungen und Windungen des Trails folgte, wirkten beruhigend. Jim drehte sich um und winkte ihr zu, als er das Ufer eines schmalen Flüßchens ansteuerte und um eine Biegung verschwand. Nach der langen Rast strotzten die Hunde nur so vor Energie. Es war angenehm, in ständiger Bewegung zu sein.

Ein paar Meilen hinter McGrath kämpften sich die Gespanne von Markierung zu Markierung durch ein Labyrinth von Spuren, zwischen vereisten Wasserläufen und Baumgruppen hindurch, die die Flußniederung füllten. Fast die Hälfte der Einwohner von McGrath besserte ihr Einkommen mit Jagen und Fallenstellen auf und legte ständig neue Spuren an.

Hinter der nächsten Biegung traf sie auf Ryan, der haltgemacht hatte. »Muß einen Hund auswechseln«, rief er ihr entgegen. »Fahr weiter, ich hol' dich später wieder ein.«

Ohne anzuhalten, fuhr sie an ihm vorbei den schrägen Uferhang hinauf. Am Wassersaum standen die Weiden besonders dicht, und der Trail paßte sich ihnen kurvenreich an. Eine halbe Meile weiter vernahm Jessie undeutlich das ferne Kreischen eines Schneemobils, gedämpft durch das Zischen der Kufen, das Getrappel des Gespanns und ihre eigenen knappen Kommandos an die Hunde. Das Kreischen nahm stetig zu. Sie blickte über ihre Schulter zurück, aber Ryan war nicht in Sicht. So konzentrierte sie sich wieder auf das Gespann.

Plötzlich wurde der Leithund langsamer, stellte die Ohren auf und blieb stehen. Verdammtes Schneemobil, dachte Jessie. Die sollten doch wissen, daß man beim Rennen den Trail nicht gegen die Fahrtrichtung benutzt. Tank fing an zu bellen und an seinem Geschirr zu zerren; bevor sie reagieren konnte, trottete von rechts zwischen den Weiden ein Elch auf den Trail, direkt vor die Hunde.

Es war ein riesiger Bulle, knapp sechzehnhundert Pfund geballte Dickköpfigkeit. Mitten auf dem Trail blieb der Elch stehen, nur sechs Meter vor den Hunden, die jetzt allesamt hysterisch bellten und vorwärtsdrängten.

Blitzschnell rammte Jessie den Schneeanker in den Boden. »Tank! Halt die Schnauze! Aufhören! Ruhe jetzt!« brüllte sie, aber keines der Tiere gehorchte. Grunzend begutachtete der Elch die Szenerie, bevor er erbosten Blicks mit scharfem Huf den Schnee aufriß und den Kopf senkte. Dann griff er ohne weitere Warnung die Hunde an.

Jessie hörte sie jaulen und wimmern, als das mächtige Tier auskeilend mitten durchs Gespann jagte. Instinktiv griff sie in die Schlittentasche, nach ihrer Waffe. Im selben Moment erkannte sie ihren Fehler und warf sich mitsamt dem Schlitten nach rechts, außerhalb der Reichweite der messerscharfen Hufe und teilweise geschützt durch den Schlitten. Der Elch zog vorüber, ein Huf grub sich direkt neben ihrer Schulter in den Schnee. Sie rollte sich auf die Knie, riß Holmans Revolver aus dem Holster, richtete sich halb auf, stützte sich mit beiden Armen auf einer Strebe ab und zielte. Der Elch war weg. Aus welchen Gründen auch immer – er griff nicht wieder an, sondern verschwand auf dem Trail in Richtung McGrath. Das Schneemobil schien nach Südwesten abgedreht zu haben, das Geräusch wurde langsam leiser.

Mit klopfendem Herzen und benommenem Kopf sank Jessie zurück in den Schnee und schnappte nach Luft. Mit dem Revolver in der Hand stand sie mühsam auf und machte sich daran, den Schaden zu begutachten.

Das Gebell hatte aufgehört, aber sie hörte die Hunde jaulen und keuchen, als sie zu dem Knäuel aus Leinen und Tieren kam. Die meisten Hunde standen auf allen vieren, Tank in der Mitte. Er hatte den Elch fast bis zum Schlitten zurückverfolgt, dabei die anderen Hunde mitgeschleift und so das ganze Durcheinander bewirkt. Zwei Hunde lagen verletzt im Schnee, einer leckte sich die abgeschürfte Flanke, der andere einen Schnitt in einem Vorderbein.

Jessie steckte die Waffe wieder ein und kniete sich hin, um die Verletzungen zu begutachten. Zum Glück nichts Ernsthaftes. Sie entwirrte die Leinen und betastete mit erfahrenen Fingern jeden einzelnen Hund. Erleichtert stellte sie fest, daß weder Knochenbrüche noch andere Schäden zu beklagen waren. Wenn sie die Wunden versorgte, würden sie alle weiterrennen können. Hätte der Elch sich auf einen Kampf eingelassen, sähe die Sache anders aus. Die angeschirrten Hunde hätten sich weder verteidigen noch flüchten können.

Wenn Tiefschnee den langbeinigen Ungeheuern den Zugang zu den Weidenzweigen verwehrt, werden sie hungrig und aggressiv. Ein hungernder Elch ist bösartig und gefährlich. Bekommt er nicht genug Nahrung, verbrennt der Körper erst das Fett und dann die Proteine, was Verwirrung und Halluzinationen zur Folge hat. Dem Menschen geht es beim Rennen nicht anders, wenn er zuwenig Schlaf bekommt und seine Nahrung nicht genug Fett enthält; eine Erfahrung, die so mancher Musher bestätigen kann.

Jessie konnte ihr Glück kaum fassen. Warum war der Elch nicht zurückgekommen? Als sie Heilsalbe aus der Schlittentasche holte, hörte sie in der Ferne wieder das Jaulen des Schneemobils. Großer Gott, die waren wirklich überall. Das Geräusch verebbte nach Norden und erstarb erst, als die Maschine abgestellt wurde.

Hoffentlich war der Elch nicht geradewegs in Ryans Gespann hineingerast. Wo war Ryan überhaupt? Er hätte sie längst einholen müssen. Sorgsam behandelte sie alle Abschürfungen und Schnittwunden der Hunde mit Salbe, streichelte und lobte jedes Tier, überprüfte jede Schnalle im Geschirr und korrigierte hier und dort noch etwas. Kein Ryan in Sicht. Sollte sie umkehren und nachsehen? Hatte der Elch seine Wut vielleicht an Jims Gespann ausgelassen? Sie war entschlossen zurückzufahren, aber hier war es zu eng zum Wenden. Also weiter bis zu einer geeigneten Stelle. »Auf geht's, Kinder. Bewegt euch!«

Zwei Biegungen weiter gabelte sich der Trail. Eine Wendemöglichkeit. Beim Näherkommen entdeckte Jessie, daß die rosa Markierung fehlte, die gewöhnlich anzeigte, welcher Weg zu nehmen war. Seltsam, aber sie wollte ja eh umkehren. »Komm, Tank. Komm. Wir drehen um.« Gehorsam führte Tank das Gespann am Schlitten vorbei, und sie fuhren in ihren eigenen Spuren zurück.

Einen halben Kilometer weiter merkte Jessie, daß weitere Markierungen fehlten, ob Kreuzung oder Gabelung – kein rosa Band. Sie konnte sich nur an ihren eigenen Spuren orientieren, und das hieß: langsam fahren und hoffen, daß Tanks gute Nase sie aus diesem Chaos herausführen würde.

Aber wo war, verdammt noch mal, Ryan?

20

Datum: Donnerstag, 7. März
Tag: Sechster Tag des Rennens
Ort: Checkpoint McGrath
Wetter: Extreme Fernsicht, schwachwindig bis windstill
Temperatur: −18 °C Maximum, −25 °C Minimum
Zeitpunkt: später Vormittag

Cranshaws Blockhaus befand sich eine halbe Meile nördlich von McGrath in einem dünn bewaldeten Gebiet, außer Hör- und Sichtweite der Nachbarn. An der unverschlossenen Tür prangte ein Schild: »Macht es euch gemütlich, aber hinterlaßt die Bude, wie ihr sie vorgefunden habt.« Jensen beschloß, sich penibel daran zu halten. Sie würden das ganze Haus auf den Kopf stellen, danach aber alles säuberlich wieder aufräumen.

Sie durchsuchten den großen Raum gründlich, entdeckten aber nichts von Bedeutung. Eine Notiz auf dem Tisch »Jim – Sieh zu, daß sie genug Wasser bekommen. Danke, B.« war eindeutig an den Mann gerichtet, der Cranshaws restliche Hunde, zwanzig an der Zahl, versorgte, die in Hütten hinter dem Blockhaus untergebracht waren. Ihr Gebell hatte die vier Männer bei ihrer Ankunft begrüßt. Der Ofen war noch nicht ganz abgekühlt, und ein mäßig sauberer Kochtopf samt Napf und Löffel stand auf dem Tisch; daneben der Zettel.

Zwei Regale eines grob gezimmerten Bücherbords waren mit zerlesenen *Playboy*-Heften gefüllt. In einer Kommode entdeckte Caswell eine Plastiktüte mit mehreren Joints und unverpacktes Marijuana; weniger als die erlaubte Menge. Ein verstaubtes Schrotgewehr hing neben der Tür an der Wand, nicht geladen. Holman amüsierte sich darüber, daß Cranshaw offenbar Bohnenkonserven und Jack Daniels Whiskey hortete; von beidem waren jeweils drei Kisten in einer Ecke gestapelt. »Wahrscheinlich konsumiert er das eine nicht ohne das andere; daher der gleiche Bestand.«

Während Caswell, Becker und Holman den Raum wieder herrichteten, ging Alex durch den Vorratsschuppen nach draußen. Dort standen Benzin- und Ölkanister, einige leer, andere voll, und ein Kanister mit Kerosin; auf einem Bord lag Werkzeug – Schraubenschlüssel und Geräte zur Holzbearbeitung. Alle säuberlich geölt und gut in Schuß.

An der Außenwand waren Holzscheite für den Ofen im Blockhaus aufgeschichtet. Vor dem Schuppen waren im Neuschnee die Fahrspuren eines Schneemobils erkennbar.

»Vielleicht hat er es verliehen, Alex, oder in der Stadt stehengelassen«, meinte Holman. »Vielleicht benutzt Jim Miller Bombers Schneemobil und nicht sein eigenes, um die Hunde hier zu versorgen.«

»Können Sie das herausfinden, Matt?«

Die Durchsuchung brachte weder positive noch negative Ergebnisse. Sie fanden weder Jessies Revolver noch irgendwelche verdächtigen Drogen.

Sie schlossen die Tür und machten sich auf den Weg zurück zum Checkpoint. Ständig trafen Musher ein, die aus dem Farewell Burn kamen. Jensen war in Gedanken versunken.

»Ich muß weiterfliegen«, sagte Holman. »Sie auch?«

»Ja, aber erst muß ich telefonieren«, antwortete Alex. »Wir sehen uns irgendwo vor dem Ziel?«

»Ja, ich will möglichst nah an Nome heran. Die Zeitnehmer wissen, wo ich zu erreichen bin. Ich werde Miller nach dem Schneemobil fragen.«

»Danke, Matt. Bis dann.«

Sie sahen ihm nach, wie er davoneilte, um die zweite Hälfte des Rennens zu organisieren.

»Erstaunlich«, bemerkte Caswell.

»Mach den Vogel startklar«, sagte Alex. »Ich muß nur noch mal telefonieren.«

Er war im Handumdrehen wieder zurück und sprudelte los, ehe er überhaupt im Flugzeug saß: »Martinson wurde letztes Jahr verhaftet, einen Monat nach dem Rennen. In Wasilla. Er hatte bei einer Kneipenkeilerei einem Typen den Kiefer gebrochen. Der andere gab zu, die Prügelei angefangen zu haben, und weigerte sich, Anzeige zu erstatten. Martinson wurde freigelassen.

Und jetzt hört euch das an«, sagte er mit grollender Stimme. Nervosität brachte auf seiner Stirn scharfe Falten zum Vorschein, als er durchs Fenster zum Fluß hinübersah, wo Jessie

zwei Stunden zuvor mit ihrem Gespann davongebrettert war.
»Man hat es vertuscht, aber Ryan war in Fairbanks in einen bösen Fall verwickelt: ein Kerl hatte Anabolika an High-School- und College-Kids verhökert, und er behauptete, Ryan hätte ihn mit dem Zeug beliefert. Ryan sagte, er hätte es ausdrücklich für dessen Hunde verschrieben und doch nicht ahnen können, daß der Mann die Medikamente weiterverkaufen würde. Es war schwierig, Ryan etwas nachzuweisen, und die staatliche Zulassungsstelle zog in Minnesota Erkundigungen ein. Bevor er nach Alaska übersiedelte, war Ryan für kurze Zeit in beiden Staaten als Tiermediziner zugelassen. In Minnesota wurde ihm 1984 wegen Mißbrauchs bei der Verschreibung von Medikamenten die Approbation entzogen. Und das Tüpfelchen auf dem ›i‹: Steve Smith war der Zeuge, der damals den Dealer vor Gericht brachte. Sein Sohn ist Bodybuilder.«

Sie schwiegen lange; schließlich stieß Caswell einen leisen Pfiff aus.

»Tja, Alex«, sagte er, » das sieht für Ryan nicht besonders gut aus, oder?«

»Da hast du recht. Reden wir mit ihm. Sofort.«

Auf dem Flug nach Takotna blickten sie auf die Schleifen und Windungen des Flusses, der sich durch die sanften Hügel nach Norden auf Ophir zuschlängelte. Verglichen mit der Quälerei auf dem Farewell Burn war dies ein gutes Terrain für Musher. Von seinem Schlitten aus konnte der Fahrer über Meilen hin ungehindert auf die Strecke zurückblicken, die hinter ihm lag. War der Trail seit Nikolai vorwiegend in Richtung Nordwest verlaufen, so bog er hinter Ophir nach Südwesten ab ins gute alte Gold Country, wo immer noch in bescheidenem Rahmen Gold abgebaut wurde.

Zu Beginn des Jahrhunderts zogen Hunderte von Goldsuchern in diese Gegend. Die Wasserläufe in der schwach besiedelten Region tragen Namen, die an die Goldsuche erinnern: Fourth of July, Goldbottom, Maybe, Yankee und Tango.

Caswell flog extrem tief, damit sie nach Mushern Ausschau halten konnten und den Troopern die Gegend vertraut wurde. Auf halber Strecke zwischen McGrath und Takotna entdeckte

Jensen einen einzelnen Fahrer. Jessie konnte es nicht sein, sie fuhr ja mit Ryan.

Als das Gespann aus ihrem Blickfeld verschwand, sprach Caswell ins Mikro: »Setz die Kopfhörer auf, Alex, Holman will was von dir.«

»Jensen, wir haben einen Notfall. Eben hat Jessie Jim Ryan auf ihrem Schlitten nach Takotna gebracht. Ein Elch hat beide Gespanne überrannt, und Ryans Hunde hat es bös' erwischt. Drei tot, vier verletzt. Er selbst hat auch was abgekriegt. Eine Platzwunde am Kopf, die genäht werden muß, und ein paar gebrochene Rippen. Er ist noch im Checkpoint. Bewußtlos. Wir haben einen Flieger samt Notarzt in McGrath angefordert, um ihn nach Anchorage zu transportieren, aber eine halbe Stunde wird das noch dauern. Können Sie hinkommen?« Er holte Luft.

»Natürlich. Wie geht's Jessie?«

»Gut. Ich wiederhole. Gut. Sie ist okay. Aber, Alex... sie glaubt, daß jemand den Elch auf sie gehetzt hat; mit Hilfe eines Schneemobils.«

»Wir sind gleich da.« Er blickte zu Caswell, der heftig nickte. »Haben Sie was über die Zeiten hier und in Ophir herausgefunden?«

»Ja. Harvey, Ellis, Schuller und Martinson sind heute früh zwischen drei und fünf durch Takotna gekommen. Ellis, Schuller und Harvey haben zwischen sieben und zehn Ophir erreicht. Sie sind noch da, nur Martinson ist noch nicht aufgetaucht. Cranshaw hat Takotna passiert, zehn Minuten, bevor Jessie mit Ryan eintraf.«

»Aber er ist doch eine Stunde vor ihnen aufgebrochen.«
»Richtig.«
»Und Martinson ist überfällig... für wie viele Kilometer?«
»Einundsechzig.«

Alex überlegte und rechnete im stillen.

»Was Neues über Cranhaws Schneemobil?«

»Miller sagt, es sei verschwunden. Er hat es gestern benutzt, um die Hunde zu füttern, und fuhr es anschließend zu sich. Heute morgen war es nicht mehr da.«

»Wäre es möglich...?« begann Alex.

»Sie meinen... ein Schneemobil zu klauen, damit ein Stück zurückzufahren, den Elch auf Jessies Gespann zu hetzen, wieder kehrtzumachen und unter Umgehung von Takotna nach Ophir zu fahren?« vollendete Holman den Satz. »Na ja, mit Ach und Krach. Das Risiko, von irgendwem gesehen zu werden, wäre aber ziemlich groß.«

»Cranshaws Schneemobil hat niemand gesehen?«

»Niemand. Aber Schneemobile gibt es überall in Alaska. Sie werden immer und überall gemopst, besonders während des Rennens. Jugendliche machen damit Spritztouren. Fünf Diebstähle wurden uns in den letzten vier Tagen gemeldet, allein heute zwei, vom Nordrand der Stadt.«

»Wir kommen«, meldete Caswell und ließ das Flugzeug tiefergehen.

»Ich sage Ihnen über Funk Bescheid, sobald ich was weiß. Danke, Matt. Halt – noch etwas.«

»Ja?«

»Wie lange wird die Spitzengruppe in Ophir bleiben?«

»Nicht lange. Wenn Sie gelandet sind, sind die ersten drei schon wieder fort.«

»Wir könnten Martinson abpassen.«

»Wahrscheinlich, außer... Vielleicht hat er da draußen Probleme.«

»Deswegen möchte ich ihn ja sprechen. Wenn er keine Panne hatte, möchte ich wissen, wo er gewesen ist. Das wär's, Matt.«

21

Datum: Donnerstag, 7. März
Tag: Sechster Tag des Rennens
Ort: Checkpoint Takotna
Wetter: Extreme Fernsicht, schwach windig bis windstill
Temperatur: −18 °C Maximum, −25 °C Minimum
Zeitpunkt: Früher Nachmittag

Für Ryan war das Rennen gelaufen. Jensen hatte ihn sich im Blockhaus angesehen. Der Musher lag nicht im Koma, dämmerte aber immer wieder in die Bewußtlosigkeit hinüber und schien seine Umgebung nur schwach wahrzunehmen. Der Elch hatte ihn mit seinem Huf hinterm Ohr erwischt und ihm eine zehn Zentimeter lange Platzwunde beigebracht. Der Knochen wies keine Delle auf, aber Alex war sich sicher, daß eine Gehirnerschütterung vorlag. Ryan atmete normal, die gebrochenen Rippen hatten die Lunge nicht verletzt. Sie verbanden die Wunde und legten ihm einen improvisierten Eisbeutel auf den Kopf; überwachten Puls und Atmung und warteten auf den Notarzt, der im Laufe der nächsten halben Stunde eintraf, wie von Holman vorhergesagt.

Der Arzt untersuchte Ryan schnell und gründlich und setzte ihm eine Infusion, bevor sie ihn aus dem Blockhaus trugen. Nach nicht einmal zehn Minuten war das Flugzeug schon wieder in der Luft, mit Kurs Richtung Süden.

Der Checkpoint-Tierarzt und Becker hatten sich mit einem Schneemobil zur Unfallstelle aufgemacht; der leere Lastschlitten im Schlepptau sollte Ryans Ausrüstung samt seinen Hunden – toten wie verletzten und gesunden – zurückbringen. Becker würde das Gelände auf Spuren absuchen, aber die vielen Spuren und sich kreuzenden Trails erlaubten wohl kaum, Rückschlüsse auf ein bestimmtes Schneemobil zu ziehen.

Im verwaisten Checkpoint stand Jessie neben Alex und sah zu, wie das Flugzeug am Horizont verschwand. Ihre Hände und ihren Parka bedeckte getrocknetes Blut, Ryans Blut. Ein Striemen zog sich über ihre Wange. Er legte seinen Arm um ihre Schultern.

»Komm, wir machen dich sauber und reden drüber.«

»Das liegt daran, wie der Schall sich fortpflanzt«, sagte sie ein paar Minuten später, als sie mit Caswell zusammensaßen und den Vorfall diskutierten. »Ich hörte das Motorengeräusch, bevor der Elch mein Gespann überrannte. Ich rechnete eigentlich mit einem Schneemobil, als der Elch durchs Gebüsch brach. Dann verlor sich das Geräusch nach Südwesten. Als ich mich um meine verletzten Tiere kümmerte, hörte ich es von neuem, diesmal wurde es in Richtung Norden schwächer, bis es plötzlich abbrach, als sei der Motor abgestellt worden.«

»Aber Sie glaubten doch, es seien zwei Maschinen«, kommentierte Caswell.

»Ich weiß«, erwiderte sie vorsichtig. »Aber das glaube ich jetzt nicht mehr. Wahrscheinlich achtete ich nicht die ganze Zeit auf den Ton und nahm ihn nur sporadisch wahr. Es könnte auch gut nur eine Maschine gewesen sein.«

Sie berichtete von den verschwundenen Markierungen, und wie Tank das Gespann auf den Trail zurückgeführt hatte; wie sie Ryan und seine verwundeten Tiere entdeckte, ihn mühevoll auf ihren Schlitten bugsiert und nach Takotna gebracht hatte.

»Es war schrecklich, als er immer wieder wegkippte. Er verlor viel Blut, und ich hatte doch nur Verbandsstoff aus meinem Erste-Hilfe-Kasten, was hinten und vorn nicht reichte. Es ist mir gelungen, ihn in seinen Schlafsack zu hieven, bevor wir losfuhren. Der sieht aus wie nach einer blutigen Schlacht. Ich habe gedacht, wir schaffen es nicht.« Sie sah auf ihre Hände. Sie zitterten.

»Jim ist nicht so schlimm dran, wie es auf den ersten Blick aussieht«, sagte Alex. »Kopfwunden bluten normalerweise ziemlich heftig. Er wird's schon schaffen.«

»Weißt du, was ich glaube?« sagte sie langsam. »Ich glaube, jemand hat die Markierungen entfernt, um mich vom Trail zu locken. Dann hat er den Elch auf uns gehetzt.«

Caswell sah Alex ungläubig an.

Beide redeten gleichzeitig los.

»Wenn es nur *ein* Schneemobil war...«

»Hast du sonst noch jemanden gesehen...«, fuhr Alex auf Caswells Nicken hin fort, »nach deinem Aufbruch in McGrath?«

»Erst als ich hierherkam.«

»Vom Flugzeug aus haben wir jemanden beobachten können, weit hinter dir.«

»Wahrscheinlich Mike Solomon. Er wollte nach mir aufbrechen.«

Draußen begannen Jessies Hunde zu bellen. Und wie auf Bestellung fuhr Solomon vor dem Blockhaus vor.

»Prima«, sagte Jessie und stand auf. »Ich kann mit Mike fahren.«

Die Trooper starrten sie an.

Sie wandte sich zu Caswell. »Ich bin ein Dickkopf. Fragen Sie Alex.«

Sie ging vor die Tür. »Hey, Mike, hast du 'n Moment Zeit?«

Ophir ist eine Geisterstadt. Mindestens zwei der verlassenen und verwitterten Blockhäuser haben einst als Rasthaus gedient, aber die meisten Gebäude wurden zerlegt, weil ihr Baumaterial – Bretter wie Balken – eine Rarität ist in dieser Gegend, wo die Bäume langsam wachsen und der Dauerfrost die Wuchshöhe beschränkt. Andere Häuser wiederum sind im Laufe der Jahre den Flammen zum Opfer gefallen. Ein alter Bagger liegt schweigend und starr neben dem Trail.

Sie zogen es vor, mit der Maschine auf dem zugefrorenen Fluß niederzugehen und nicht auf der Landebahn, die gut zwei Meilen von Ophir entfernt ist.

Das nicht eben große Checkpoint-Blockhaus, in den dreißiger Jahren aus grob zugehauenen Balken grundsolide gebaut, war immer noch bewohnbar. Ein Ehepaar aus McGrath betreibt es jedes Jahr während des Rennens als Schutzhütte. Vor dem Blockhaus rastete nur ein einziges Gespann, das von Martinson. Als sie sich gerade vergewisserten, wem Hunde und Schlitten gehörten, kam der Zeitnehmer vor die Tür.

»Wo ist er?« fragte Jensen und deutete auf den Schlitten.

»Schläft drinnen.«

»Wann hat er eingecheckt?«

»Vor zwei Stunden. Als Martinson eintraf, fuhr Ellis gerade los.«

»Hat Martinson erzählt, warum er erst so spät kam?«

»Hat sich verfahren, sagt er.«

»Das stimmt. Ich hab' mich verfahren«, sagte eine aufmüpfige Stimme von der Tür herüber. »Was ist denn hier draußen los?«

Martinson zog sich seinen Parka über und baute sich vor Jensen und Becker auf.

»Weswegen gehen Sie mir denn jetzt schon wieder an die Gurgel?«

»Mr. Martinson –«, begann Becker.

»Was soll das«, unterbrach ihn Martinson, »jedesmal, wenn sich unsere Wege kreuzten, sind Sie über mich hergefallen, und dafür, daß sich unsere Wege kreuzten, haben Sie, verdammt noch mal, gesorgt. Was, zum Teufel, wollen Sie jetzt?«

Jensen trat einen Schritt vor. »Wir wollen wissen, wo Sie gewesen sind und warum Sie so lange unterwegs waren. Wir belästigen Sie nicht. Wir haben das Recht, jeden zu befragen, um herauszufinden, wer bei diesem Rennen den Mushern ans Leben will. Ist Ihnen bekannt, das Jim Ryan kurz hinter Takotna von einem Elch überrannt wurde?«

»Ja. Bob hier hat's mir erzählt. Und was hat das mit mir zu tun?«

»Wahrscheinlich hat jemand den Elch bewußt aufgescheucht und auf Ryan gehetzt.«

»Wenn das so war, ich hab's nicht getan. Ich war nicht einmal in der Nähe. Sie können nachprüfen, wann ich durch Takotna gekommen bin. Zwischen Takotna und Ophir habe ich mich völlig verfranzt. Zwei Stunden total vergeudet, weil ich in die falsche Richtung gefahren bin. Diese verdammten Schneemobilspuren. Ich habe Rast gemacht und die Hunde gefüttert, bevor ich weiter bin nach Ophir.«

»Nach unserer Berechnung hätten Sie es zeitlich gerade schaffen können, zu der Stelle zu fahren, von der aus Ryan attackiert wurde, und dann unter Umgehung von Takotna Ophir zu erreichen.«

»Habe ich aber nicht getan. Sehen diese Hunde aus, als hätten sie eine Menge zusätzlicher Meilen hinter sich?«

Martinsons Gespann wirkte nicht sonderlich erschöpft. Zwar ruhten Hunde im Schnee, aber viele von ihnen beobachteten mit erhobenem Kopf, was da beim Schlitten vor sich ging. Ein Leithund stand auf und winselte.

Jensen sagte nichts von dem Schneemobil.

»Ist Ihnen jemand begegnet, als Sie sich verfahren hatten oder auf Ihrem Weg hierher?«

»Keine Menschenseele.«

»Aber beweisen können Sie nicht, wo Sie waren.«

»Nein. Nur habe ich meine Zeit bestimmt nicht damit vergeudet zurückzufahren.«

»Darf ich mir noch einmal Ihren Schlitten ansehen?«

»Weshalb, zum Teufel? Dürfen Sie das ohne meine Zustimmung?«

»Nein«, sagte Jensen kurz. Er hatte Martinsons zänkische Art gründlich satt. »Wir könnten allerdings den Zeitnehmer damit beauftragen. Matt Holman hat die Durchsuchung in McGrath zur Regel gemacht, und das gilt auch hier, wenn ich ihn darum bitte. Sagen wir mal, es wäre zu Ihrem Nutzen, wenn Sie einwilligten, und es wäre zu Ihrem Schaden, wenn nicht.«

Nur zögernd gab der Musher seinen Widerstand auf. Sie durchsuchten den Schlitten und konnten nichts entdecken. Martinson hatte keinen Revolver, nur ein Gewehr, das ordentlich in einem weichen Futteral verpackt in seiner Schlittentasche lag und offensichtlich längere Zeit nicht benutzt worden war.

Als Caswell näherkam – er hatte das Flugzeug vertäut und verfolgte die Szene mit Interesse –, schüttelte Alex den Kopf.

»Also? Was gefunden?« fragte Martinson. Er hatte ihnen nicht geholfen, sondern wütenden Blickes verlangt, daß sie seine Sachen wieder einpackten.

»Nichts, was darauf hinweist, daß Sie was mit der Geschichte zu tun haben«, sagte Jensen. Weil ihn das Verhalten des Mushers ärgerte und er ihn doch noch ein wenig verdächtigte, fügte er trotzig hinzu: »Aber auch keinen Unschuldsbeweis. Ich habe Sie noch nicht von meiner Liste gestrichen, Martinson. Mit etwas mehr Kooperation kämen Sie bei mir gut an. Denken Sie mal drüber nach.«

Der Musher entgegnete nichts, sondern wandte sich an den Zeitnehmer. »Ich mache mich auf den Weg, Bob. Hier finde ich keine Ruhe. Ich werde ein Stück weiter Rast machen.«

Der Zeitnehmer wartete Alex' Nicken ab, bevor er zustimmte. Den üblichen Ausrüstungscheck sah er als erfolgt an.

Zehn Minuten später zeugten von Martinsons Existenz nur noch die Schlittenspuren auf dem Trail. Becker betrachtete sie besorgt.

»Was denkst du?« fragte er.

»Ich stelle mir gerade vor, daß er sich erneut verfährt und wir nie wieder etwas mit ihm zu tun haben.«

»Ich checke noch mal die Maschine«, war Caswells Kommentar. »Ich habe das Ding etwas schlampig festgemacht.«

Jensen wandte sich um und warf einen Blick zurück, in Richtung Takotna.

»Dann kann ich sie auch gleich richtig vertäuen. Wir fliegen ja erst los, wenn Cranshaw aufgetaucht ist.«

Zwei Stunden später, früher als erwartet, traf Cranshaw in Ophir ein. Der Schlitten war kaum zum Stehen gekommen, als die Hunde auch schon alle viere von sich streckten. Bomber war nicht gerade ein Typ, der sein Gespann verwöhnte.

Während der Zeitnehmer der üblichen Routine folgte, beobachtete Jensen, wie der Musher verstohlen zu ihnen herübersah und gleichzeitig laut und hektisch mit dem Offiziellen plauderte. Kaum war der Check vorbei, schien Cranshaw sich zu besinnen und marschierte zu Alex.

»Bill sagt, Jim Ryan hatte einen Unfall mit einem Elch.«

»Ja. Ist gerade auf dem Weg nach Anchorage ins Krankenhaus; er hat eine Kopfverletzung und Rippenbrüche.«

»Ach du Scheiße.« Cranshaw blickte auf den Trail, von dem er gerade gekommen war, und formulierte seine nächste Frage. »Mit Jessie alles okay? Macht sie weiter?« Sein Ton war neutral, aber Jensen spürte die Anspannung.

»Ihr geht's gut. Sie fährt mit Mike Solomon.«

»Gut. Sehr gut. Wär' doch Mist, wenn sie ausstiege. Ich muß die Viecher füttern.« Er wandte sich ab.

»Einen Augenblick, Mr. Cranshaw. Wir haben da noch ein paar Fragen.«

»Doch nicht gerade jetzt? Ich muß mich um die Hunde kümmern, sie sind hungrig und brauchen Schlaf. Alles andere kommt später.«

»Nein, Mr. Cranshaw, alles andere kommt *jetzt*. Wenn Sie nichts dagegen haben. Wir brauchen nur ein paar Minuten.

Wenn wir nicht bald starten, erreichen wir Iditarod nicht vor Anbruch der Dunkelheit. Tun Sie uns den Gefallen.« Der autoritäre Ton stand in scharfem Gegensatz zu Jensens höflichen Worten, und Cranshaw wandte sich abrupt zu ihm um. Ärger überzog sein Gesicht.

»Sie lassen wohl wirklich gern den Trooper raushängen, was, Jensen? Herrgott, ihr Arschlöcher seid doch alle gleich.«

Caswell trat neben Alex. Die Hände in den Taschen, wachsam und doch entspannt, fixierte er Cranshaw. Becker beschrieb einen weiten Bogen und bezog zwischen dem Musher und seinem Gespann Position.

»Ach Scheiße«, sagte Cranshaw. »Na gut. Was zum Teufel wollen Sie von mir?«

»Sie haben bis Takotna fast eine Stunde verloren und sind dann bis hierher durchgebrettert.«

»Na und?«

»Was haben Sie in der Stunde gemacht?«

»Verdammt, ich hab's mit den Viechern eher ruhig angehen lassen. Sie sind geil aufs Rennen, wenn sie lange ausgeruht haben. Überläßt man ihnen das Tempo, verbrauchen sie zuviel Energie und machen bald schlapp. Ich habe zweimal gerastet und ihnen einen Happen gegeben.«

»Ist Ihnen bekannt, daß Ihr Schneemobil in McGrath verschwunden ist?«

Ungeduldig schüttelte Cranshaw den Kopf, aber er grinste, als freute er sich, Jensen bei einem Fehler erwischt zu haben.

»Scheiße. Ich habe es an den Typen ausgeliehen, der meine Hunde versorgt, solange ich weg bin. Er hat es.«

»Jim Miller sagt, das Schneemobil war verschwunden, als er heute morgen aufstand. Er fährt mit seinem eigenen.«

Cranshaw blickte scheinbar überrascht auf. »Gottverdammmich. Diese verfluchten Teenager. Wahrscheinlich steht's irgendwo rum, mit leerem Tank und ein paar Beulen.«

Gut gekontert, dachte Alex. »Wir gehen davon aus, daß jemand mit einem Schneemobil den Elch auf Jessie und Ryan gehetzt hat.«

Er beobachtete, wie Cranshaw diese Information verdaute.

»Und *Sie* denken, daß ich das war, in dieser einen Stunde, für die ich, *Ihrer* Meinung nach, keinen Beleg habe? Ach, Scheiße, Mensch. Warum denn? Es sind doch meine Freunde.«

»Aber heute morgen waren Sie sauer auf die beiden und sind ohne sie aufgebrochen.«

»Jetzt hören Sie mir mal zu.« Cranshaws Gesichtszüge verhärteten sich, und er ballte seine Hände zu Fäusten. »Ich brauchte mir von Jessie nicht anzuhören, ich hätte einen Revolver geklaut, den *sie* verloren hat. Und dann redet sie euch auch noch ein, daß ich für die ganze Scheiße verantwortlich bin. Wenn sie jemand in den Arsch kriechen will, ist das ihr Fehler, mich soll sie da rauslassen, verdammt noch mal. Okay?«

»Haben Sie ein Problem mit Jessie und *mir*, Cranshaw?«

»Scheiße, nein. Sie ist intelligent genug. Sie wird bald dahinterkommen, was für ein Typ so'n Trooper ist, und das wär's dann. Ich brauch' mir da keine Gedanken zu machen.«

Alex spürte, wie die Wut in ihm hochkroch. Cranshaw erweckte den Eindruck, als würde der Ärger ihn jede Vorsicht vergessen lassen. Aber seine Augen verrieten, daß er wußte, was er sagte, und die Wirkung seiner Worte genau kalkulierte.

»Sie tun sich keinen Gefallen mit dieser Art von Eifersucht, Cranshaw.«

»Was für 'ne Eifersucht? Ich mag Jessie. Ich finde nur, daß Rennen Männersache sind. Die Frauen bringen alles verdammt durcheinander. Sie lenken uns ab. Sie haben ihren Platz im Leben, genau wie die Männer, aber nicht auf dem Iditarod oder irgendeinem anderen Trail.«

»Wir müssen nochmals Ihren Schlitten durchsuchen.«

»Ich könnte einen Durchsuchungsbefehl verlangen.«

»Haben Sie etwas zu verbergen?«

»Nicht das kleinste bißchen. Machen Sie sich's nur gemütlich.« Er verbeugte sich ironisch in Richtung Schlitten und Gespann. »Was dagegen, wenn ich mich jetzt um wichtigere Dinge kümmere?«

Eine halbe Stunde später befanden sich die Trooper wieder in der Luft. Über Cranshaw gab es wenig zu sagen, und Alex schwieg; seine Wut verrauchte allmählich. Auf ihrem Kurs nach Westen überflogen sie Martinson und sein Gespann; der Trail schlängelte sich auf eher flachem Grund durch verstreute

Birken- und Fichtengruppen auf die Beaver Hills zu, die sich wie eine Terrasse in den Kuskokwim Mountains erheben.

Neunzig Meilen trennen Ophir von Iditarod, der Stadt, die dem Rennen und der Region ihren Namen gegeben hat. Die letzte Etappe des Goldrauschs hatte sich in dieser Gegend abgespielt, der die Ingalik Athabasken den Namen Haiditarod gegeben hatten, das heißt »weit entfernter Ort«, lange bevor der weiße Mann herausfand, wie zutreffend diese Bezeichnung war. Während all der Jahre, da das Gold aus dem Boden geholt wurde, brachten Schlitten – von Hunden oder Menschen gezogen – schwere Lasten über die Hügel; die Fahrspuren gruben sich so tief in den Boden, daß man ihnen auch heute noch leicht folgen kann, sogar bei Neuschnee.

Auf halber Strecke kam ein Anruf von Holman. Über das Knattern und Rauschen des Funkgeräts informierte er sie, daß ein Junge aus McGrath Cranshaws Schneemobil geklaut hatte.

»Er hat uns gezeigt, wo er es gefunden hat. Die Spuren sind verdammt nahe beim Trail, ungefähr eine halbe Meile von der Stelle, wo Ryan von dem Elch erwischt wurde. Scheint, daß Jessie recht haben könnte.«

Alex starrte schweigend und nachdenklich aus dem Fenster auf die Beaver Hills.

Die Sonne rutschte hinter das Wolkenband über dem Horizont, die Dämmerung brach an und ließ zwischen den Hügeln tiefe Schatten aufkommen. Wenn sie genau hinschauten, konnten sie die vier Musher identifizieren, die zum Endspurt ansetzten. In Iditarod war die Hälfte der Strecke bewältigt, und wer hier Erster war, bekam einen Preis, die Silver Trophy. Harvey und Ellis, die nur eine Meile auseinander lagen, führten knapp vor Schuller und Murray. Die Entscheidung würde im Laufe der Nacht fallen.

»Sieht so aus, als ob sich da was zusammenbraut«, sagte Caswell langsam. »Der Wetterbericht meldet eine Schlechtwetterfront, die die Küste raufzieht. Sie könnte morgen abend hier sein, vielleicht aber auch erst in zwei, drei Tagen.«

»Drei Tage würden mir bestens passen«, sagte Jensen. »Mir behagt die Vorstellung nicht recht, bei schlechtem Wetter hier oben herumzuhüpfen.«

»Von wegen herumhüpfen. Du weißt anscheinend nicht, mit welchem Unwetter die Leute am Norton Sound leben müssen. Wenn das Tief kommt, können wir es nur aussitzen, wo immer wir auch sind. Da geht keiner in die Luft.«

»Kämen wir klar, wenn wir irgendwo festsäßen?« fragte Bekker. »Haben wir genug Proviant und Vorräte?«

Caswell fing an zu lachen. »Du hast deine Prioritäten fest im Griff, Phil. Aber ja, wir könnten schon eine Weile durchhalten.«

Nach der leeren Landebahn von Ophir kam es für sie als Überraschung, daß in Iditarod, am Rande des vereisten Flusses, gleich mehrere Flugzeuge standen. Das Tageslicht war fast verschwunden, und Alex war froh, endlich wieder festen Boden unter den Füßen zu haben. An Caswells Maule M4 gab es nichts auszusetzen, aber Jensen, der seine langen Beine unter dem Armaturenbrett nur zusammengefaltet unterbrachte, fühlte sich darin wie ein Grashüpfer.

Als sie am Ufer entlang auf den erleuchteten Checkpoint zugingen, hoffte er sehnlichst, bald ins Bett zu kommen. Der Tag war lang gewesen. Die Temperatur war stetig gesunken, und er würde notfalls auch in seinen Kleidern schlafen, um warm zu bleiben, wenn er nur bald ins Bett käme.

Vor ihnen erhob sich, schimmernd in der Dämmerung, das Steilwandzelt, in dem der Checkpoint untergebracht war. Ein Wasserkessel und eine mächtige Kaffeekanne simmerten auf offenem Feuer vor dem Eingang. Während er am Feuer seine Hände wärmte, fragte sich Alex, ob Jessie wohl gerade schlief oder ob sie in der Dunkelheit unterwegs war. Er hoffte, es gehe ihr gut, wo immer sie auch war.

Gute Nacht, Jessie, dachte er. Mach es gut.

22

Datum: Freitag, 8. März
Tag: Siebter Tag des Rennens
Ort: Checkpoint Iditarod
Wetter: Klar und sonnig, mäßiger Wind
Temperatur: −20 °C Maximum, −23 °C Minimum
Zeitpunkt: Früher Morgen

Es war schon seit zwei Stunden hell, als Jessie und Mike Solomon in das weite Tal des Iditarod River hineinfuhren. Daß die Stadt Iditarod 1910 zum Zentrum des Goldabbaus in diesem Distrikt wurde, verdankte sie der Schiffbarkeit des Flusses. Im Sommer, wenn das Wasser seinen höchsten Stand erreichte, war Iditarod der nördlichste Punkt, den die Raddampfer, beladen mit Vorräten für die Goldrausch-Gemeinde, erreichen konnten.

Als die Hügel hinter ihnen lagen, begann Jessie in der Ferne nach Gebäuden Ausschau zu halten. Sie wußte aus den vergangenen Jahren, daß das höchste Bauwerk, die verlassene, alte Northern Commercial Company, schon zu sehen war, bevor man die Stadt erreichte. Entsetzlich müde und längst reif für Ruhe und ein warmes Essen, entdeckte sie schließlich das spitze Dach auf der anderen Seite des Flusses. Sie folgte Solomons Gespann übers Eis.

Sie kamen an drei kleinen Flugzeugen vorbei, darunter auch Caswells Maule M4, wie Jessie feststellte, und fanden ein Stückchen weiter säuberlich aufgereiht ihre Vorratssäcke, die sie auf die Schlitten luden. Am Ufer wartete schon der Zeitnehmer mit dem Clipboard in der Hand.

Die Trooper bauten diesmal nicht das Zelt auf, sondern brachten ihre Schlafsäcke in das verwitterte Gebäude der Northern Commercial Company. Auch wenn es sich etwas neigte, war es solide genug, um ihnen Obdach und ungefährdeten Zugang zu seinen zweieinhalb Etagen zu gewähren.

Nach dem Abendessen – aus der Büchse – haute Alex sich aufs Ohr und schlief sofort ein.

Zu seinem großen Mißfallen wurde er kurz nach Mitternacht von Caswell wachgerüttelt.

»Wach auf, Alex. Der erste Musher ist im Anmarsch. Du mußt aufstehen.«

»Von wegen. Soll er nur kommen.«

»Nein. Du hast gesagt, ich soll dich um jeden Preis wecken. Du mußt dir das ansehen. Ich verspreche dir, es lohnt sich.«

»Was lohnt sich? Ist er morgen früh nicht mehr hier?«

»Das Silber. Der Preis. Das ist 'ne Riesengeschichte. Draußen steht bestimmt ein Dutzend Reporter.«

Ach ja, das blöde Silber, dachte Jensen widerwillig. Warum bin ich bloß bei der Gesetzeshüterei gelandet? Aber er kroch dennoch aus dem molligen Schlafsack und war froh, daß er seinem Instinkt gefolgt war und sich nicht ausgezogen hatte. Caswell reichte ihm einen Becher mit heißem Kaffee.

Sie gingen ans Flußufer. Alex entdeckte das hüpfende Licht einer Stirnlampe und in dessen Schein ein Schlittenhundegespann, das gerade ansetzte, den vereisten Fluß zu überqueren.

»Holla«, sagte er laut, »da kommt ja noch einer.«

Am anderen Ufer tauchte eine zweite Stirnlampe auf.

»Wer ist das?«

»Kann man noch nicht sagen. Es müßten Harvey oder Ellis sein, falls Schuller sie nicht überholt hat.«

Während sie beobachteten, wie beide Musher zum Endspurt ansetzten, entdeckte Jensen, daß Cas recht gehabt hatte, was die Medien anging. Reporter wirbelten herum auf der Suche nach der optimalen Position für ihre Videokameras, deren grelles Licht alle blendete. Dreitausend Dollar in Silber war ein gefundenes Fressen für die Presse.

Von den Zuschauern begeistert angefeuert, scherte das hintere Gespann aus, als wollte es überholen. Seite an Seite rasten die beiden Gespanne auf das Ufer zu. Schließlich konnte man die Farbe der Schlittentaschen und Parkas im Scheinwerferlicht erkennen.

»Verflucht! Es sind Harvey und *Murray*«, brüllte ein Reporter vom Sender KTTUU. »HALT DICH RAN, GAIL!«

»Zurück, zurück, machen Sie Platz«, forderte der Zeitnehmer, als die Schlitten den Uferhang hochpreschten.

Die Zuschauer stoben auseinander und bildeten eben einen

Korridor, als einer der Schlitten einen Satz nach vorn machte und den anderen hinter sich zwang.

»Es ist Murray, um eine Nasenlänge«, rief ein Fan. »Nein, mehrere Nasenlängen.«

Die Reporter rannten mit ihren Kameras zum Checkpoint, wo die Gespanne mit einem lauten ›Whoa!‹ zum Halten gekommen waren. Die beiden Rivalen grinsten einander an und schüttelten sich die Hände.

»Gutes Rennen, Gail«, gratulierte Harvey. »Das war dreitausend wert. Aber ohne den Hot Shot hätte ich dich besiegt.« Er streichelte einem Hund, der in seiner Schlittentasche hockte, den Kopf.

»Vielleicht auch nicht«, lachte Murray. »Glück im Spiel, T. J. Ich habe dich ganz schön gescheucht.«

»Und nun hast du das Pech, hier zu siegen. Damit ist sicher, daß du mich in Nome nicht schlagen wirst.«

»Ja, Gail«, sagte ein Reporter. »Wie ist das nun mit diesem berühmten Pech?«

»Was meint er damit, Cas?« fragte Alex.

»Mit dem Preis für den Zwischensieg verbindet sich ein Aberglauben. Seit Beginn des Iditarod-Rennens, 1973, hat erst ein einziger Musher beide Hälften des Rennens gewonnen. Dean Omar war der Glückliche, 1984 auf der Nordroute. Vorher oder nachher ist das niemandem mehr gelungen.«

»Das mit dem Pech werden wir schon sehen«, sagte Gail Murray zu dem Reporter. »Warten wir's ab.« Sie öffnete ihre Schlittentasche, und der Zeitnehmer prüfte, ob sie die obligatorische Ausrüstung dabei hatte. Dann stürzte sich die Presse auf sie.

Zwei Offizielle von Alascom stellten die doppelstöckige Silber-Trophäe neben Murrays Schlitten in den Schnee; die siegreiche Fahrerin kniete sich daneben und sah zu, wie ein Alascom-Vertreter einen gut verschnürten Segeltuchsack öffnete und kleine Silberbarren im Wert von dreitausend Dollar in die obere Schale schüttete. Jungfräulich glänzend, speziell für diesen Anlaß geprägt, klirrten die Silberstücke melodisch in die obere und dann, als diese voll war, in die untere Schale.

Gail fischte zwei Barren heraus, hielt sie in die Höhe und lächelte für die Reporter. Als die mit ihren Fragen durch waren und die Scheinwerfer ausschalteten, ging Gail zum Zeitnehmer, der immer noch damit beschäftigt war, Harveys Schlitten zu überprüfen.

»Hey, T. J. Es war ganz schön knapp, und das hier ist zur Erinnerung daran.« Sie gab ihm einen der Silberbarren. Er nahm ihn und grinste, während sie den anderen in ihre Tasche steckte.

»Sie schleppt doch nicht etwa das ganze Silber bis nach Nome?« fragte Jensen.

»Natürlich nicht. Alascom hat es bis zum Abschlußbankett in Verwahrung. Dort kann sie es sich dann abholen. Freust du dich jetzt, daß du aufgestanden bist?«

»Darüber ließe sich streiten.«

»Geh bloß wieder ins Bett. Morgen bist du hoffentlich besser zu genießen.«

Alex wollte sich nicht streiten, und am nächsten Morgen war er froh drum. Er schlief länger als sonst und fand sich beim Aufwachen allein in der Ruine der Northern Commercial Company. Durch ein zerbrochenes Fenster schien ihm die Sonne ins Gesicht. Er hatte Hunger, vor allem aber wollte er duschen und sich rasieren. Er besorgte sich beim Checkpoint einen halben Eimer heißes Wasser, um sich die Bartstoppeln aus dem Gesicht zu kratzen und den Oberkörper zu waschen. Mit einem frischen Hemd fühlte er sich fast wieder wie ein Mensch. Alex ging los, um Caswell und Becker zu suchen und Frühstück aufzutreiben.

Schuller und Ellis waren kurz nach Gail Murray und Harvey eingetroffen, Martinson zweieinhalb Stunden später. Bomber traf bei Tagesanbruch ein und schlief auf seinem Schlitten in einiger Entfernung vom Checkpoint. Die ersten vier Fahrer waren schon wieder aufgebrochen, nach Shageluk und Anvik. Martinson belud gerade seinen Schlitten, als Jensen vorbeikam, und beachtete ihn nicht.

Nach dem Frühstück nahm sich Alex erneut Cranshaw vor, aber mit wenig Erfolg. Der Musher war mißgelaunt und schweigsam.

»Wäre ich wohl so dämlich, mein eigenes Schneemobil zu klauen und es dann direkt neben dem Trail stehen zu lassen?« fragte er ungehalten.

»Warum nicht?« sagte Jensen später zu Becker. »Wenn er glaubt, dadurch den Verdacht von sich ablenken zu können.

Andererseits könnte Martinson meinen, daß wir Cranshaw genau diese Art von Schlaumeierei zutrauen würden.«

Im Widerspruch zu Caswells Vorhersage wurde es ein sonniger Tag. Die verlassenen Gebäude von Iditarod warfen auf ihrer Wetterseite tiefe Schatten. Neugierig spazierte Jensen hinüber, um sich die Überreste des Ortes anzusehen, der einst Mittelpunkt des drittgrößten Goldförderbezirks von Alaska war.

Im Oktober 1910 gab es den Anzeigen im *Iditarod Pioneer* zufolge in der Stadt acht Saloons, sechs Cafés, sechs Gemischtwarenläden, sechs Rechtsanwälte, fünf Bekleidungsgeschäfte, drei Hotels, zwei Banken, zwei Ärzte, zwei Zahnärzte, zwei Tabakläden, einen Barbier, einen Drugstore, einen Bestatter, ein Badehaus, ein Musikgeschäft und einen Süßwarenladen. Um die Geschäfts- und Wohnhäuser zu bauen, wurde jeder Baum im näheren und weiteren Umfeld abgeholzt. Bis heute gibt es um Iditarod herum kaum Bäume von nennenswerter Größe. Die paar Häuser, die noch stehen, zeigen an, wo einst die Straßen verliefen.

An einer Stelle erhebt sich wuchtig ein Tresorraum aus Beton. Das dazugehörige Gebäude, eine Bank, ist längst verschwunden, zerstört, wahrscheinlich Brett für Brett als Feuerholz davongetragen. Im Safe ruhen noch die alten Belege über Einzahlungen, Abhebungen, Anleihen. Jedes Papier erzählt stumm seine Geschichte. In ihrer Blütezeit waren in der Stadt vierzehn Millionen Golddollar versammelt.

Alex befingerte die brüchigen Zeugnisse längst vergessener Transaktionen. Dann ging er an den Geisterhäusern vorbei zurück zum Haus der Northern Commercial Company.

Die Fächer und Regale, einst mit den unterschiedlichsten Waren gefüllt, enthielten nichts als Staub. Im Büro lagen noch alte Rechnungsbücher, die sorgsam Soll und Haben der Einwohner von Iditarod und der umliegenden Goldcamps verzeichneten. Amüsiert überlegte Alex, ob jene Leute, die hochverschuldet gestorben waren, in diesem verlassenen Gebäude noch als Geister herumspukten. Fast meinte er, Stimmen und Schritte zu hören. Im ersten Stock hatten einst Logiergäste gewohnt, in einem Zimmer waren gar noch Schlafkojen erhalten.

Iditarod, einst quirlige Boom Town, war jetzt nur noch gut für ein geisterhaftes Echo. Alex beschloß wiederzukommen, um sich die Stadt im Sommer anzusehen.

Beim Rausgehen traf er auf Caswell.

»Haben wir hier noch was zu erledigen? Wenn nicht, hätte ich einen Vorschlag.«

»Und der wäre?«

»Wir fliegen weiter nach Kaltag. Sie haben aus Nome Benzin geliefert. Wir könnten auftanken und den Rest in Kanistern mitnehmen. Falls der Sturm kommt, sind wir gut gerüstet.«

»Wie weit ist es?«

»Auf dem direkten Weg ungefähr zweihundert Kilometer, wenn wir uns an den Trail halten und über Anvik fliegen, sind es knapp vierhundert Kilometer.«

»Gute Idee. Wir warten in Kaltag auf die Musher oder fliegen, wenn's sein muß, ein Stück zurück.«

»Richtig.«

»Holen wir unsere Sachen.«

Als sie zum Flugzeug gingen, trafen sie am Checkpoint auf Jessie und Mike.

»Alles okay?« fragte Alex Mike Solomon, der ihnen am nächsten stand.

Der Musher lächelte schüchtern. »Ja. Ziemlich ruhig, außer einer wilden Hatz auf ein Karibu letzte Nacht. Die Hunde sollten es langsam wissen. Sie haben noch nie eins erwischt, aber sie versuchen es trotzdem immer wieder.«

Jessie sah auf und lächelte, als Alex zu ihr kam.

»Hi, Trooper. Die Bösewichte schon geschnappt?«

»Noch nicht. Geht's dir gut?«

»Müde, immer müde, aber glücklich. Es war eine gute Strecke.«

Sie wandte sich zur Seite, öffnete für den Zeitnehmer die Schlittentasche und blickte wieder auf Alex.

»Hast du was von Ryan gehört?«

»Das Krankenhaus sagt, es geht ihm gut. Kein Dauerschaden. Du solltest den Funker fragen, er hat eine Nachricht für dich von Jim.«

»Schön. Er fehlt mir.«

»Wie war's mit Solomon?«

»Mike ist ein prima Kerl. Ruhig und sanft, aber, meine Fresse, kennen diese Yukon-Boys ihre Hunde. Emmett Peters, der ›Rotfuchs‹, hat mit ihm trainiert. Schade, daß er dieses Jahr nicht dabei ist.«

Er lächelte über ihre Begeisterung.

»Hör mal, Alex, Mike hat mir letzte Nacht etwas Interessantes berichtet. Kommst du mal, Mike.«

Der Musher unterbrach seine Arbeit und kam zu ihnen herüber.

»Erzählst du Sergeant Jensen die Sache mit Tim Martinson?«

Solomon trat unruhig von einem Fuß auf den anderen und blickte betreten zu Boden.

»Nun, was ist es?« drängte Alex ihn freundlich.

»Also... ich habe gehört, wie er in Skwentna fürchterlich auf Ginny Kline geschimpft hat. Ein Hund von ihr hatte sich losgemacht und war mit einem aus seinem Gespann wegen einer Hündin aneinandergeraten. Er schrie Ginny an: ›Wenn du deine verdammten Viecher nicht kontrollieren kannst, hast du hier nichts zu suchen.‹«

»Hmmm... Hat er das persönlich gemeint? Oder hätte er jeden so angebrüllt?«

»Jeden, glaube ich. Genau weiß ich es natürlich nicht. Es hätte auch der Hund von jemand anderem sein können.«

»Danke, Mike.«

Solomon nickte und ging zu seinem Gespann zurück.

Jessie wartete auf Alex' Kommentar.

»Ein Puzzleteilchen mehr, Jessie.«

»Ich dachte nur, du solltest es wissen.«

»Wie lange wirst du nach Kaltag brauchen?«

»Zwei Tage. Warum? Fliegt ihr jetzt dort hin?«

»Ja. Cas will sichergehen, daß das Flugzeug die angekündigte Schlechtwetterphase überstehen kann. Wir haben fast unser ganzes Benzin verbraucht. Für Cas ist die Maschine mehr als ein Arbeitsgerät, sie ist seine zweite Haut. Also wird gemacht, was er sagt. Aber ich bin nicht so glücklich darüber, gewissermaßen zwei Tage Vorsprung zu haben.«

Sie schaute ihn an, mehr von seinem Tonfall als von seinen Worten berührt. »Warte. Gibt's denn noch was? Die letzte Nacht war absolut ruhig. Keinerlei Probleme.«

Er runzelte die Stirn. »Vielleicht macht gerade das mir Sorgen. Es ist zu ruhig. Ich habe heute nacht tief und fest geschlafen und bin morgens wie ein Tourist durch die Geisterstadt gelaufen, als hätte ich überhaupt kein Problem auf dieser Welt. Irgendwas stimmt nicht. Ich möchte auf dich aufpassen, und du solltest das auch tun.«

»Ich weiß«, sagte sie. »Aber von hier an wird's ernst. Jeder Fahrer denkt nur noch an das eine und schiebt alles andere beiseite, fürchte ich. So läuft das nun mal. Du mußt dich hundert Prozent konzentrieren.«

Sie zog die Augenbrauen hoch und begann zu zittern.

»Geht's dir wirklich gut, Jessie?«

»Ja... Dieser Elch und daß Ryan verletzt wurde, haben mich doch stärker erschüttert, als ich dachte. Ich hätte es genauso sein können. Ich habe immer wieder daran denken müssen, die ganze Nacht, und jeder Schatten auf dem Trail ließ mich zusammenzucken. Aber... ich bin schon okay.«

»Willst du aussteigen?«

»Nein. Aber ich bin froh, daß ich mit Mike fahren kann.«

»Vergiß nicht, daß wir in ein bis zwei Stunden an jedem beliebigen Punkt zwischen hier und Kaltag sein können. Ich wünschte nur, du wärst nicht da draußen.«

Sie riß die Augen weit auf.

Verdammt, dachte er. Ich wollte nicht...

Ihr Mund wurde schmal, aber sie sagte nichts.

Ruhig, Jensen, ruhig, sagte er zu sich. Ruhig. Sie ist müde. Sie hat Angst wie jeder andere auch. Wie du. Also setze sie nicht unter Druck.

Besonnen, nachgerade respektvoll startete er einen erneuten Versuch. »Entschuldige, Jessie. Ich will dich nicht bevormunden. Aber behalte bitte im Hinterkopf, daß wir da sind. Okay?«

Ihr Mund entspannte sich, aber sie lächelte nicht.

»Okay«, sagte sie, als Solomon auf dem Weg zu seinem Rastplatz ihrem Gespann auswich. »Ich muß gehen, Alex.«

»Ich weiß, Jessie. Haben wir Krach?«

Da lächelte sie. »Zum Teufel, nein. Wir kennen uns noch nicht gut genug, um uns richtig zu zanken, und außerdem will ich ein Rennen gewinnen.«

Sie stieg auf den Schlitten und beugte sich zum Schneeanker vor.

»Hey«, sagte er plötzlich.

Sie richtete sich auf und wandte sich um.

»Gehen wir in Nome essen? Ich lade dich ein.«

»Nun...« Sie zögerte. »Klingt gut. Sobald ich geduscht und geschlafen habe. Wenn das Rennen so ausgeht, wie ich es mir vorstelle, gebe ich den Champagner aus.«

Bevor er etwas sagen konnte, löste sie den Schneeanker und fuhr los.

Es war ihr todernst mit dem, was sie da über den Sieg gesagt hatte. Das spürte er genau. Sie wollte nicht nur unter die ersten fünf kommen. Ob Angst oder nicht – sie wollte gewinnen. Es beunruhigte ihn zutiefst, daß die Person, die Koptak, Kline, Smith und Ryan auf dem Gewissen hatte, sich aus diesem Grunde nun auf Jessie konzentrieren könnte.

23

Datum: Freitag bis Sonntag, 8. bis 10. März
Tag: Siebter, achter und neunter Tag des Rennens
Ort: Checkpoint Kaltag
Wetter: Wind- und Schneeböen, am Samstag aufklarend
Temperatur: −22 °C Maximum, −33 °C Minimum
Zeitpunkt: Freitag morgen bis Sonntag nachmittag

Wenn Alex später an diese Zeit zurückdachte, schien es ihm, als wäre die zweite Hälfte des Rennens schneller vergangen als die erste. Vielleicht lag es zum Teil an der Landschaft, die hier flacher war und weniger Gegensätze aufwies als die Pässe und Canyons auf der ersten Hälfte. Der Trail folgte zunächst einer Reihe gleich aussehender Hügel und dann den weiten sanften Windungen des Yukon River. Jenseits der Wasserscheide führte die Route in einem großen Bogen parallel zur Küste um den Norton Sound herum bis nach Nome – an zwei Stellen ging es über die zugefrorene See.

Von der Karte her wußte Jensen, daß der Trail von Shageluk in Richtung Westen nach Anvik führte und dann zweihundertvierzig Kilometer auf dem Eis des Yukon River, an den Grayling und Eagle Islands vorbei, bis nach Kaltag. Auf dem Flug nach Kaltag sah Alex nur ein Meer von Hügeln, bis Caswell einen Schlenker nach Westen einlegte, damit sie einen Blick auf den mächtigen, kilometerbreiten Yukon werfen konnten.

Das untätige Herumsitzen in Kaltag – nach zwei Tagen erst würden die ersten Musher eintreffen – machte Jensen nervös.

Der Sturm brach los und zwang die an der Spitze liegenden Musher, einen halben Tag auf Eagle Island auszuharren. Gegen Morgen besserte sich das Wetter, aber der Sturm zog nicht wirklich ab, blieb gewissermaßen in Lauerstellung.

Sie verfolgten das Rennen, das nun gut in der zweiten Hälfte lag, über Funk. Solange es das Wetter erlaubte, erkundeten Holmans Iditarod Air Scouts, wo sich die Gespanne jeweils befanden. In Kaltag waren zwei Drittel des Rennens vorbei: nur noch fünfhundertsechsundsiebzig Kilometer bis zum Ziel.

Die Spitze bildeten zwei Gruppen, die nur wenige Stunden auseinander lagen. Zur ersten gehörten Harvey, Schuller, Gail Murray und Martinson; sie überholten einander immer aufs neue. Ellis fiel in die zweite Gruppe zurück; seine Hunde, durch Diarrhöe und Dehydrierung geschwächt, waren nicht mehr in Topform. Er reihte sich bei Cranshaw, Solomon, Arnold und Banks ein, der in Anvik zur Spitze aufgeschlossen hatte. Der nächste Fahrer lag mindestens sechs Stunden zurück und stellte keine unmittelbare Gefahr dar.

Jeder machte enorm Tempo und achtete scharf auf etwaige Vorteile. Niemand hielt sich lange am Checkpoint auf, die Pausen dienten nur noch dazu, die Tiere zu füttern und ihnen so viel Schlaf zu gönnen, daß sie weiterrennen konnten. Schlafen konnte man, wenn das Rennen vorbei war. Die Musher kamen im Schnitt nur noch auf ein paar Stunden Rast pro Tag.

Wenige Fahrer hatten noch fünfzehn Hunde im Gespann, manche bloß neun oder zehn. Um am Rennen teilnehmen zu können, muß ein Gespann aus mindestens sieben Hunden bestehen, maximal aus zwanzig. Bis zum Überschreiten der Ziellinie muß die Gespannleine ständig mit fünf Tieren belegt sein. Nach dem Start in Anchorage darf das Gespann nachträglich nicht mehr aufgestockt werden.

Zu einem bestimmten Zeitpunkt des Rennens muß sich der Musher gut überlegen, wie viele Hunde er im Gespann beläßt. Viele Hunde bilden ein schnelles und kräftiges Gespann. Aber je mehr Tiere gefüttert und versorgt werden müssen, um so mehr Zeit verbraucht der Musher bei jeder Rast. Fünfzehn Hunde haben zusammen sechzig Füße, die vielleicht neue Pfotenschützer brauchen oder medizinisch versorgt werden müssen.

Der Musher kann in dieser Phase des Rennens vor physischer und psychischer Erschöpfung in der Regel kaum noch klar denken und muß doch wichtige Entscheidungen treffen. Es ist verständlich, daß noch nie ein Debütant, ein Rookie, das Rennen gewonnen hat. Strategie ist das Wichtigste, aber wenn ein Musher in Topform ist und schnell reagiert, kann er unverhoffte günstige Zufälle zu seinem Vorteil nutzen.

Der immens breite Yukon schlängelt sich nicht wie die kleineren Flüsse in engen Windungen durch die Landschaft, sondern bahnt sich in flachen Schwüngen seinen Weg. Hoch über dem Ufer an einer der weiten Yukon-Schleifen liegt nach Osten zu die Siedlung Kaltag. Ungeschützt ist sie den kalten Winden ausgesetzt, die von den Bergen der Arktis in Richtung Nordosten flußabwärts wehen. Direkt am hohen Ufer stehen verwitterte alte Blockhäuser, ein Stück weiter finden sich moderne Fertighäuser. Eines dieser Häuser, es gehört einem Buschpiloten und seiner Familie, dient gewöhnlich als Checkpoint.

Jahr für Jahr fiebern die zweihundertfünfzig Einwohner von Kaltag dem Rennen entgegen. Kaum sind die Zeitnehmer und andere Offizielle mit dem Flugzeug eingetroffen, rollen auch schon Reporter und Fotografen an. Irgend jemand schaut immer gespannt den Fluß hinauf, auch wenn der Funk meldet, daß es noch Stunden dauern wird, bis die ersten Gespanne auftauchen.

Das Iditarod-Rennen ist für alle Gemeinden, die es berührt, ein Anlaß zum Feiern, vor allem für die einsam gelegenen Ortschaften Inneralaskas. Sie betrachten es als eine Art Winter-Festival. Ende Februar und Anfang März, wenn die Tage schon länger werden, das Warten auf den Frühling aber wie eine Ewigkeit scheint, packt die Bewohner, nachdem Kälte und Dunkelheit sie monatelang eingesperrt hatten, das sogenannte »Cabin Fever«. *In der Dunkelheit frieren stärkt den Charakter*, lautet ein Sprichwort in Alaska. Aber häufig genug führt es zu Depressionen, Klaustrophobie und Langeweile, die vom Tohuwabohu um das Rennen gelindert werden.

Die Kinder sind während der zwölf Stunden anhaltenden Helligkeit vor allem damit beschäftigt, auf Schlitten und allem, was sich zum Rutschen benutzen läßt, das steile Flußufer hinunterzurodeln und nach Mushern Ausschau zu halten. Kommt der erste Schlitten in Sicht, brüllen sie: »Hundegespann! Hundegespann!«, und alles, was in Kaltag Beine hat, läuft zum Fluß, um den Fahrer bei seiner Ankunft fröhlich zu begrüßen. Die folgende Woche wird gefeiert, und unter den wintermüden Einwohnern von Kaltag steigt die Stimmung beträchtlich. Wenn der letzte Teilnehmer des Rennens den Checkpoint passiert hat, kann der Frühling einfach nicht mehr fern sein.

Unruhig und angespannt füllte Alex die Warterei damit, die Einheimischen über das Rennen auszufragen. Sie sind stolz, daß Edgar Kalland, einer der letzten noch lebenden Teilnehmer des historischen Impfstofftransports von 1925, bis zu seinem Tode 1981 in Kaltag gelebt hatte, als Leiter der Poststation und Pächter des Gemischtwarenladens.

Das erste Iditarod-Rennen nach Nome war kein sportliches Ereignis gewesen, sondern ein Wettrennen gegen den Tod. In Nome wurde in jenem Januar 1925 Diphterie festgestellt. Der Arzt, der wußte, daß die einheimischen Eskimos keine natürliche Abwehr gegen die Krankheit besaßen, befürchtete eine Epidemie. In Anchorage war genug Impfstoff vorhanden, aber Flugzeuge waren ein wenig erprobtes Verkehrsmittel, und bei der starken Kälte wollte man den einzigen Impfstoff, den es im ganzen Staat gab, nicht mit einem riskanten Flug aufs Spiel setzen. Das Serum sollte über Land mit Hundeschlitten nach Nome transportiert werden.

Per Bahn brachte man es bis Nenana. Zwanzig Gespanne und Fahrer würden die kostbare Fracht auf dem Trail nach Nome schaffen. Die Temperatur fiel auf minus 45° Celsius, und man verpackte das Serum sorgfältig, um es vor Frost und Erschütterungen zu schützen. In der erstaunlichen Zeit von hundertsiebenundzwanzig Stunden und dreißig Minuten war die Strecke geschafft. Der Impfstoff war zwar gefroren, aber noch wirksam, und eine Epidemie konnte vermieden werden.

Alex fragte den Zeitnehmer Mick Lord, einen ehemaligen Wettkampf-Musher, wie sich die Schlitten im Laufe der Zeit verändert hatten.

»Die meisten Musher damals benutzten einen Schlitten vom traditionellen Korb-Typ; er war aus Hartholzteilen gebaut, die Verbindungen bestanden aus Rohlederstreifen oder *babiche*. Keine Spur von Metall. Heutzutage sind die Kufen aus Plastik, und der Fahrer steht auf rutschfestem Hartgummi. Die Bremsen und der Schneeanker sehen auch anders aus, aber am stärksten hat sich der Korpus verändert. Der gesamte Schlitten hat einen Unterboden aus Plastik bekommen, der beiderseits an den Kufen befestigt ist und den Korb schützen soll. Dadurch gleitet er besser, vor allem im Tiefschnee, aber er ist dabei auch etwas steifer als die alten biegsamen Schlitten. Die meisten Musher benutzen moderne Schlitten, aber man sieht auch noch die alten Dinger. Das hängt vom Fahrer ab. Es gibt einen Eskimo, der noch handgeschnitzte Elfenbeinknebel an seiner Schlittentasche hat.«

Samstag nacht schlief Alex schlecht. Zweimal scheuchte ihn ein böser Traum aus dem Schlaf. Schließlich merkte er, daß er nicht wieder einschlafen würde; er zog sich an, kroch aus dem Zelt und ging zum Fluß.

Er schmauchte finster seine Pfeife und kehrte erst nach einem Kilometer wieder um. In seinem Kopf setzte sich die Ahnung fest, daß bald etwas passieren würde. Er fühlte sich hilflos. Schiffbrüchig. Es schneite. Im dichten Schneegestöber konnte Alex nicht einmal den zugefrorenen Fluß erkennen. Schwach funkelnde Lichter, die weiter weg schienen, als sie wirklich waren, schwächten den Eindruck totaler Isolation ein wenig ab.

Seit der Attacke durch den Elch war nichts mehr vorgefallen, aber dennoch hatte Jensen weiterhin das unbehagliche Gefühl, daß sie noch längst nicht fertig waren mit jenem Unbekannten, der die Musher bedrohte und ermordete. Im Chaos seiner Gedanken blitzten immer wieder Informationsdetails auf. Ihm war es, als hätte er längst herausfinden müssen, wer hinter der ganzen Geschichte steckte, nur stieg die Lösung nicht an die Oberfläche seines Bewußtseins, wo er sie wie Rahm abschöpfen und genau studieren wollte. Jedesmal, wenn er an einem komplizierten Fall arbeitete, machte er die gleiche Erfahrung. Sie war ihm vertraut und ärgerte ihn dennoch immer aufs neue.

Im Schutze eines Schuppens blieb er stehen und setzte sich auf einen schneebedeckten Bretterstapel. Er fror und war versucht, wieder in den Schlafsack zu kriechen, aber er stopfte sich eine neue Pfeife und dachte über Jessie nach. Das hatte er bisher vermieden.

Die Ellenbogen auf die Knie gestützt, pafte er vor sich hin und überlegte, warum er so fasziniert und verwirrt zugleich war.

Daß er sie physisch begehrte, war für ihn kein Problem. Die emotionale Seite machte ihm Angst. Flüchtige Bettgeschichten mit ihrer scheinbaren Intimität brachten ihm keinen Trost mehr. Er spürte nach einem kurzen Abenteuer nur innere Leere. Man konnte sich fast alles einreden, aber die Gefühle ließen sich niemals betrügen. Der Morgen danach stand im Zeichen eines seelischen Tiefs, wogegen nichts auf die schnelle half. Lieber ganz drauf verzichten, als die Peinlichkeit zu ertragen, sich nicht mehr an den Namen zu erinnern.

Durch Jessie Arnold war ihm diese Leere bewußt geworden. Hinter Jessies Kompetenz und Ausgeglichenheit steckte eine selbstbewußte Frau, die sich zu Recht für attraktiv hielt, damit aber nicht hausieren ging. Sie war warmherzig und anteilnehmend, aber nicht unkritisch. Und sie schien den Wert ihrer Hingabe an das, was ihr wichtig war, sehr wohl zu kennen.

Er wollte wissen, was ihr wichtig war, was sie lustig fand, was traurig und was trivial... und dann wollte er es doch nicht wissen. Er fühlte sich von seinem Interesse für sie regelrecht unter Druck gesetzt.

Habe ich Schuldgefühle wegen Sally? fragte er sich, aber das klang unecht. Ihr Tod lag schließlich acht Jahre zurück.

Er dachte daran, wie er in diesen acht Jahren gelebt hatte. Er hatte niemanden an sich herangelassen. Sein Leben war absolut ruhig verlaufen. Im Moment schien es ihm laut und quirlig. Und daran war Jessie Arnold schuld. Was soll ich mit den Problemen anderer Leute, dachte er. Ich will Ruhe, Stille, Überschaubarkeit und... Einsamkeit?

Wer nichts fühlt, den kann man auch nicht verletzen, aber viel Spaß hat er auch nicht, weder im Geben noch im Nehmen. Alex war es, als habe er im Zentrum eines großen Schweigens gelebt. Trotz seiner Kontakte, seiner Unternehmungen und Aktivitäten hatte er sich von allem isoliert. Wenn er auf Samtpfoten ging und mucksmäuschenstill war, konnte es vorkommen, daß niemand seine Anwesenheit bemerkte; das spürte er jetzt.

Er stützte den Kopf in die Hände. Er fühlte sich verletzlich und erschüttert. Wem habe ich denn schon etwas gegeben in diesen Jahren, dachte er. Ich weiß ja gar nicht mehr, wie man das macht.

Caswell kam um die Ecke spaziert. Er hatte Jensen gesucht und war seinen Fußspuren nachgegangen. Er betrachtete das betrübte Häufchen Mann auf dem Holzstapel.

Alex bemerkte Caswells Anwesenheit erst, als ihm der Freund die Hand auf die Schulter legte.

»Hat dich das mitternächtliche Muffensausen gepackt?« Cas setzte sich und zog seine Kapuze über die Ohren.

»Ja, ich glaub' schon.« Jensen setzte seine Pfeife neu in Brand. »Ich konnte nicht schlafen.«

»Der Fall?«

»Ich finde einfach keine richtige Lösung. Wir tappen immer noch im Dunkeln.«

»Vielleicht haben wir noch nicht genug Informationen.«

»Die will ich aber nicht durch einen neuen Mord bekommen«, sagte Alex voller Bitterkeit.

»Natürlich nicht. Ist das alles?«

Alex ließ den Rauch ausströmen und starrte in das Schneegestöber. »Nein, Cas, das ist nicht alles.«

»Jessie Arnold?«

»Scheint so.«

»Klar. Du *weißt* es. Ich habe euch beobachtet. Sie scheint dir eine Heidenangst einzujagen. Warum?«

Neuer Rauch und keine Antwort.

»Sie ist hübsch. Sie ist intelligent, begabt und hart im Nehmen. Sie mag dich. Das macht dich fertig, nicht?«

Alex holte tief Luft. »Kann sein. Das und alles, was dazu gehört.«

Caswell schwieg eine Weile. Er verschränkte seine fäustlingsbewehrten Hände um ein Knie und zog es zu sich heran. Dann sprach er zu sich und blickte auf den unsichtbaren Fluß.

»Weißt du, ich habe meine Entscheidung für Linda nie bereut. Wir sind wirkliche Freunde, und ihr muß ich nichts beweisen. Sie sorgt dafür, daß die Dinge, die draußen passieren, zu Hause die richtige Perspektive bekommen. Sie ist witzig und weise, und ich weiß nie, was sie als nächstes sagen wird. Ohne sie wäre alles schwarz oder weiß. Sie bringt die Farbe in mein Leben.«

Er hörte auf zu sprechen und wandte sich zu Alex, der ihn aufmerksam anschaute.

»Etwas Farbe würde deinem Leben auch ganz gut tun, Alex. Wäre einen Versuch wert.«

Er stand auf und klopfte sich den Schnee von den Hosen.

»Komm, jetzt suchen wir uns heißen Kaffee oder kriechen wieder ins Bett. Hier draußen frieren wir uns die Eier ab.«

Am nächsten Tag blickte Jensen wie alle anderen immer wieder den Yukon hinauf. Caswell spielte mit dem Funker Karten, und Becker nutzte das Warten, um sein Schlafdefizit aufzufüllen. Alex marschierte, Pfeife rauchend, am Flußufer auf und ab.

Gegen zwei Uhr nachmittags landete ein Flugzeug auf dem Eis, und Matt Holman kletterte heraus. Mit den steifen Bewegungen eines alten Mannes, rotäugig und stoppelbärtig kletterte er den Uferhang hinauf und blieb neben Alex stehen.

»Hi«, sagte er. »Habt ihr 'n Platz, wo ein Mann ein Nickerchen machen kann?«

»Was haben *Sie* denn angestellt, Matt?«

»Daran möchte ich lieber nicht denken«, sagte Holman müde grinsend. »Scheint mir jetzt reichlich dämlich.

Also – nachdem die Spitzengruppe weg war Richtung Eagle Island, hatte ich auf einmal das dumme Gefühl, einem von ihnen könnte da draußen was passieren. Also flog ich nach Grayling Island und schnappte mir ein Schneemobil. Ich dachte, ich sause mal kurz nach Eagle Island rüber und fliege später wieder zurück. Auf halber Strecke gab das Ding zur Hälfte seinen Geist auf, und die letzten fünfundzwanzig Meilen haben mich fünf Stunden gekostet.

Der Sturm war so wüst, daß ich nicht erkennen konnte, wo das Eis aufhörte und das Ufer begann. Ein paarmal bin ich gegen die Uferkante geprallt, aber das half mir, die Orientierung zu behalten und auf dem Fluß zu bleiben. Ich hatte schreckliche Angst, die Abzweigung zu verpassen, ohne Benzin und Nahrung dazusitzen und irgendwann zu erfrieren, aber ich hab's geschafft. Schleppte mich gerade noch in den Checkpoint und kippte um. Fing gerade an zu schlafen, als es aufklarte und der Versorgungsflieger kam, um mich abzuholen. Also, hier bin ich.«

»Keine Schäden?« fragte Jensen.

»Nichts, außer ein paar Frostbeulen an der Nase. Die Fahrer sind soweit okay und machen jetzt wirklich einen drauf. Was ich am meisten brauche, ist Schlaf und was zu essen. Ist hier irgendwas Besonderes passiert?«

»Nicht, daß ich wüßte. Ein heißes Kribbage-Spiel zwischen Caswell und dem Funker. Welche Musher waren auf Eagle Island?«

Holman grinste und wandte sich zum Gehen. »Ihr geht's prima«, gab er über seine Schulter zurück. »Soll ich Ihnen ausrichten.« Er machte sich zum Checkpoint auf und fügte, ohne sich umzudrehen, hinzu: »Ich bin froh, daß Sie sich so engagieren, Jensen. Dann liefern Sie Spitzenleistung. Schmeißen Sie mich aus der Koje, falls ich noch schlafe, wenn sie kommen.«

24

Datum: Samstag, 9. März
Tag: Achter Tag des Rennens
Ort: Zwischen den Checkpoints Eagle Island und Kaltag
(einhundertzwölf Kilometer)
Wetter: Bedeckt, allmählich aufklarend, windig
Temperatur: −23 °C Maximum, −33 °C Minimum
Zeitpunkt: Früher Vormittag

Auf dem Eis des Yukon kämpften die führenden Gespanne gegen den scharfen Wind. Weil dessen Wucht sich auf das Westufer richtete, hatten die Trailbreaker die Route am Ostufer entlanggeführt. Stundenlang direkt gegen den Wind zu fahren demoralisiert Fahrer und Hunde gleichermaßen. Mit Geschwindigkeiten von zwanzig bis dreißig Knoten, die sich zwischenzeitlich gar auf fünfzig oder sechzig steigerten, quälte der Wind Gespanne und Fahrer auf der gesamten Strecke von Anvik bis Kaltag.

Hinter Grayling Island, auf den sechsundneunzig Kilometern bis Eagle Island, wurde das Wetter zusehends schlechter. Es erwischte die Fahrer auf der weiten leeren Eisfläche und ließ ihnen keine Wahl: Sie mußten bis zum nächsten Checkpoint durchhalten. Der böig auffrischende Wind trieb zusätzlich pulverfeinen Schnee vor sich her, und die Temperaturen fielen auf fast minus dreißig Grad. Bei fünfzehn Grad unter Null und Windgeschwindigkeiten von fünfzig Knoten müssen Mensch oder Hund, sofern sie sich nicht bewegen, einen Kältefaktor von fünfzig Grad minus ertragen. Ist ein Gespann in Bewegung, etwa mit acht Kilometern pro Stunde, sind es bereits sechzig Grad minus. Wer seine Haut ungeschützt dem Wind aussetzt, riskiert Erfrierungen, und häufig erreichen Musher den Checkpoint mit weißen Flecken im Gesicht, den ersten Anzeichen für Gefahr. Die meisten Fahrer tragen Skimasken und -brillen, aber sie müssen sie immer wieder sorgfältig auf kleinste Löcher absuchen, durch die sich Schnee auf der Haut absetzen könnte.

Bei solchen Wetterverhältnissen ist ein guter Leithund überlebenswichtig. Wettkampf-Musher konzentrieren sich bei der

Zucht ihrer Leithunde auf Kraft, Entschlossenheit und Charakterfestigkeit, denn sie wissen, daß irgendwann auf der langen Strecke ein guter Leithund diese drei Charakterzüge braucht, um das Gespann im Rennen zu halten. Hunde, die bereitwillig jede Strecke in Angriff nehmen, sind unbezahlbar. So mancher Fahrer, der das Rennen mehr als einmal gewonnen hat, dann aber seinen besten Leithund verlor, stand nie mehr auf der Siegerliste.

Um ihren Hunden zu helfen, steigen die Fahrer häufig von den Kufen und laufen neben dem Schlitten her; sie ändern in regelmäßigen Abständen die Laufordnung der Hunde, damit die, die an der Spitze sind, sich erholen können; sie geben den Tieren zusätzlich Futter und gönnen ihnen Ruhepausen, aber sie treiben das Gespann dabei doch stetig voran, auf Anvik und letztlich – auf Nome zu. Die neuerlichen physischen und psychischen Anstrengungen erzeugen beim Musher, der durch Schlafmangel schon leicht mitgenommen ist, einen tranceartigen Zustand mit Halluzinationen. Weit weg von jedweden Bäumen, mitten auf der weiten, schneebedeckten Eisfläche, duckt der Musher sich plötzlich vor tiefhängenden Zweigen, oder er umfährt vorsichtig einen Elch, der gar nicht existiert. Nicht selten erblickt er Häuser oder Menschen, die sich in Luft auflösen, bevor er sie erreicht.

Niemals vergißt er den Druck durch die Konkurrenz. Jetzt kann schon eine einzige Stunde über Sieg oder Niederlage entscheiden. Die Fahrer beobachten einander mißtrauisch, voller Furcht, es könnte sich unverhofft einer von ihnen an die Spitze setzen und dort bis zum Ziel bleiben. Jeder schläft schlecht, aus Angst, er könnte zu fest oder zu lange schlafen oder ein anderer Fahrer könnte Zeit gut machen. In der zweiten Hälfte des Rennens sind die Musher wie besessen und von Wahnvorstellungen geplagt.

Jessie und Mike Solomon verließen Eagle Island kurz vor fünf am Sonntag morgen, dem neunten Tag des Rennens. Sie hatten hundertzwölf Kilometer bis Kaltag vor sich. Nachdem Jessie acht Stunden in dem kleinen Blockhaus eingepfercht gewesen war, nur darauf wartend, daß der Sturm endlich nachließ, mochte sie, frustriert und müde wie die anderen acht Musher auch, am Ende keinen Menschen um sich sehen.

Zwar war das Schlimmste vorüber, aber der Sturm blies immer noch äußerst heftig flußabwärts, und die Temperatur lag bei fast dreißig Grad unter Null. Jessie hatte allen Hunden Pfotenschützer angezogen. Sie wußte, daß die feinen Schneekristalle, die das Eis überzogen, den Hundepfoten ebenso schaden konnten wie der menschlichen Haut, weil sie Ballen und Zehen wie Schmirgelpapier abrieben.

»Auf geht's, Tank. Marsch, Sadie. Komm jetzt, Chops.«

Die gut ausgeruhten Hunde stürmten aufs Eis und rannten dem Wind entgegen, mit mehr Enthusiasmus, als Jessie selbst aufbrachte. Sie hörte, wie Mike vor ihr auf sein Gespann einredete, als sie quer über den Fluß zum Ostufer und dann flußaufwärts fuhren.

Es war immer noch dunkel, aber im Osten erschien unter den Wolken ein schmales Band freien Himmels, vor dem sich eine Reihe von Fichten wie Schattenrisse abhoben. Jessie wünschte, sie wäre allein und würde nicht einmal die Fahrgeräusche eines anderen Gespanns hören, so wie daheim auf den Knik Flats, wenn sie trainierte. Diese Tageszeit liebte sie besonders; aber auch das Gegenstück, die Abenddämmerung, wenn blaue und graue Schatten die Landschaft weich machten. Sie pfiff den Hunden und scheuchte sie, bis sie in Rufweite an Solomon heran war.

»Warum fährst du nicht vor, Mike?« fragte sie. »Laß mich ein Stück zurückfallen. Ich brauche Abstand, nach dem Trubel letzte Nacht.«

Er runzelte die Stirn. »Hältst du das für eine gute Idee? Sollten wir nicht wenigstens in Sichtweite bleiben?«

»Ach, nur ein Weilchen. Ich brauche wirklich etwas Raum um mich, und ich beobachte so gern, wie es langsam Tag wird, allein mit meinen Viechern.«

Solomon zögerte und stimmte schließlich zu. »Aber du fährst vor mir her. Ich gebe dir zehn Minuten. Wenn du wieder Gesellschaft ertragen kannst, fährst du langsamer, bis ich dich eingeholt habe. Dann brauche ich mir keine Sorgen zu machen, ob dir was passiert ist.«

Ein paar Minuten später erfüllte sich ihr Wunsch, und sie sauste auf dem Schlitten einsam und allein übers Eis und hörte nur noch den Wind pfeifen.

Wunderbar, dachte sie. Das ist die Freiheit. Sie liebte die Einsamkeit beim Rennen.

Fünf oder sechs Kilometer weiter wurde es langsam heller, der Wind ließ soweit nach, daß Jessie das Schnaufen der Hunde und das Zischen und Kratzen der Kufen hören konnte. Das schwache Leuchten, das dem Sonnenaufgang voraufging, wurde vom unendlichen Schnee und Eis zurückgeworfen. Ihr war, als führe sie durch das Innere einer Perle. Jessie nahm Brille und Skimaske ab, um die plötzliche Stille zu genießen; die Ruhe würde gewiß nicht lange anhalten. Auf dem Yukon passierte so was sehr selten.

Eine Bewegung am Ufer alarmierte sie, und ein Angstkloß saß ihr plötzlich im Hals. Nicht schon wieder. Nicht jetzt. Was war das für ein Schatten da oben zwischen den Bäumen? »Haw!« Auf das scharfe, eindrückliche Kommando reagierten Tank und das übrige Gespann sofort, indem sie weiter nach links aufs Eis hinaus ausscherten. Dann erkannte sie an einer zweiten Bewegung, was sie da oben erblickte.

Wölfe. Zwei Wölfe, so still wie die Bäume, zwischen denen sie hindurchhuschten. Neugierig geworden, verhielt erst der eine, dann der andere. Als Jessie direkt unter ihnen hindurchfuhr, standen sie unbewegt wie Statuen und sahen ihren domestizierten Cousins zu, wie diese ein seltsames Ding hinter sich herschleppten, das ein menschliches Wesen auf dem Rücken trug.

Jessie sträubten sich die Nackenhaare. Sie wandte den Kopf zurück, um das Paar so lange wie möglich im Auge zu behalten.

Noch nie hatte sie bei Tageslicht einen Wolf gesehen. Viele Fahrer hatten davon erzählt, wie das Licht der Stirnlampe die Augen eines Wolfes phosphoreszierend reflektierte, aber bei Tag wurden Wölfe so gut wie nie beobachtet. Jetzt, im frühen Dämmerlicht, waren sie kaum mehr als hundeähnliche Schatten, aber dennoch wunderbar. Jessie hatte keine Angst; ihr Gespann hatte die Wölfe nicht gewittert.

Was für ein Geschenk, dachte sie. Und nur, weil ich allein war. Bei zwei Gespannen hätten sie sich niemals blicken lassen. Sie beobachtete aufmerksam im diffusen Licht den Verlauf des Ufers und dachte an das eindrucksvolle Bild, das Van Zyle für das Iditarod-Plakat von 1989 gemalt hatte: zwei Wölfe auf genau diesem Teil des Yukon.

In gehobener Stimmung schob sie eine Kassette in den Walkman und begann zu singen, während sie weiter nach Norden fuhren: Ihr Enthusiasmus gab ihr Energie. Tank, der Leithund, drehte seinen Kopf beim Klang von Jessies Stimme und schien zu grinsen, als er einen Zahn zulegte.

25

Datum: Sonntag, 10. März
Tag: Neunter Tag des Rennens
Ort: Checkpoint Kaltag
Wetter: Aufklarend, schwachwindig bis windstill
Temperatur: −23 °C Maximum, −30 °C Minimum
Zeitpunkt: Spätabends

Um sechs Uhr kamen Schuller, Martinson und Murray in Kaltag an. Sie wirkten, als wären sie in Gedanken immer noch auf dem Trail – sie bewegten sich wie Schlafwandler und reagierten auf Fragen unendlich langsam.

Während Mick prüfte, ob Dale Schuller die verlangte Ausrüstung mit sich führte, entfernte der Musher die Überschuhe aller Hunde und inspizierte den Zustand ihrer Pfoten. Stundenlanges Traben auf solidem Eis ist Gift für Ballen und Zehen. Schullers murmelnde Stimme war für die müden Hunde Trost und Ermunterung zugleich.

»Alles da und alles okay. Scheißwetter, nicht wahr?«

»Hätte schlimmer sein können.« Schuller richtete sich stöhnend auf und streckte seinen schmerzenden Rücken. »Wenn der Wetterfrosch recht hat, kriegen wir noch mehr von der Sorte.«

»Habe ich auch schon gehört. Zieh Leine, Dale, und bring deine Viecher ins Bett.«

Mick ging zu Tim Martinsons Gespann. Seine Hunde hatten alle viere von sich gestreckt und preßten die heißen Bäuche in den kühlen Schnee.

Der kräftige Musher öffnete die Schlittentasche und trat, ohne hineinzuschauen, beiseite.

Mick prüfte die Ausrüstung und sah fragend hoch.

»Okay, hier sind Schlafsack, Axt, Essen, Pfotenschützer. Wo ist deine Trail Mail, Tim?«

»Da, an der Rückseite, in dem Plastikdings.«

»Ich kann nichts finden.«

»Ach, Mist. Laß mich mal.« Irritiert schob Martinson den Zeitnehmer zur Seite und wühlte in der Schlittentasche. »Sie war hier. Genau hier.«

Er begann, den Schlitten auseinanderzunehmen. Als die Hälfte seiner Sachen im Schnee lag, starrte er verzweifelt in die Schlittentasche, als könnte schiere Willenskraft das kostbare Stück herbeizaubern.

»Verdammt! Sie muß doch hier irgendwo sein.«

Aufgeregt warf er den Rest seiner Ausrüstung vom Schlitten. Kocher, Kleidung, Kleinkram, aber keine Trail Mail.

»Vielleicht hast du sie beim letzten Checkpoint liegengelassen?« meinte der Zeitnehmer.

»Nein! Verdammt. Ich habe sie überhaupt nicht aus der Tasche genommen. Nicht ein einziges Mal.«

Jeder konnte sehen, daß Martinson, erschöpft und frustriert wie er war, gleich explodieren würde. Hastig durchsuchte er nochmals den ganzen Haufen.

»Hundesohn!« brüllte er und schmiß einen Stiefel in den nächsten Schneehaufen. »Irgendein verdammter Hundesohn hat meine Trail Mail gestohlen!«

»Tim.« Mick wandte sich wieder an Martinson, der dem Stiefel einen Beutel Fleischextrakt hinterherschickte. »Tim, immer mit der Ruhe. Take it easy. Sieh noch mal alles gründlich durch. Oder – laß es besser jemand anders tun. Wir rufen Eagle Island an, die sollen mal nachchecken.« Mick sah suchend auf die Leute, die herangekommen waren und die Szene beobachteten. Alex fing seinen bittenden Blick auf.

Aber er schüttelte den Kopf. Wenn er sich jetzt einmischte, würde das die Lage nur verschlimmern.

»Scheiße«, sagte der Zeitnehmer. »Kann mal einer Holman wecken?«

Fünf Minuten später wankte ein übernächtigter Race Marshall aus dem Checkpoint.

»Gefunden, Tim?« fragte er.

»Nein, verdammt noch mal. Zum Teufel, nein. Jemand hat sie gestohlen, verflucht noch eins.«

»Das kannst du nicht wissen.«

»Aber sie ist weg, und ich habe sie nicht rausgenommen.«

»Okay. Nun mal der Reihe nach. Ohne die vorschriftsmäßige Ausrüstung kann ich dich nicht weiterfahren lassen. Der Funker versucht gerade, Eagle Island zu erreichen. Wenn deine Trail Mail dort ist, können wir sie vielleicht einfliegen lassen, aber du mußt solange warten. Wird sie nicht gefunden... müssen wir dich disqualifizieren.«

Alles Großspurige und Großmäulige schien von dem bulligen Musher abzufallen. Ohne ein weiteres Wort setzte er sich auf seinen Schlitten und vergrub den Kopf in den Händen.

Holman blickte schweigend auf ihn hinunter. In den bangen Minuten, bevor Mick – kopfschüttelnd – wieder aus dem Checkpoint trat, rührte sich niemand vom Fleck. Es war absolut still; Alex hörte nur Martinsons keuchendes Atmen und das ferne Jaulen eines Schneemobils.

Matt trat einen Schritt vor und legte Martinson die Hand auf die Schulter. »Tim«, sagte er fast zärtlich. »Tim, es tut mir' schrecklich leid. Aber sie ist nicht da.«

In diesem Augenblick – seit Ankunft der ersten drei Fahrer war eine halbe Stunde vergangen – kam T. J. Harvey mit seinem Gespann das steile Ufer heraufgeprescht und hielt neben Gail Murray, die aufs Einchecken wartete. Harvey sah Tim Martinson wie ein Häufchen Elend auf seinem Schlitten hocken und fragte Murray, was passiert war.

»So ein verdammtes Pech«, kommentierte er Gails Erzählung. »Und Tim hat keine Ahnung, was mit der Mail passiert ist? Kann er sie irgendwo verloren haben?«

»Unwahrscheinlich, so wie er sich um seine Sachen kümmert. Du weißt doch, wie pingelig er ist.«

»Allerdings.«

Mick war jetzt mit Murrays Schlitten beschäftigt, und die Fahrerin atmete erleichtert auf, als er ihre Trail Mail und die übrige Pflichtausrüstung abhakte. Gail ließ das Gespann stehen und ging zum Checkpoint. Sie wollte sehen, wieviel Platz es gab, um nasse Sachen zu trocknen.

Der Zeitnehmer prüfte jetzt den Schlitten von T. J. Harvey. Wie vorher Schuller, kümmerte sich Harvey während des Checks um seine Hunde. Martinson stand auf und schmiß sein Zeug auf den Schlitten zurück.

Plötzlich trat Mick mit erstauntem Gesicht einen Schritt zurück.

»T. J.«, sagte er. »Das ist ja... kannst du mal herkommen?«

»Was?« Musher und Zeitnehmer schauten gemeinsam in die Schlittentasche.

»Ist das deine?« Mick hielt eine Plastikhülle mit Iditarod Trail Mail hoch.

»Ja, sicher.«

»Und die hier auch?« Er hielt ein zweites Exemplar in der Hand.

»Hä?« Harvey stierte mit offenem Mund auf Mick. »Woher hast du die denn?«

»Hier, aus deiner Tasche.«

Martinson war Harveys verwunderter Tonfall nicht entgangen. Er blickte auf, sah Mick mit den zwei Plastikhüllen dastehen und stürzte sich mit einem Satz auf Harvey und packte ihn am Parka.

»Du Bastard!« brüllte er.

Er schlug dem anderen Musher mit einer wuchtigen Bewegung ins Gesicht. Harvey stürzte neben seinen Schlitten in den Schnee.

Jetzt mischte sich Jensen ein und auch Caswell, der gerade aus dem Checkpoint kam. Mit Unterstützung von Mick gelang es ihnen, Martinson zu packen und festzuhalten, bevor er wieder ausholen konnte. Er strampelte und kämpfte wie wild, um an Harvey heranzukommen.

Als T. J. sich aufsetzte, floß ihm das Blut aus der Nase auf den Parka, und er wischte es mit dem Handrücken weg. »Hey«, sagte er benommen. »Hey, ich habe doch nicht...«

»Du hast meine Trail Mail geklaut!« brüllte Martinson und versuchte, die Trooper abzuschütteln. »Hättest sie besser wegschmeißen sollen, du Hundesohn!«

Holman eilte zum Schlitten und half Harvey auf die Füße.

»Tim!« rief er mit Stentorstimme. »Tim Martinson! *Halt die Klappe.* Beruhige dich. Gib uns eine Chance, die Sache zu klären. Aber sei jetzt bitte still und geh ins Haus.«

Martinson beruhigte sich schließlich und kam, immer noch fluchend, mit in den Checkpoint, gefolgt von Holman und T. J. Harvey, der ein schmutziges Taschentuch gegen seine Nase drückte.

Durch die Trennung der beiden war es möglich, Harvey zu befragen, ohne daß Martinson sich einmischte, aber eine einleuchtende Erklärung fanden sie nicht. T. J. schwor Stein und Bein, von der doppelt vorhandenen Trail Mail nichts gewußt zu haben; das zweite Exemplar hätte er nicht einmal zu Gesicht bekommen. Übrigens konnte niemand sagen, wem welche Hülle gehörte. Sie sahen absolut gleich aus.

»Ich weiß nur«, erzählte Harvey Alex, »daß ich gestern, beim Einchecken in Eagle Island, alle vorgeschriebenen Sachen dabei hatte, auch die Mail. Wenn die andere Hülle in meinem Schlitten steckte, hat sie jedenfalls niemand bemerkt.«

»Hatte in Eagle Island außer Ihnen noch jemand Zugang zu Ihrem Schlitten?« fragte Jensen.

»Schon möglich. Bei dem Sturm, der die ganze Nacht tobte, haben wir natürlich nicht draußen gehockt und die Schlitten bewacht. Jeder ging immer mal raus, um nach den Hunden zu sehen.«

Gail Murray legte ein gutes Wort für T. J. Harvey ein. »Ich glaube wirklich nicht, daß er was davon gewußt hat«, sagte sie.

»Sie kennen ihn nicht so gut wie ich. Außerdem: Warum hat er nicht die eine Trail Mail verschwinden lassen, so wie Tim gesagt hat? Beide Exemplare zu behalten, wäre mehr als dumm – der Zeitnehmer mußte sie ja beim nächsten Check finden.«

»Was ist mit Martinson?« erkundigte sich Alex bei Gail. »Würde er Harvey seine Trail Mail unterjubeln, um ihn anzuschwärzen?«

»Und damit riskieren, ebenfalls disqualifiziert zu werden? Das glaube ich nicht.«

»Eine andere Lösung?«

Gail wußte auch nicht weiter.

Holman erlaubte beiden Fahrern, unter Vorbehalt das Rennen fortzusetzen. Sie sollten einander aus dem Weg gehen, wobei Martinson, so drohte ihm Holman, auf der Stelle disqualifiziert würde, wenn er irgendwas gegen Harvey anzettelte. Die Drohung wirkte.

»Wenn Tim etwas fürchtet, dann das Verbot, am Rennen weiter teilzunehmen«, sagte Matt später zu Alex. »Mehr als alles andere auf der Welt wünscht er sich den Sieg. Glauben Sie nur nicht, daß er diese Chance aufs Spiel setzt.«

Zwischen beiden Kontrahenten herrschte ein trügerischer Waffenstillstand, als Jessie und Mike eine Stunde später in Kaltag eintrafen. Erschöpft, durchgefroren und windzerzaust lenkten sie ihre Gespanne zum Checkpoint, wo der immer noch grollende Martinson sich gerade anschickte, seine Hunde zu versorgen. Jessie wirkte kaputter, als Alex sie je erlebt hatte, aber das traf auch auf die anderen zu. Als sie ihn erblickte, lächelte sie. Er hätte sie gern in seine Arme geschlossen, aber angesichts der vielen Leute begnügte er sich damit, ihr Lächeln zu erwidern.

»Wie lange bleibst du hier?« Er begleitete sie zu ihrem Rastplatz unweit von Mike Solomons Camp. Die Leistung ihres Gespanns gab Jessie sichtlich Auftrieb.

»Drei Stunden. Wir sind fünfter, Alex, und nur eine Stunde hinter Schuller. Für die Hunde genügen drei Stunden Rast.«

»Und für dich?«

»Für mich nicht. Aber wenn die Frage Sieg oder Schlaf heißt, dann hole ich mir den Schlaf, wenn das Rennen vorbei ist. Bis Nome sind es nur noch drei Tage. Auch wenn ich nur auf Platz fünf bleibe, bringt mir das genug Geld, um nächstes Jahr wieder teilzunehmen. Fünfzehntausend.«

Woher nimmt sie nur den Elan, fragte er sich. Woher nimmt ihn jeder einzelne von ihnen?

»Heute morgen habe ich Wölfe gesehen. Ach, Alex, es war unglaublich. Dunkle Schatten auf dem Ufer über uns. Sie schienen überhaupt keine Angst zu haben, standen nur da und sahen uns vorbeiziehen. Es war wie im Traum.«

»Wie viele?«

»Zwei, wie auf dem Bild von Van Zyle. Ich wünschte, du hättest sie sehen können.«

Sie blickte zu ihm auf und stolperte dabei über eine harte Furche im zertrampelten Schnee. Blitzschnell streckte er den Arm aus und fing sie auf.

»Danke«, sagte sie, wieder im Gleichgewicht. »Es ist wie auf See. Nachdem man wieder festen Boden unter den Füßen hat, scheint alles weiterhin in Bewegung zu sein.«

Er schaute zu ihr hinab, die Hände auf ihren Schultern.

»Herrgott«, sagte Jessie. »Ich bin total fertig, und ich kann kaum noch laufen, aber ich bin froh, daß du hier bist.«

Als er sie an sich zog, sah er über ihre Schulter Mike Solomon schüchtern zu ihnen hinübergrinsen.

»Ich weiß, ich kann dir nicht helfen. Aber gibt es vielleicht doch irgendwas, das ich tun könnte?« Er ließ sie los.

»Ich muß zuerst die Hunde füttern, aber danach würde ich die Hälfte von ihnen glatt gegen einen heißen Tee mit Unmengen Zucker eintauschen.«

»Abgemacht.«

26

Datum: Sonntag, 10. März
Tag: Neunter Tag des Rennens
Ort: Zwischen den Checkpoints Kaltag und Unalakleet
(hundertvierundvierzig Kilometer)
Wetter: Klar, auffrischender Wind
Temperatur: −23 °C Maximum, −30 °C Minimum
Zeitpunkt: Spätabends

Zum allgemeinen Erstaunen hielt sich das Wetter, als die führenden Musher nach Unalakleet weiterfuhren, vom Yukon über die Kaltag-Wasserscheide hinüber zur Bering-See. Die einzigen leicht zu überwindenden Hindernisse waren die Nulato Hills und eine Hügelkette mit dem schönen Namen Whalebacks. Der Trail folgte erst dem Kaltag River, dann, jenseits eines flachen, von Ost nach West verlaufenden Passes, dem Unalakleet River, mit dem Old Woman Mountain im Hintergrund.

Diese Route dient den Menschen aus dem Landesinnern schon seit Jahrhunderten als Verbindung zur Küste. Sie ist die Scheidelinie zwischen zwei Gruppen von Ureinwohnern: den Inupiat-Eskimos der Küste und den Athabasken-Indianern aus dem Binnenland.

Schuller und Martinson verließen Kaltag um neun Uhr abends. In der unmittelbaren Verfolgergruppe befanden sich außer Murray und Harvey auch Cranshaw, Solomon und Arnold; sie machten enorm Druck. Dicht dahinter kamen Ellis und Banks.

Während der Drei-Stunden-Rast in Kaltag hatte Bomber Cranshaw Mike und Jessie ziemlich steif eine halbherzige Entschuldigung für seinen Ausfall in McGrath offeriert. Er wollte sich ihrer Gruppe wieder anschließen. Alex betrachtete ihren gemeinsamen Aufbruch voller Unbehagen. Mit Argusaugen beobachtete er jeden einzelnen Fahrer aus der Spitzengruppe. Er wußte, einer von ihnen mußte der Mörder sein. Als der letzte Musher auf dem Trail war, beluden die Trooper das Flugzeug; sie wollten von Kaltag zur Küste fliegen, vorausgesetzt, der

Wind würde die Landung nicht behindern. In Unalakleet waren schon Flugzeuge von der Landebahn geweht worden, noch bevor sie zum Stehen gekommen waren.

Eine knappe halbe Stunde, nachdem der letzte Schlitten nach Westen zu verschwunden war, legte sich der Wind – er hielt gewissermaßen die Luft an, denn der Sturm drohte immer noch. Trailbreaker berichteten, daß sich der Trail in hervorragendem Zustand befand, wenn auch mehr Schnee lag als sonst. Bliebe das Wetter gut, würden die Musher ungefähr vierzehn Stunden bis Unalakleet brauchen, dem größten Ort auf dem Trail.

In der Dunkelheit konnte man vom Flugzeug aus keine Musher sehen. Lediglich zweimal entdeckten die Trooper das hüpfende Licht einer Stirnlampe, und dann tauchten am Horizont im Westen schon die Lichter von Unalakleet auf.

Die Landung war unproblematisch. Sie vertäuten das Flugzeug mit Sorgfalt und gingen zum Checkpoint, einer Lodge, die zugleich als Hotel fungierte und mit Iditarod-Fans belegt war. Die Trooper erwischten sogar noch ein Zimmer, allerdings mit nur einem Bett, das hieß, zwei von ihnen würden auf dem Fußboden schlafen müssen. Jensen bestand darauf, daß Caswell das Bett nahm. Ein Pilot müsse frisch und ausgeruht sein, meinte er.

»Wenn sich das Wetter so dramatisch entwickelt wie angekündigt, will ich kein Risiko eingehen. Du brauchst deinen Schlaf.«

»Wenn wirklich Sturm aufkommt, sehe ich uns schon literweise Kaffee trinken und darauf warten, daß es besser wird«, rief ihm Caswell in Erinnerung. »Nichts, aber auch gar nichts kann diesen Wind auf seinem Weg von Rußland runter aufhalten, der ist so kalt wie Stalins Herz.«

Trotz der späten Stunde herrschte in der Lodge fröhliche Betriebsamkeit, die Leute freuten sich darauf, daß die Musher am nächsten Tag Unalakleet erreichen würden. Das Café war voll, doch Alkohol wurde nicht ausgeschenkt: Unalakleet war eine »trockene« Gemeinde. Das schien der freudigen Erwartung der Fans keinen Abbruch zu tun, und Jensen vermutete, daß sie sich aus fremden Quellen abfüllten. Je mehr das Rennen sich seinem

Höhepunkt näherte, desto größer wurde die Spannung, nicht nur unter den Fahrern, sondern auch bei denen, die seinen Verlauf verfolgten. In den nächsten Tagen würden manche Regeln eher lax beachtet und die Autoritäten schon mal wegschauen, solange nur der Anschein von Ordnung gewahrt blieb.

An einem kleinen Tisch hockten die Trooper mit dem Funker beisammen, der gerade Pause machte, sowie mit Holman, der schon vor ihnen angekommen war. Von seinem Yukonabenteuer hatte er sich augenscheinlich wieder erholt. Das Gespräch verebbte, als die Männer sich auf gewaltige Portionen von extrascharfem Chili stürzten. Alex, gierig nach frischem Salat, starrte enttäuscht auf das winzige Schälchen mit Endivienstreifen, geraspelter Möhre und einem mickerigen Tomatenachtel, das die Kellnerin vor ihn hinstellte.

»Sie haben Glück«, sagte Holman lachend. »Jede Tomate und jedes Salatblatt wird aus Anchorage eingeflogen. Sie könnten genausogut Gold bestellen.«

Pappsatt und blinzelnd vor Müdigkeit stimmte Caswell Alex zu, daß jetzt Schlaf angesagt sei, und sie ließen Becker im Gespräch mit Holman zurück. Eine Weile später hörte Alex, wie der junge Trooper in seinen Schlafsack kroch. Das machte ihn wieder wach. Er lauschte eine Weile dem fernen Lärm aus dem Erdgeschoß. Manche Fans waren immer noch in Feierstimmung.

Er lag auf dem Rücken, starrte zur dunklen Zimmerdecke hinauf und versuchte, nicht an den Fall zu denken. Am kommenden Morgen wäre er schon eine Woche auf dem Trail. *Wer ist es?* Es kam ihm länger vor als eine Woche und doch kürzer. *Es konnte nur Martinson oder Cranshaw sein.* Das Rennen, das alle beteiligten Orte mit seinem sportlichen und festlichen Geist erfüllte, schien von allem, was sich sonst auf der Welt ereignete, ganz und gar isoliert. *Obwohl nichts Faßbares gegen die beiden vorlag.* Ihm fiel auf, daß er in dieser Woche, seit er aus Palmer weg war, weder eine Zeitung noch die Fernsehnachrichten zu Gesicht bekommen hatte und daß er sie auch nicht vermißte. *Vielleicht sollten sie sich noch einmal Schuller vornehmen? Harvey? Murray?* In den Fall und das Rennen verstrickt, fühlte Alex sich gleichsam außerhalb der Zeit, so als würde bei seiner Rückkehr in Palmer alles einfach dort weitergehen, wo er letzte Woche aufgehört hatte. *Verdammt noch mal.* Seine Augen wollten sich partout nicht schließen, und er wälzte sich ärgerlich auf die linke Seite. Wenn es mit dem Schlafen nicht klappte, sollte er wenigstens versuchen, ein paar Antworten zu finden.

Drei Menschen waren tot und ein vierter dem Tod nur um Haaresbreite entwischt. Das war kein Traum. In Gedanken sezierte er jeden der verdächtigen Musher. Welche Information, die Alex besaß, konnte ihm helfen, das Rätsel zu lösen?

Martinson und Cranshaw waren immer noch seine besten Kandidaten, aber was war mit den anderen?

Dale Schuller zum Beispiel, der so sehr mit dem Rennen verschmolzen schien, daß er ohne Hunde und Schlitten farblos wirkte, dieser Dale arbeitete konsequent darauf hin, Nome, wenn möglich, als erster zu erreichen. Er hielt sich bewußt von den anderen fern, oder täuschte sich da Alex? Den Elch hatte er auf keinen Fall auf Ryan und Jessie hetzen können.

Für Gail Murray galt dasselbe, aber für die anderen Taten konnte sie sehr wohl in Frage kommen. Eins war sicher, sie benahm sich eher unauffällig, allerdings hatte sie T. J. Harvey engagiert verteidigt, was zu dem gesuchten Tätertyp irgendwie nicht paßte. Es sei denn, sie wäre besonders clever. Immerhin...

T. J. Harvey. Auch er hatte mit der Elchgeschichte nichts zu tun. Und hätte er – nach dem Diebstahl in Eagle Island – wohl wirklich vergessen, die Doublette der Trail Mail aus seiner Schlittentasche zu nehmen? Zwischen Eagle Island und Kaltag mußte es tausend Möglichkeiten geben, ein solches Objekt verschwinden zu lassen. Oder hatte Martinson Harvey eine Falle gestellt? Und wann sollten Harvey und Ellis das Röhrchen mit PCP an Murrays Schlitten befestigt haben? Vor ihrer Vierundzwanzig-Stunden-Pause in McGrath hatten sie doch nur daran gedacht, ordentlich Tempo zu machen. Harvey schien ein netter Kerl zu sein, gutwillig und hilfsbereit. Aber er hatte ihn nur kurz erlebt, beim Ein- und Auschecken. Wie konnte er da etwas über ihn sagen?

Ach, verdammt. Er seufzte und wälzte sich auf die rechte Seite. Er würde an Jessie denken und den Fall auf Morgen verschieben. Wo sie wohl gerade war? *Oje, jetzt tue ich genau das, wovor ich Becker gewarnt habe: ohne Pfosten einen Zaun zu bauen.* Ihr Haar sieht aus wie Seide. *Die anderen Fahrer passen einfach nicht richtig ins Bild.* Ach, wenn sie jetzt hier wäre, warm und kuschelig neben mir. Hmmm.

Die Intuition sagte ihm, daß es nur Martinson oder Cranshaw sein konnte, aber wer von beiden? Beide Männer schienen erstaunliche Minderwertigkeitskomplexe zu haben. Keiner demonstrierte die Großzügigkeit, die aus Selbstvertrauen und Selbstwertgefühl entsprang.

Wer der Täter auch war, er wollte das Rennen gewinnen, ohne sich den Sieg zu verdienen; er wollte die hypothetisch kürzeste Strecke, die Luftlinie zwischen Start und Ziel, absolvieren, ohne die weite Kurve der Realität zu nehmen, das heißt, sich mit den anderen Teilnehmern sportlich zu messen. Wen ich nicht besiegen kann, den bringe ich um.

Die Erfahrung hatte Alex gelehrt, daß Kriminelle meist extrem egoistisch waren. Sie wollten alles sofort, ohne Umschweife und ohne dafür zu bezahlen. Sie schienen anzunehmen, daß es ihnen zustünde und daß sie jemand Besonderes wären, haushoch erhaben über solche Trivialitäten wie etwa die Notwendigkeit, einen eigenen Beitrag zu leisten.

Ratlos wälzte er sich wieder auf die linke Seite.

Ein monotones Flüstern aus Phil Beckers Ecke riß ihn aus seinen Grübeleien.

»Wenn du nicht aufhörst herumzuraschlen und nicht endlich einschläfst, schmeiß' ich mit Schuhen!«

Stiefelabsätze hämmerten gegen die Tür und verscheuchten Alex aus einem schönen Traum, der ihn nach Idaho entführt hatte, an einen quirlig strömenden Fluß. Am Ufer lagen drei Forellen, und Alex versuchte gerade, eine vierte aus dem Wasser zu holen. Becker öffnete die Tür. Draußen stand Holman mit drei Kaffeebechern in der Hand. Seine Stimme klang etwa so charmant wie ein Wecker.

»Hey, raus aus den Federn. Ich habe was für Sie, Jensen. McGrath meldete sich, als wir das Funkgerät installiert hatten. Ein Trapper aus Takotna hat einen Kerl auf einem Schneemobil gesehen, genau zu der Zeit, als der Elch aus Ryans Gespann Kleinholz gemacht hat. Er hat den Mann in südwestlicher Richtung auf dem Trail überholt. Bis hin zur Parkafarbe paßt die Beschreibung haargenau auf Martinson. Was sagen Sie dazu?«

»Jesus«, sagte Becker.

Alex zog seine Jeans an und griff nach dem Kaffee. »Hat er sein Gesicht gesehen? Würde er ihn wiedererkennen?«

»Das glaubt er wohl. Sagt, es war ein bulliger Typ, brünett, mit buschigen Augenbrauen.«

Alex überlegte, trank die Hälfte seines Kaffees und stopfte sich eine Pfeife. »Erwarten Sie nicht ein Versorgungsflugzeug? Das könnte den Zeugen doch herbringen, bevor Martinson wieder aufbricht.«

»Wir haben eine Maschine hier, die ihn holen könnte, aber schneller ginge es, wenn ihn McGrath per Flieger herschickt, dann sparen wir uns den Rückflug.«

»Wie lange wird das dauern?«

»Spätestens am frühen Nachmittag kann er hier sein. Martinson kommt so gegen zwölf und wird sechs Stunden bleiben.«

»Gut. Wir zahlen den Flug, was er auch kostet. Das könnte der Durchbruch sein. Wir nageln ihn fest, bevor er was ahnt.«

27

Datum: Montag, 10. März
Tag: Zehnter Tag des Rennens
Ort: Checkpoint Unalakleet
Wetter: Bedeckt, auffrischender Wind
Temperatur: −23 °C Maximum, −29 °C Minimum
Zeitpunkt: Mittag

Die sieben führenden Gespanne erreichten den Checkpoint Unalakleet gegen Mittag, innerhalb von knapp anderthalb Stunden. Martinson hatte zehn Minuten Vorsprung vor Schuller, und er nahm umgehend zwei Hunde aus seinem Gespann. Er würde mit zwölf Hunden weiterfahren, Schuller mit vierzehn.

Jessie traf eine halbe Stunde später ein. Sie hatte Bomber, Harvey und Murray überholt und war dritte. Ihr folgte Harvey mit Bomber direkt auf den Fersen. Um viertel vor eins schließlich kamen Murray und Solomon. Jessies Hunde waren ausnahmslos gut in Form. Murray nahm einen aus dem Gespann. Harvey und Solomon ebenfalls.

Vor dem letzten langen Teilstück die Küste hinauf mußten die Fahrer eine obligatorische Sechs-Stunden-Pause einlegen. Jeder wollte sie rasch hinter sich bringen; ein wenig Schlaf und dann nichts wie weg. Für die letzten vierhundertdreißig Kilometer hatte jeder seine eigene Strategie.

In Unalakleet trennten sich die Musher von allen entbehrlichen Dingen, um die Schlitten leichter zu machen. Sie packten nur ein, was vorgeschrieben war oder in den kommenden zwei Tagen dringend gebraucht wurde. Jedes Gramm zählte. Murray, Martinson und Arnold stiegen auf Leichtbauschlitten um, die sie sich nach Unalakleet hatten schicken lassen.

Die plötzliche Anwesenheit so vieler Musher und die Ungewißheit, wie das Rennen ausgehen würde, versetzten die Bevölkerung in lustvolle Aufregung. Die Kinder hatten schulfrei und sausten vergnügt durch die Gegend. Glockenläuten und Sirenengeheul kündigten an, wenn ein Musher in Sicht kam. Vor der Lodge schienen dann sämtliche fünfhundert Einwohner von Unalakleet samt zugereisten Gästen versammelt zu sein, um die Leistungen und Gewinnchancen des ankommenden Gespanns zu erörtern. Anschließend spazierte man wieder umher und spähte flußaufwärts nach Neuankömmlingen.

Mittags, kurz nach zwölf, brach die Sonne durch die Wolkendecke. Der auffrischende Wind ließ pulverfeinen Schnee aufstieben, und bald schon schoben sich wieder Wolken vor die Sonne. Die eisige Kälte trieb so manchen Zuschauer ins Haus zurück. Es würde sowieso noch einige Stunden dauern, bis die nächsten Fahrer über die Wasserscheide kamen.

Ehe Becker zum Checkpoint ging, fragte er Holman nach den Hunden, die die Musher hier zurückließen. So richtig erschöpft hatten nur Martinsons Hunde gewirkt. Die anderen vier Gespanne schienen munter und begierig weiterzurennen.

»Kein Fahrer geht mit allen Hunden in den Endspurt«, sagte Matt. »Sie müssen sich jetzt von den weniger schnellen trennen. Das Gespann ist immer nur so schnell wie das langsamste Tier. Manche Hunde laufen zum ersten Mal beim Iditarod-Rennen mit, gewissermaßen zum Training. Andere sind schon älter und nicht mehr so ausdauernd. In den kommenden Checkpoints wird noch weiter reduziert. Wenn der Sieger in Nome ankommt, hat er gerade noch acht oder zehn Hunde – seine schnellsten – im Gespann.

Ab jetzt nehmen die Fahrer die Tiere ordentlich ran, treiben sie regelrecht vorwärts. Bis zum Ziel wird es weder für die Hunde noch für die Musher längere Ruhepausen geben. Deshalb sind die besten und stärksten Exemplare gefragt. Huskies halten diese Anstrengungen aus. Sie sind hart im Nehmen. Die Fahrer können nur hoffen, daß sie selbst es auch sind.«

Um zwei Uhr setzte das Flugzeug mit dem Trapper aus Takotna trotz Seitenwindes sauber auf der Landebahn auf. Joe Garcia, ein kompakter, kleingewachsener Mann mit Athabaskenblut in den Adern, begrüßte die Trooper mit einem Nicken. Jensen fand es merkwürdig, daß jemand, der mitten in Alaska lebte, ausgerechnet Garcia hieß, aber das Goldfieber hatte Menschen aus allen Ecken des Kontinents hierher getrieben. Sie brachten Garcia per Schneemobil ins Hotel und benutzten die Hintertreppe, um eine Begegnung mit Martinson zu vermeiden. Garcia saß auf dem Bett und trank Kaffee, während Alex ihm erklärte, was sie vorhatten.

Um halb drei bestellte Holman sämtliche Musher trotz heftiger Proteste zu einer Besprechung ins Nebenzimmer. Die sieben Musher, Holman und der Zeitnehmer drängten sich in den Raum, als Alex den Trapper hereinführte.

Die Gespräche erstarben, als Garcia jeden der Anwesenden mit zusammengekniffenen Augen eingehend musterte.

»Erkennen Sie jemanden wieder?« fragte Jensen ruhig.

Noch einmal wanderten die scharfen Augen über jedes Gesicht und kehrten dann zu Cranshaw zurück. Garcia hob die Hand und zeigte mit seinem knochigen Finger auf Bomber. »Ihn. Er ist aus McGrath, stimmt's? Die anderen? Nein. Von denen kenne ich keinen.«

»Keiner dabei, den Sie schon mal gesehen haben?« hakte Jensen nach.

»Nein. Der Mann vom Trail ist nicht dabei.«

So blitzartig diese wunderbare Spur aufgetaucht war, so schnell löste sie sich in Luft auf. Der Raum hatte sich geleert, und Jensen kochte vor Enttäuschung. Er trat gegen einen Stuhl und schmiß sich frustriert aufs Bett.

»Verdammt noch mal, Cas. Ich dachte, wir haben ihn.«

»Tja.«

»Wen hat er denn bloß auf dem Schneemobil gesehen? Die Beschreibung paßt auf keinen anderen Musher der Spitzengruppe. Haben wir uns womöglich auf die falschen Leute konzentriert?«

»Glaubst du das wirklich?«

»Nein, verdammt. War nur so'n Einfall, keine Tatsache.«

»Wir könnten das Rennen unterbrechen – die Schlitten beschlagnahmen, Leibesvisitationen anordnen und alle so lange verhören, bis wir was haben.«

»Um vielleicht dennoch mit leeren Händen dazustehen? Nein. Das gefällt mir gar nicht, auch wenn wir hier die ganze Gruppe verdächtigt haben. Der Täter könnte ab jetzt übervorsichtig sein.«

»Oder verzweifelt leichtsinnig.«

»Das auch.«

Jessie wartete voller Ungeduld auf das Ende ihrer Sechs-Stunden-Pause. Sie sah Martinson aufbrechen, dann Schuller. Während sie ihren Schlitten belud, plauderte sie mit Mike Solomon.

»Schade, Jessie«, sagte Mike, »daß du vor mir losfahren mußt. Es ist einfach nicht mein Jahr. Meine Biester rennen nicht so schnell wie deine.«

»Mir tut's auch leid, Mike. Aber – Platz drei: damit hätte ich nie gerechnet; und meine Jungs wirken auch noch ganz frisch.«

Frisch wirkten Jessies Huskies in der Tat. Alle elf Hunde waren gesund und begierig, weiterzurennen. Bereits eingeschirrt, warteten sie am Checkpoint darauf, daß die letzten dreißig Minuten bis zum Start vergingen. Zwar hatten sich ein paar Tiere im Schnee ausgestreckt, aber alle beobachteten Jessie, ob sie das Zeichen für den Aufbruch gäbe. Jedesmal, wenn sie zufällig am hinteren Ende des Schlittens vorbeiging, sprang Tank begeistert auf, aber schließlich setzte er sich doch auf die Hinterpfoten und klopfte ungeduldig mit dem Schwanz auf den Schnee.

»Hör zu, Jessie. Sie haben immer noch nicht den Kerl erwischt, der uns das Rennen kaputtmacht, und ich glaube, draußen kann's gefährlich werden.« Mit dem Rücken zum Checkpoint öffnete Solomon seinen Parka: In seinem Gürtel stak ein Revolver. »Kannst du den brauchen? Oder hast du einen?«

»Vielen Dank, Mike.« Sie trat dicht an ihn heran, damit niemand ihre Worte hörte. »Ich habe selbst einen. Aber du bist ein echter Freund. Danke schön.«

Der Zeitnehmer kam heran. Mit ihrer versteckten Waffe kam Jessie sich plötzlich vor wie ein Verbrecher.

»Fertig?« fragte er. »In fünf Minuten haust du ab.«

Sie umarmte Solomon und ging zu ihren Hunden, die aufgeregt im Schnee standen; gleich würde es losgehen, das spürten sie. Tank bellte und zerrte an seinem Geschirr, als sie ihm das Fell kraulte. »Braver Junge. Willst wohl los? Okay.« Sie gab jedem Tier einen Klaps und ein aufmunterndes Wort, stieg auf die Kufen und löste den Schneeanker.

»All right. Ab die Post. Nimm sie mit, Tank!« Das Gespann sauste los, in Richtung Norden.

Jessie entdeckte Alex auf den Eingangsstufen der Lodge. Er

winkte ihr zu, und sie lachte zurück. Sie zog einen Handschuh aus und hielt den Zeigefinger in die Höhe, um ihm zu signalisieren – in Nome wollte sie die erste sein. Alex lächelte zurück.

Ihm war keineswegs zum Lachen zumute, als er sie wegfahren sah. Sein Magen wurde von eiskalten Fingern zusammengepreßt.

Auch Alex machte sich Gedanken um Revolver. Jessies Waffe war nicht wieder aufgetaucht. Könnte er doch nur an ihrer Seite sein, besonders jetzt, da Solomon ausfiel! Sie würde verdammt allein sein, mit Cranshaw und Harvey im Gefolge.

Eine neue Attacke würde sich, wenn überhaupt, bald ereignen, das spürte Alex. Möglicherweise in der anbrechenden Dunkelheit auf den vierundsechzig Kilometern zwischen Unalakleet und Shaktoolik oder auf den anschließenden dreiundneunzig Kilometern bis Koyuk.

»Was sagt der Wetterbericht, Ben?« fragte er Caswell, der neben ihm stand.

»Sieht nicht gut aus. Der Wind soll auffrischen, und ein neues Sturmtief zieht rasch in Richtung Küste.«

»Können wir noch ein Stück weiterfliegen?«

»Wenn wir sofort aufbrechen, schaffen wir's vielleicht bis Koyuk oder auch Elim. Wir müssen allerdings höllisch aufpassen.«

Sobald die Maschine beladen und startbereit war, flogen sie los. Holman, der auch nach Koyuk wollte, winkte ihnen nach und half dann einem Reporter, eine Videoausrüstung in eine Cessna 185 Skywagon zu laden.

Der Blick von oben war fantastisch. Obwohl unterhalb des Polarkreises gelegen, friert das Meer am Norton Sound jeden Winter neu zu. Dabei lassen die Gezeiten und der scharfe Wind das Eis immer wieder aufreißen; sie schieben es zu gewaltigen Blöcken übereinander, die auseinanderbrechen, wobei das hochquellende Wasser seinerseits gefriert. Solange es noch nicht durch und durch vereist ist, stöhnt und knurrt das Meer wie eine böse, wilde Kreatur und wirkt fast unheimlich. Später, im tiefen Winter, lassen Ebbe und Flut das Eis vibrieren, es scheint in seinem unruhigem Schlaf vor sich hin zu murmeln und auf den Frühling zu warten, damit dieser es zerbricht.

Zwischen Unalakleet und Shaktoolik folgt der Trail, vorwiegend auf dem Festland, der leicht geschwungenen Küstenlinie. Doch um Koyuk zu erreichen, müssen die Musher über das Eis des Norton Sound.

Die Trennungslinie zwischen Land und Meer ist im Winter eigentlich nicht sichtbar, dennoch wissen die Musher instinktiv, wann sie den »festen Boden« verlassen haben. Wer zum erstenmal am Rennen teilnimmt, fühlt sich meist sehr klein und verletzlich bei der Vorstellung, daß unter den Schlittenkufen der gewaltige, nur temporär gezähmte Ozean liegt. Angesichts der realen Gefahr und der Veränderlichkeit der Natur stellt sich nach der Überquerung fast beschwipste Erleichterung ein. Erfahrene Musher betrachten die Eisbrücken zwischen Shaktoolik und Nome mit Respekt, sie sind sich der gewaltigen Kraft dieses Meeres, das sie da befahren, stets bewußt.

Jensen, Becker und Caswell betrachteten die Szenerie in schweigender Ehrfurcht; sie konnten aus der Luft nur mit Mühe die Baken und Markierungen ausmachen, die die Trailbreaker mit viel Sorgfalt als Orientierungshilfe für die Musher aufgestellt hatten. Wie Zahnstocher sahen sie aus, gekrönt mit rosa Plastikfähnchen, die nur im Tiefflug erkennbar waren.

»Mein Gott«, flüsterte Becker, »die könnten mir nie genug bezahlen.«

Jensen erinnerte sich an den Sieg von Libby Riddles. Bei einem wüsten Sturm überquerte sie den Norton Sound ganz allein, marschierte tapfer gegen den Wind und setzte sich erfolgreich von der Konkurrenz ab. Damals hatte Alex sich gewundert, daß die anderen Fahrer den Sturm in Shaktoolik abgewartet hatten. Jetzt wurde ihm klar, was Libby Riddles geleistet hatte, ob nun aus Mut oder aus Leichtsinn, als sie den Norton Sound zu Fuß überquerte und sich von Markierung zu Markierung vorwärts kämpfte. Jetzt erschien ihm ein Abwarten in einer solchen Situation nicht mehr dubios.

Beim Anflug auf Koyuk fiel ihm auf, daß er den Boden nicht sehen konnte. Von Westen her hatte sich dichter Nebel herangeschoben. Er schaute zu Caswell und bemerkte dessen angespannte Miene. In diesem Augenblick sackte das Flugzeug leicht nach unten, vibrierte und wackelte.

Alex spürte, wie sein Magen nach oben drängte.

»Gibt's Probleme, Cas?«

»Noch nicht, aber ich würde gern den Kies der Landebahn sehen. Der Sturm ist fällig. Prüft die Gurte, Kinder. Ich will keinen von euch auf dem Schoß haben. Es kann noch schlimmer kommen, bevor wir's geschafft haben.«

Alex wandte sich zu Becker, der mit weit aufgerissenen Augen dasaß. Er grinste.

»Keine Schweißausbrüche, Phil. Wenn Cas es nicht schafft, schafft es keiner, hab' ich recht?«

»Klar. Aber warum hab' ich trotzdem Schiß?«

Das Flugzeug tat jetzt nur noch wilde Sprünge und Hopser, während die Trooper nach den Lichtern von Koyuk Ausschau hielten.

Caswell sprach unverständliches Pilotenkauderwelsch ins Mikrofon.

»Erreichst du niemanden?« fragte Becker.

»Alle Orte von hier bis Nome haben ungesicherte Landebahnen. Das heißt, du bist auf dich selbst angewiesen. Kein Funkkontakt, außer mit anderen Piloten. Ich habe mit Unalakleet gesprochen, schien mir dort günstiger zu sein. Aber die haben ihre Landebahn gesperrt. Der Sturm ist schon da. Er scheint von Süden die Küste heraufzuziehen. Wir müssen uns beeilen, den nächstmöglichen Landeplatz zu finden. Koyuk fällt aus. Der Wind ist zu stark, und ich möchte keine Zeit verlieren. Wir versuchen es in Elim, aber wahrscheinlich werden wir in Nome landen. Die haben Funk und können uns runterdirigieren, wenn's sein muß.«

Caswell konzentrierte sich wieder auf die Maschine. Eine Ewigkeit, so schien es Jensen, schlitterten sie am Himmel entlang nach Westen. Der Wind nahm zu und schubste sie hierhin und dorthin.

Mit straff angezogenem Sicherheitsgurt versuchte Alex, seine Knie und Ellenbogen aus Caswells Bereich herauszuhalten und tapfer seinen Magen zu ignorieren. Das wurde besonders schwierig, als Becker sein Mittagessen in einen Beweismittelbeutel kotzte, doch es gelang ihm, sich zusammenzureißen, bis die Lüftung den ekligen Geruch weggeblasen hatte.

Caswell war vollauf damit beschäftigt, die Maschine in der Luft zu halten. Caswells Flugtalent hatte Alex schon immer beeindruckt, aber was er wirklich konnte, wurde ihm jetzt erst wirklich klar. Der Pilot reagierte so schnell auf die Bewegungen der windgeschüttelten Maschine, als ob er sie vorauszuahnen schien. Vielleicht tat er es auch.

Wenn ich das nicht überlebe, werde ich Caswell keinen Vorwurf machen, dachte Alex. Die Absurdität dieses Gedankens zeigte ihm, wie groß seine Angst tatsächlich war.

Es wurde zusehends dunkler, und das Herumgestoßenwerden im Cockpit schien schon Stunden zu dauern. Jensens rechter Arm schmerzte bereits, so oft war er gegen die Tür geknallt. Becker stöhnte verhalten auf dem Rücksitz vor sich hin, als Caswell plötzlich erregt ins Mikro sprach. Zehn Minuten später wurde die Schüttelei schwächer. Alex richtete sich auf und sah nach draußen: Unter ihnen tauchten Lichter auf.

»Nome«, sagte Caswell und setzte seine angespannte Kommunikation mit dem Flughafen fort. Als der Boden in Sicht kam, merkte Alex, wie heftig der Wind sie noch attackierte. Die Maschine bäumte sich immer wieder auf, während Caswell sich verbissen bemühte, aufzusetzen. Dreimal machte die Maschine einen mächtigen Hopser und rutschte zur Seite weg, bis sie endlich ausrollte. Zwei Typen in Parkas kamen herbeigerannt und stabilisierten die Maule M4 mit ihrem Körpergewicht, während ein dritter Mann Caswell zu einem kleinen Hangar dirigierte, der etwas Schutz bot. Kaum hielten sie an, als Caswell auch schon blitzschnell raussprang: Er wollte sichergehen, daß die Maschine auch wirklich solide stand.

Alex öffnete seine Tür, stolperte auf den festen Boden und übergab sich.

»Wo zum Teufel hast du so gut fliegen gelernt?« fragte er Caswell, als sie die Maschine entluden.

»Bei einem Typ in Anchorage, Bunker heißt er und weiß mehr, als ich je lernen werde. Warum? Möchtest du 'ne Flugstunde?«

»Nicht in tausend Jahren. Aber ich würde ihm gern die Hand schütteln.«

28

Datum: Montag, 11. März
Tag: Elfter Tag des Rennens
Ort: Im Checkpoint Nome und zwischen den Checkpoints Shaktoolik und Koyuk (dreiundneunzig Kilometer)
Wetter: Blizzard, Schneetreiben und starker Wind
Temperatur: −29 °C Maximum, −33 °C Minimum

»Aber ich will verdammt noch mal nicht in Nome herumhokken«, sagte Alex zu Sergeant Ken Carpenter aus der Abteilung D des Polizeireviers in Nome. »Wenn etwas passiert, dann auf den letzten Etappen vor dem Ziel. Es muß doch einen Weg geben, Koyuk oder Elim zu erreichen, vielleicht auch White Mountain.«

Der hochgewachsene Sergeant mit Eskimoblut in den Adern schüttelte den Kopf und versuchte, die Situation zu erklären, aber er sagte nicht das, was Alex gern hören wollte.

»Alex«, mischte Caswell sich ein, »es geht einfach nicht. So lange uns der Sturm hier festhält, kannst du nirgendwo hin. Das weißt du, auch wenn's dir nicht gefällt. Ich find's auch blöd, aber daran läßt sich absolut nichts, ich wiederhole – absolut nichts ändern.«

Jensen blieb stehen, stützte beide Arme auf den Schreibtisch und atmete tief durch. Anstandshalber entschuldigte er sich bei Carpenter und bei Caswell.

Nachdem das Flugzeug sicher vertäut war, hatten sie sich ihre Sachen geschnappt und waren per Taxi zum Revier gefahren; dort hatte Carpenter Spätdienst, für den Fall, daß es Ärger geben sollte. Die Iditarod-Woche ist für Nome das wichtigste Ereignis des Jahres, und die halbe Bevölkerung plus tausend angereiste Fans drängt sich in den Bars und Kneipen, und alle feiern, bis das Rennen vorbei ist. Wenn einige hundert Menschen im Alkohol schwimmen, gibt es immer Ärger – Nome war da keine Ausnahme –, aber etwas Gravierendes passierte selten.

Der Blizzard tobte jetzt in voller Stärke durch die Stadt. Die wenigen Menschen, die sich auf die Straße trauten, hasteten von Hauseingang zu Hauseingang und hielten sich aneinander fest, um nicht fortgeweht zu werden. Die Südseite der Frontstreet ist zwar dem Meer abgewandt, aber der Blizzard streckte seine eisigen Finger zwischen den Häusern hindurch. Würde sich ein Mensch draußen auf dem Eis mit dem Rücken zum Wind stellen, hätte er das Gefühl, ihm würde die Atemluft glatt aus der Lunge gesaugt.

In den Vergnügungsstätten von Nome, vom *Polaris* bis zu den *Breakers* und dem *Board of Trade*, übertönten die aus Anchorage importierten Bands lautstark nicht nur das Heulen des Blizzards, sondern auch jeglichen Versuch, sich zu unterhalten. Tanzflächen, kaum größer als eine Scheunentür, waren gedrängt voll mit zuckenden Körpern. Hobo Jim, Stammgast der Iditarod-Festivitäten, sang unter begeisterter Anteilnahme des Publikums wieder und wieder »I did, I did, I did the Iditarod Trail«.

Alex hatte keine Augen dafür. Er drehte sich einmal um die eigene Achse und schmiß sich auf einen Stuhl.

»Also gut«, sagte er. »Ich gebe auf. Wir warten. Aber laßt uns wenigstens durchsprechen, was *möglich* ist. Kommen wir per Funk durch?«

Caswell und Carpenter warfen einander beredte Blicke zu und knobelten schweigend aus, wer Alex den Rest der schlechten Nachrichten erzählen sollte. Carpenter verlor.

»Ziemlich heikel«, sagte er vorsichtig. »Hängt davon ab, wie's aussieht zwischen hier und dort. Wir können es versuchen. Wir sollten uns auf jeden Fall mit der Iditarod-Zentrale hier in Nome verständigen und fragen, was die so wissen.«

Caswell packte den Stier bei den Hörnern. »Wir können nur hoffen, daß dem Blizzard in spätestens einer Woche die Luft ausgegangen ist, und uns jetzt erst einmal ums Essen kümmern und dann schlafen.«

»Was – eine Woche!?«

»Ist alles schon vorgekommen. Wir haben verdammtes Glück gehabt, überhaupt in Nome zu landen. Und glaub mir, bei dem Wetter ist niemand auf dem Trail. Sie hocken alle im nächstgelegenen Checkpoint und sitzen es aus. Genau wie wir.«

»Du lieber Himmel. Das hoffe ich.«

Wie es den Fahrern ging, die zwischen Shaktoolik und Koyuk

auf dem Eis des Norton Sound die Nacht verbrachten, war nicht in Erfahrung zu bringen.

Jessie erreichte Shaktoolik am späten Abend, nach einem kalten und windigen, aber ansonsten normalen Trip. Schuller und Martinson waren beide noch da und diskutierten, ob sie nach Koyuk weiterfahren sollten. Während Jessie ihre Hunde fütterte und versorgte, entschieden sie sich, abzuwarten, ob der Wind gegen Morgen nachlassen würde. Die drei Musher suchten sich erstmal einen Schlafplatz.

Zwei Stunden später wurde der Wind schwächer, als hätte er es satt, mit den Menschen herumzuspielen. Die relative Stille weckte Jessie, die bei Freunden übernachtete; als sie nach draußen ging, um die Lage zu prüfen, fand sie Schuller und Martinson bei den Vorbereitungen zum Aufbruch.

»Wenn es so bleibt, können wir den größten Teil der Eisstrecke schaffen«, sagte Schuller zu ihr.

»Aber nicht doch«, wandte Martinson ein, offenbar in besserer Laune als früher, »wir üben bloß Schlitten packen. Leg dich wieder schlafen.«

»Nur nach euch«, gab Jessie zurück. Sie mußte sich entscheiden. Wenn die beiden vorausfuhren, sie selbst aber womöglich durch einen erneuten Sturm hier festgehalten wurde, bedeutete das das Ende ihrer Chancen auf einen Sieg. Todmüde wie Jessie war, rüstete auch sie zum Aufbruch.

»Wir sind fast fertig. Wir können nicht auf dich warten.«

»Hab' ich euch etwa darum gebeten?«

Schuller grinste, als er seinen Hunden Pfotenschützer überzustreifen begann. Eine halbe Stunde später waren Martinson und Schuller fort. Jessie versorgte ihr Gespann ebenfalls hastig mit Pfotenschützern, packte den Schlitten und folgte den beiden Männern mit zehn Minuten Abstand. Jeder Trip ins anheimelnd warme Haus war eine schwere Versuchung, aber sie unterdrückte den Impuls herumzutrödeln. Ihre Freunde konnten sie nicht umstimmen, steckten ihr aber dick belegte Schinkenbrote und eine Thermoskanne mit heißem, stark gesüßtem Kaffee zu. Dankbar ließ Jessie beides in ihrem Parka verschwinden und jagte davon in die Dunkelheit, aufs zugefrorene Meer hinaus.

Die nächsten anderthalb Stunden folgte sie den Spuren von Schuller und Martinson. Mehrmals glaubte sie, hinter sich das Licht einer Stirnlampe blitzen zu sehen, aber sie hatte keine Ahnung, wer das sein mochte. Nach der bisherigen Reihenfolge wäre es T. J. Harvey, aber in dieser letzten, entscheidenden Phase des Rennens konnte es genausogut Bomber oder Gail Murray sein, die beide mächtig Druck machten. Jessie hoffte, es wäre Gail, doch der auffrischende Wind unterbrach ihre Überlegungen.

Bald wehte es so heftig, daß von den Spuren der Gespanne vor ihr nichts mehr zu sehen war. In diesem alptraumhaften Schneesturm konnte sie sich nur an den Markierungen orientieren, dünnen Holzlatten, die alle dreißig Meter in den Schnee gesteckt waren. In regelmäßigen Abständen tauchten auch dreibeinige Markierungen auf, die im Schneetreiben etwas leichter zu erkennen waren.

Jessie schritt langsam vor dem Gespann einher und suchte die nächste Markierung. Das Schneetreiben wurde so schlimm, daß sie die folgende Holzlatte nicht mehr entdecken konnte. Sie brachte das Gespann zum Stehen, tastete sich vor, bis sie die Markierungslatte entdeckte, und ging zu den Hunden zurück. Ihr fiel ein Artikel ein, den Libby Riddles über ihre gefahrvolle Überquerung des Norton Sound unter ähnlichen Wetterverhältnissen geschrieben hatte. Das gab Jessie neuen Mut, wie auch der Gedanke, daß irgendwo vor ihr Martinson und Schuller sich durch den Sturm kämpften.

Immer wieder ließ sie die Hunde anhalten, um ihnen den Schnee von Schnauze und Körper zu wischen. Sie spürte, wie ihr der Schnee ins Gesicht blies, und sie bemühte sich, die Kapuze ihres Parkas aus dem Wind zu halten. Jessie war davon überzeugt, daß der Kälteeffekt der Windböen (bei einer Geschwindigkeit von mindestens hundertzwölf Stundenkilometern) fünfundvierzig Grad unter Null betrug. Sie streifte sich eine Skimaske über und zog die Kapuze hoch. Hände und Füße fühlten sich warm an, aber sie paßte höllisch auf. In dieser Art von Kälte war Hypothermie nur eine Sache von Minuten.

Im Schneckentempo folgte sie den Markierungen. Hier und jetzt waren Geduld und Vorsicht angesagt. Sie mußte sich davor hüten, zu erfrieren, die Spur zu verlieren oder in Panik zu geraten. Wo mochten Martinson und Schuller stecken? Und wie weit würde sie selbst es noch schaffen? Von Shaktoolik nach Koyuk waren es über achtzig Kilometer. Wieviel davon wohl hinter ihr lagen? In den anderthalb Stunden vor Ausbruch des Sturms vielleicht vierundzwanzig Kilometer. Die Hunde liefen noch gut, aber bald müßte sie Rast machen und den Morgen abwarten. Sie konnte nur hoffen, daß der Sturm nachlassen würde, und wäre es nur ein bißchen.

Wieder einmal mußte sie das Gespann stoppen, um die Markierung zu suchen. Als sie zurückging, um die Hunde zu rufen, riß der Wind den dicht fallenden Schnee sekundenlang wie einen Vorhang auseinander. Und wieder meinte sie, ein Licht zu sehen. Neben der Markierungslatte blieb sie stehen und wartete. Da war es wieder: eindeutig das Licht einer Stirnlampe. Wer mochte das sein? Harvey? Cranshaw? Oder jemand ganz anderes? Plötzlich überfiel sie die Angst. Wenn sie bei diesem Wetter vom Trail abkam, konnte sie sich leicht verirren, und der Schnee würde sie unrettbar begraben. Im Frühling, wenn das Tauwetter einsetzte, würde ihre Leiche zusammen mit dem Eis im Meer verschwinden.

Sie marschierte jetzt noch zielbewußter und konzentrierter, um nicht in Hektik zu verfallen und keine lebenswichtigen Details zu übersehen. Ihr kam es vor, als wäre sie auf der Flucht. Ein einziger Fehler konnte das Ende bedeuten. Ich fahre so weit ich kann, dachte sie, und behielt die letzte Markierung so lange im Auge, bis die nächste auftauchte. Wenn sie nicht zu sehen ist: die Hunde anhalten, vorausgehen, Markierung suchen, zurückgehen und weiterfahren. Unbedingt in Bewegung bleiben. Sie wollte nicht wissen, wer hinter ihr war. Lieber vor ihm bleiben.

Es ist total verrückt, dachte Jessie. Das kann nur T. J. oder Bomber sein. Aber wenn nicht? Oder schlimmer noch – wenn doch, und einer von beiden ist der Mörder? Plötzlich fühlte sie sich total isoliert, eine Einsamkeit, die ihr nicht behagte.

Jessie fiel Holmans Revolver ein. Bei der nächsten Markierung steckte sie ihn zusammen mit einer Schachtel Patronen in eine der Taschen ihres Parka.

Stunden schienen vergangen, und der andere Fahrer war nicht aufgetaucht. Müde, hungrig und verzweifelt marschierte sie voran, von einer Holzlatte zur nächsten. Alles schien irreal. Als sie Tank wieder mal den Schnee abwischte, winselte er und leckte ihr die Hand. Auch wenn jetzt der zweitbeste Leithund das Gespann anführte, damit Tank entlastet wurde, brauchten die Hunde dringend eine Pause.

Als sie mühsam weiterging und nach dem nächsten Dreibeinstativ spähte, die Hand zum Schutz vors Gesicht haltend, erblickte sie plötzlich einen Schneehaufen, so groß wie eine Packkiste.

»Cruiser. Tank. Los jetzt«, rief sie den Hunden zu.

Der Schneehaufen bewegte sich und ließ sie entsetzt zurückfahren. Kopf und Schultern eines Mannes tauchten auf. Mit zugezogener Kapuze kam die Gestalt auf sie zu.

In plötzlicher Panik versuchte sie wegzurennen, stolperte und fiel hin. Die Gestalt war herangekommen und half ihr aufzustehen. Sie erkannte Dale Schullers grünen Parka, als er seinen Mund nah an ihr Ohr brachte und gegen das Sturmbrausen anschrie:

»Jessie? Bist du es?«

Sie war so erleichtert, daß ihr die Knie zitterten.

»O Gott, du bist es, Dale. Gott sei Dank.«

Sie erzählte nicht, welche Angst sie in den letzten Stunden ausgestanden hatte.

Schuller und Martinson hatten ihre Schlitten gekippt gegeneinandergestellt und sich dazwischen gekauert. Jetzt konstruierten sie mit Hilfe von Jessies Gefährt einen dreiseitigen Schutzraum. Sie häuften die Ausrüstung auf die unteren Kufen und packten die schweren Sachen obendrauf, damit nichts weggeweht wurde. Alle flachen Dinge kamen zwischen die Schlitten, als Unterlage für die Schlafsäcke. Mit einiger Mühe bastelten sie ein Dach aus einem Stück Segeltuch, das sie an den Streben befestigten.

In dem engen, dunklen Loch schälten sie sich, einer nach dem anderen, mühevoll aus den nassen Klamotten, zogen trockene Kleidung an und krochen in die schweren Arktisschlafsäcke. Sie schafften es irgendwie, denn sie wußten, wenn sie das feuchte, froststarre Zeug anbehielten, würde es auftauen, alles durchweichen und sie selbst der Kälte aussetzen.

Jessie hatte schreckliche Mühe, mit ihren eiskalten Fingern

den Reißverschluß hochzuziehen, aber bald wurde ihr wärmer, ihr Körper heizte den Schlafsack auf und auch die Fausthandschuhe, die sie zum Trocknen unter sich gelegt hatte. Ihr fielen die Sandwiches und der Kaffee ein, und sie teilte beides mit Schuller und Martinson. Die Sandwiches, halb gefroren zwar, schmeckten köstlich. Der warme Kaffee half, sie aufzutauen.

Sie kuschelten sich so eng wie möglich aneinander und waren bald genügend durchgewärmt, um wegzudösen.

Bevor sie richtig einschlief, brüllte Jessie über das Heulen des Windes hinweg Dale Schuller, der neben ihr lag, ins Ohr: »Jemand war lange Zeit hinter mir, ohne mich einzuholen. Ich habe immer wieder sein Licht gesehen.«

Er schrie zurück. »Wahrscheinlich T. J. Wenn er auftaucht, lassen wir ihn rein. Mach dir keine Sorgen. Es wird schon gehen.«

Bevor sie in erschöpften Schlaf fiel, galt ihr letzter Gedanke der schrecklichen Angst, die sie Stunden vorher gepackt hatte, und der Erleichterung, daß sie die beiden Männer mitten auf dem Eis des Norton Sound getroffen hatte. Sie hätte sie leicht verfehlen können. Jessie hoffte, daß es T. J. Harvey war, der ihnen folgte, aber wenn er es war, tat er ihr leid.

29

Datum: Dienstag, 12. März
Tag: Elfter Tag des Rennens
Ort: Zwischen den Checkpoints Shaktoolik und Elim
(einhundertsiebzig Kilometer)
Wetter: Bedeckt, nachlassender Wind
Temperatur: −25 °C Maximum, −30 °C Minimum
Zeitpunkt: Frühmorgens

Nach vier Stunden unruhigen Schlafs erwachten sie. Der Sturm hatte sich wieder gelegt. Es war wärmer geworden in ihrer kleinen Höhle und so finster, daß Jessie glaubte, sie wäre nur für ein paar Minuten eingenickt. Als Schuller die Segeltuchabdeckung wegstieß, stob der daraufliegende Schnee nach allen Seiten, Wind und Tageslicht drangen herein.

Sie krochen aus den molligwarmen Schlafsäcken und schlüpften wieder in ihre durchgekühlten Parkas, Stiefel und Hosen. Als Jessie aufstand, um sich einen weiteren Pullover anzuziehen, bemerkte sie, daß sie in der weißen Wüste mutterseelenallein waren. Von den Hunden war nichts zu sehen, aber dicht bei ihrem Behelfszelt bemerkte sie Schlittenspuren. Jemand hatte sie überholt, während sie schliefen.

Martinson stieß einen lauten Pfiff aus und rief seinen Leithund. Auf einen Schlag rührten sich alle drei Gespanne – die Hunde hatten, dicht zusammengerollt, unter dem Schnee warm und geborgen geschlafen. Huskies waren bei solchem Wetter weniger gefährdet als ihre menschlichen Begleiter.

»Sollen wir Feuer machen?« fragte Tim Martinson.

»Womit denn?«

»Ich habe irgendwo Holzkohle und eine Büchse Zündfix.«

»Zu viel Mühe, denke ich. Geben wir den Hunden einen Happen, und dann nichts wie weg, nach Koyuk, solange der Wind sich zurückhält.«

Schuller dachte wie Jessie, und das freute sie, weil sie keine Lust zur üblichen Routine hatte. Den Hunden machte es nichts aus. Und für die Musher würde es im Checkpoint heißen Kaffee und etwas zu essen geben.

Ihre Ausrüstung war unter dem Neuschnee begraben. Sie buddelten alles aus, packten die Schlitten und fuhren weiter, wobei jeder mal die Führung übernahm und vorspurte. Im schwachen Morgenlicht war das Fahren einfach, zumal schon Spuren da waren.

»Wer das wohl war?« fragte Schuller, bevor sie aufbrachen.

»Warum hat er nicht angehalten?« fügte Jessie hinzu.

»Wollte 'n ordentlichen Vorsprung rausfahren«, entschied Martinson. »Und das ist ihm auch gelungen.«

»Sieht nicht nach Harvey aus. Er fährt einen Toboggan, und der macht andere Spuren. Könnte Bomber gewesen sein.«

Als sie bei Koyuk vom Eis runterkamen, sahen sie, daß Schullers Vermutung stimmte. Vor dem Checkpoint stand der Schlitten von Bomber Cranshaw. Bomber saß im warmen Blockhaus und vertilgte ein gewaltiges Frühstück aus Sauerteigpfannkuchen, Spiegeleiern und Würstchen. Was Jessie beinahe dazu brachte, ihre eiserne Grundregel – »Zuerst das Gespann« – zu verletzen. Sie wärmte sich nur Gesicht und Hände und ging wieder nach draußen, um ihre Hunde zu versorgen.

Martinson war mit der Fütterung seiner zwölf Huskies schon fertig und verschwand in Richtung Frühstück. Jessie, die nur elf hungrige Mäuler zu stopfen hatte, hinkte nicht allzusehr hinterher, aber jeder Handgriff schien eine Ewigkeit zu dauern. Sie beschäftigte sich gerade mit den Pfoten der Hunde, als Schuller zu ihr trat.

»Hey, Jessie. Kannst du was von dieser Supersalbe entbehren, die du deinen Tieren auf die Pfoten schmierst? Die arme Betsy hat Kummer mit der rechten Vorderpfote. Letzte Nacht ist der Pfotenschützer geplatzt, und ihr ist körniger Schnee zwischen zwei Zehen geraten. Sieht böse aus. Letztes Jahr beim Kusko hat dein Zeug auf Widgets Pfote super gewirkt.«

»Klar, Dale.« Sie reichte ihm die Tube.

Er drückte die benötigte Menge auf zwei Finger und gab ihr die Salbe zurück. Ein paar Minuten später – Jessie sammelte gerade die leeren Freßnäpfe ein, damit sie nicht vom Wind fortgeblasen wurden – kam Schuller zurück, mit einer Tasse Kaffee und einem Wurst-Pfannkuchen-Sandwich in der Hand. Dankbar trank sie den Kaffee und verschlang das Sandwich, während sie ihren Schlitten neu packte.

Jetzt hatte Jessie erst recht Hunger. Im Checkpoint futterte sie Pfannkuchen und Proteine für drei. Obwohl sie pappsatt war, schob sie noch nach. Sie spürte instinktiv, wieviel Kalorien ihr Körper verbrannt hatte, um auf dem Eis nicht auszukühlen.

Sie blieben nur drei Stunden in Koyuk, bevor es nach Elim ging. In dieser Zeit trafen weder Harvey noch Murray im Checkpoint ein.

Bomber startete als erster. Wie Martinson hatte er noch zwölf Hunde im Gespann.

»Falls wir uns nicht wiedersehen, Jungs – war nett, mit euch das Rennen zu fahren.«

»Darauf würde ich nicht bauen«, konterte Martinson. »Du wirst mich schon früh genug von hinten sehen.«

»Das glaub' ich kaum. Deine Viecher haben ganz schön kurze Beine.«

»Wenn ich erst mal richtig loslege, wirst du deine Huskies für Dackel halten.«

Bis Nome waren es nur noch zweihundertvierzig Kilomter. Je näher sie dem Ziel kamen, um so mehr schien Martinsons Laune sich zu verbessern. Er rechnet sich gute Gewinnchancen aus, dachte Jessie. Ich mir aber auch.

Wie steht's wohl mit Murray und Harvey, fragte sie sich und zog den Hunden Pfotenschützer über.

Schuller ließ zwei Hunde zurück, den jungen Rüden Pepper und die alte Betsy. Das mußte ihn hart ankommen. Zum erstenmal in vier Jahren würde Betsy nicht mit ihm Musher ins Ziel einlaufen. Schuller hatte nun noch zwölf Hunde, ein starkes Gespann. Jessie sah, wie er zärtlich Betsys Ohren kraulte, während er mit dem Zeitnehmer sprach, der sich um sie kümmern würde. Der Tierarzt kniete neben der Hündin und untersuchte behutsam die verletzte Pfote. Sie leckte seine Hand, hatte aber nur Augen für Schuller. Betsy wußte, daß er sie zurückließ.

Als Dale losfuhr, blickte er sich nach ihr um. Kaum war er außer Sicht, legte sie betrübt den Kopf auf die Pfoten. Gleich darauf gab Jessie, selbst ein wenig traurig, ihrem Leithund Tank den Befehl zum Aufbruch. Hinter Koyuk verliefen die Fahrspuren zunächst noch auf dem zugefrorenen Meer; sie folgten der Küste, die steile Felsklippen und jäh aufragende Einzelfelsen säumten. Dann schwenkte der Trail abrupt aufs feste Land, auf sanftes Hügelland zu. Kurz vor dem Checkpoint ging es wieder aufs Eis, mit felsigen Klippen zur Rechten.

Gegen neun Uhr abends erreichte Jessie Elim, siebenundsiebzig Kilometer hinter Koyuk gelegen. Sie hatte für die Strecke knapp sieben Stunden gebraucht, obwohl der Wind unablässig vom Meer herüberpfiff und ihr sandpapierscharfen, feinkörnigen Schnee ins Gesicht trieb.

Martinson, eingedenk seines Versprechens, überholte Cranshaw zwischen den beiden Checkpoints und verschwand in der Ferne. Auch Schuller und Jessie zogen kurz vor Elim an Bomber vorbei, aber Cranshaw überholte sie gleich wieder und war fünf Minuten vor ihnen am Ziel. Als Dale und Jessie ihre Gespanne vor dem Checkpoint anhielten, befand sich Bomber in einem ernsten Gespräch mit dem Zeitnehmer.

»Du bist dir ganz sicher, daß du ihn nur einmal gesehen hast, bevor du aufs Eis rauf bist?«

»Ja, ganz sicher. Er machte Platz, um mich vorbeizulassen. Ein paar Minuten habe ich noch sein Licht gesehen, aber bis Koyuk ist mir dann niemand mehr begegnet. Ich bin sogar an der *ménage à trois* auf dem Eis vorbeigefahren. Es hat verflucht geschneit.«

Die *ménage à trois* war an ihre Adresse gerichtet. Bombers Kommentar erboste Jessie. Schuller offenbar auch.

»Wenn du uns nicht gesehen hast, woher weißt du dann, daß wir zusammen gecampt haben?« fragte er giftig.

Bomber grinste hinterhältig. »Ich hab' gesagt, ich bin vorbeigefahren, ich hab' nicht gesagt, daß ich euch nicht gesehen habe. Hätte ich vielleicht doch anhalten sollen?«

Schuller wollte auf Cranshaw losgehen, aber Jessie packte ihn am Arm.

»Tu's nicht, Dale. Das ist es nicht wert. Er ist einfach nur blöd.«

»Hast recht.« Kopfschüttelnd wandte sich Schuller zum Tierarzt, der seine Hunde untersuchen wollte.

Cranshaw starrte Jessie an, bis die beiden außer Hörweite waren.

»Du bist dies Jahr gut drauf, Jessie«, sagte er.

»Ich habe ein tüchtiges Gespann, und alle Hunde sind in bester Verfassung.«

»Nicht besser als meine.«

»Das werden wir noch sehen. Denk dran, wie's vor zwei Jahren lief.« Das war das Jahr, in dem sie ihn ein paar Kilometer vor Nome überholt hatte.

Er erwiderte nichts, sondern blickte sie nur aufmüpfig an.

»Wie ich sehe, hast du deinen Trailbreaker verloren«, sagte er schließlich gehässig.

»Du meinst Mike?«

»Ja. Hat seine Hunde ausgelaugt.«

Diese Andeutung gab ihr einen Stich. Sie spürte Wut in sich aufsteigen, riß sich aber zusammen. *Er will dich nur aus der Fassung bringen. Geh nicht drauf ein.*

Schweigend blickte sie ihn an. Ihr Gesicht wurde heiß, die Lippen steif.

»Das ist unfair, Bomber. Ich leiste meinen Anteil beim Trailbreaking wie jeder andere auch.«

»Das sagst *du*.«

»Was soll das?« brach es schließlich aus ihr heraus. »Das muß ich mir nicht gefallen lassen, und das weißt du ganz genau.«

»Ach, tu doch nicht so, Jessie. Du hast Hilfe gehabt, von Anfang an. Wie Murray und die anderen Frauen auch. Wenn nicht Ryan oder Solomon, dann hat sich dieser dämliche Trooper für dich ins Zeug gelegt.«

Sie brachte keinen Ton heraus, hätte ihn vor Wut am liebsten geschlagen. Ungläubig versuchte sie, sich im Zaum zu halten.

Bomber beobachtete finster, wie seine Anschuldigungen bei ihr wirkten.

Eifersüchtig. Er ist eifersüchtig, dachte sie. Aber nicht nur das. Sondern auch noch müde und ehrlich wütend. Er scheint zu *glauben*, was er sagt. Hat Angst, ich könnte ihn wieder besiegen, und sucht jetzt schon nach Entschuldigungen, falls das tatsächlich eintritt.

Betont ruhig antwortete sie ihm: »Schade, daß du das denkst. Es stimmt nicht und du weißt es, wenn du fair bist.«

Jessie sah ihn an, fast ein wenig betäubt und müde, als sich ihr Adrenalinspiegel wieder normalisierte. Sie hatte geglaubt, dieses Vorurteil hätte er überwunden.

Er drehte sich ruckartig um und stapfte zum Checkpoint hinüber.

»Weswegen lächelst du?« Sie hatte Schuller nicht zurückkommen hören und zuckte beim Ton seiner Stimme zusammen.

Lächeln? Sie merkte, daß sie lächelte, und wußte auch warum. Sie war beschwingt. Bomber fürchtete, daß sie nicht nur ihn, sondern auch die anderen schlagen könnte. Zum ersten Mal bei diesem Rennen dachte sie daran, daß sie *gewinnen* konnte, falls die Voraussetzungen stimmten.

»Unwichtig«, sagte sie zu Schuller. »Dieselbe alte Geschichte.« Von Bomber würde sie sich nicht schlagen lassen. Dafür hatte er gerade gesorgt.

Sie betrachtete Schuller einen Augenblick.

»Was ist los, Dale?«

Sein besorgtes Gesicht verhieß schlechte Nachrichten.

»T. J. ist verletzt. Solomon und Murray haben ihn letzte Nacht bewußtlos neben seinem Schlitten gefunden, in dem Hügelgelände vor der Küste. Scheinbar hatte er Rast gemacht; er ist wohl gestolpert und mit dem Kopf auf einen Klumpen gefrorenen Fisch geknallt, mit dem er die Hunde füttern wollte.«

»O Gott. Wie geht es ihm?«

»Gail und Mike sind umgekehrt und haben ihn nach Shaktoolik zurückgebracht. Dort ist er dann wieder zu sich gekommen. Die Beule an seiner Schläfe ist so groß wie ein Baseball. Er kann sich an kaum was erinnern.«

Sie schauten sich an, dachten beide dasselbe. Jessie sprach es aus.

»Ist man sicher, daß er nur gestürzt ist?«

Nachdenklich kickte Schuller mit dem Fuß gegen eine Kufe an ihrem Schlitten.

»Verflixt, Jessie, ich weiß es nicht. Wenn es keine Zweifel gäbe, würden sie doch auch keine Fragen stellen, oder?«

»Ist T. J. aus dem Rennen?«

»Hundert Prozent. Keine Chance. Sie fliegen ihn aus, sobald es aufklart.«

»Sind die Trooper in Shaktoolik?«

»Nein, in Nome. Der Sturm hat sie gestern die Küste raufgescheucht, und bisher konnten sie noch nicht wieder starten.

Heute nachmittag hat es Holman nach Shaktoolik geschafft, von Koyuk aus.«

»Wenn er bei dem Wetter geflogen ist, muß er es verdammt eilig gehabt haben.«

30

Datum: Dienstag, 12. März
Tag: Elfter Tag des Rennens
Ort: Checkpoint Nome
Wetter: Bedeckt, nachlassender Wind
Temperatur: −26 °C Maximum, −31 °C Minimum
Zeitpunkt: Später Nachmittag

Holman war nicht der einzige, der unbedingt an einem anderen Ort sein wollte. Den ganzen Tag lang war der Sturm in wellenförmigen Bewegungen von der Küste her ins Land vorgedrungen, was Alex maßlos irritierte.

»Wenn der Sturm bei uns nachläßt, tobt er dort oben immer noch wie verrückt und umgekehrt«, beklagte er sich bei Caswell und Becker. Sie tranken Kaffee bei der Iditarod-Rennleitung auf der Südseite der West Front Street, einen Häuserblock von der Ziellinie entfernt.

Auf dem Weg dorthin – sie wollten die Positionen der führenden Musher in Erfahrung bringen – begegnete ihnen eine schwer bewachte Gruppe von Häftlingen aus dem Stadtgefängnis. Die Männer schaufelten eine gut fünfzig Meter lange erhöhte und leicht abschüssige Rampe aus Schnee, auf der der Sieger morgen die Ziellinie überfahren und offiziell das Rennen beenden würde. Rechts und links davon wurden Schneezäune aufgestellt, die die zu erwartenden Menschenmassen in Schach halten sollten. Um den Zuschauern dennoch freien Blick aufs Ziel zu bieten, hatte man die Rampe gebaut. Über ihr thronte ein mächtiger Bogen mit knotigen Verdickungen an beiden Enden, der in viereinhalb Meter Höhe von drei kräftigen Stangen gehalten wurde und die Inschrift trug »Ziel des Iditarod-Hunderennens, 1678 Kilometer, Anchorage-Nome.«

»So große Bäume gibt es hier doch gar nicht«, sagte Alex zu Caswell. »Wo haben sie das Ding her?«

Caswell lächelte. Er war froh, Jensen von seinen Wetter-Grübeleien ablenken zu können.

»Aus Fairbanks. Das war 1974. Ein Holzfäller namens Red Olson, dem der Stamm gehörte, war der Meinung, das Rennen brauche ein Zielmonument. Er brachte den Lions Club dazu, das Ding zu finanzieren. Als es fertig war, verfrachteten sie es per Flugzeug nach Nome. Nur: Olson hatte es per Nachnahme geschickt, und für die zweieinhalbtausend Kilo Holz mußte das Rennkomitee mehr als tausend Dollar Frachtgebühr zahlen.

Sie starteten eine Spendenaktion, um die Rechnung für ein Objekt zu bezahlen, das sie noch nicht einmal mit eigenen Augen gesehen hatten. Olson baute das Monument zusammen und stellte es auf. Nach gut fünfzehn Jahren an der frischen Luft ist es jetzt reparaturbedürftig, aber es macht sich doch verdammt gut über der Ziellinie, oder nicht?«

Bei der Iditarod-Rennleitung, in einem Saal mittlerer Größe, herrschte ein ständiges Kommen und Gehen, Fans und Funktionäre gaben sich die Klinke in die Hand. Ein anderer, kleinerer Raum beherbergte Funkgeräte und Computer: Hier wurde genau registriert, wo sich die Teilnehmer auf dem Trail jeweils befanden. Hinter einem Tresen nahe am Ausgang verkauften freiwillige Helfer Iditarod-Souvenirs: Anstecker, Sweatshirts mit dem Renn-Logo, Becher, Hosenträger, Poster. An anderer Stelle wurden Soft Drinks, Hot Dogs, Zimtschnecken und was die Stadtköche noch alles heranschleppten, angeboten. Die drei Trooper hatten vor einer Weile Elcheintopf probiert.

Eine handgemalte Alaskakarte bedeckte die eine Wand. Jede einzelne Etappe des Rennens war sorgfältig markiert.

Rennmitarbeiter steckten die bunten, mit Namen versehenen Fähnchen um, sobald sie von neuen Positionen der Musher erfuhren. Die Fähnchen der Teilnehmer, die aufgeben mußten oder ausgestiegen waren, staken an der Seite.

Nach dieser Karte hatten Murray und Solomon Koyuk passiert. Die anderen vier – Martinson, Schuller, Arnold und Cranshaw – hatten mehr als die Hälfte der siebenundsiebzig Kilometer nach Elim geschafft. Das Wetter drückte aufs Tempo, aber es unterbrach das Rennen nicht.

T. J. Harveys Unfall war über Funk gemeldet worden. Alex befragte Holman, der mit Harvey und dem Sanitäter von Shaktoolik gesprochen hatte.

Shaktoolik mit seinen nicht mal zweihundert Einwohnern hat weder einen Arzt, noch einen Zahnarzt oder Apotheker. Für die kleineren medizinischen Belange ist der örtliche Sanitäter zuständig. Ein- bis zweimal jährlich halten Fachärzte Sprechstunden ab. Wer dringend ärztlicher Behandlung bedarf, wird ins Norton Sound Regional Hospital nach Nome geflogen.

»Wir bringen ihn rüber, sobald es aufklart«, hatte Holman Jensen versichert. »Nach unserer Einschätzung ist er nicht in Lebensgefahr. Natürlich hat er wüste Kopfschmerzen, aber sonst hält er sich ordentlich.«

»Was meinen sie, Matt? War es ein Unfall?«

Holman antwortete nicht gleich. »Weiß nicht recht. Könnte ein Unfall gewesen sein. T. J. erinnert sich an nichts. Wenn ihm jemand eins übergezogen hat, hat er ihn jedenfalls nicht bemerkt, meinte er. Ich war nicht an der Stelle, wo's passiert ist, aber Solomon, der ihn gefunden hat, ist nicht dumm. Er hat nach Fußspuren Ausschau gehalten, aber der verdammte Schnee hatte alles längst zugedeckt, sogar Harvey selbst. Ein Glück, daß sie ihn überhaupt gefunden haben. Er hätte erfrieren können.«

»Was hat ihn k. o. gehen lassen?«

»Ein Klotz gefrorener Fisch, den er offenbar für die Fütterung gerade zerhacken wollte. Solomon hat das Ding mitgebracht. Harveys Blut klebt dran, und es paßt zu der Wunde. Aber er hat schon verdammt unglücklich stürzen müssen, um sich *derart* massiv zu verletzen.«

»Also ist beides denkbar.«

»Absolut. Gibt's noch was?«

»Nein. Wann kommen Sie nach Nome, Matt?«

»Sobald ich kann.« Holman unterbrach die Funkverbindung.

»Will er etwa bei dem Wetter fliegen?« fragte Becker.

»Nein, nur wenn's aufklart. Ich glaube, ihm hat der Flug nach Shaktoolik gereicht.«

»Das kann ich ihm nachfühlen.« Der Trip von Unalakleet nach Nome steckte Becker noch in den Knochen.

Der Sturm hatte sich zwar etwas gelegt, aber immer noch peitschte der Wind durch die Straßen, und die Temperaturen lagen weit unter dem Gefrierpunkt. Jensen war froh, als er endlich im Nugget Inn war, wo Carpenter ihnen eine Unterkunft besorgt hatte: Der Besitzer war Carpenter noch einen Gefallen schuldig. Das Zimmer war klein, dunkel und hatte wiederum nur ein Bett. Diesmal bestand Caswell darauf, auf dem Boden zu schlafen. »Wir fliegen erstmal nirgendwo hin«, sagte er. »Mir macht es nichts aus.«

Im Foyer wimmelte es von angereisten Fans, die Schutz vor dem Wind suchten. Und auch im Golden Dust Saloon, der sich – zwei Stufen tiefer – neben der Rezeption befand, waren fast alle Tische besetzt, stellte Alex fest.

»Gehen wir 'n Bier trinken«, schlug Caswell vor. »Die Bar muß man einfach gesehen haben.«

Sie machten es sich auf den Barhockern gemütlich. Ein Panoramafenster bot einen freien Blick aufs Meer, allerdings war in der Dunkelheit nicht viel zu sehen, außer dem Schnee, den der Wind vom Eis aufwirbelte und gegen die Scheibe trieb. Die Bar füllte eine Seite des Raums. Das polierte Holz, die Spiegel und die mit Gläsern gefüllten Regale boten einen eindrucksvollen Anblick. Das Schnitzwerk des Tresen und die altmodischen Lampen erinnerten daran, daß die Zeiten des Goldrauschs noch gar nicht so lange zurücklagen.

»So sollte eine Bar in Alaska aussehen«, meinte Caswell begeistert. Die Barfrau, die den Satz auffing, lächelte.

»Danke«, sagte sie. »Uns gefällt sie auch. Sind Sie zum Rennen hier?«

»Gewissermaßen.«

»Morgen ist es soweit. Gegen Abend. Martinson ist als erster aus Elim weg, aber Cranshaw, Schuller und Arnold sind direkt hinter ihm. Sind alle verdammt schnell, obwohl's so schneit.« Sie nickte zum Fenster rüber. »Bald kommt der neue Lagebericht.«

»Wie spät ist es?« fragte Alex.

»Kurz vor acht. Woher kommen Sie?« Die Barfrau lächelte und stellte drei Biere vor sie hin. Mit geübtem Blick, schnell und unauffällig (aber Caswell, dem nichts entging, stieß Becker grinsend an) hatte sie die beiden als Ehemänner eingestuft und Alex angesprochen.

Alex, der ihr Interesse genauso mitbekam wie Caswells Amüsement, wurde rot.

»Palmer«, sagte er und ertränkte sein Unbehagen in einem großen Schluck Budweiser.

Als die Barfrau sich ein Stück entfernte, um für die Bestellungen der Cocktailkellnerin Drinks zu mixen, wurde hinter den Troopern ein Tisch frei.

»Setzen wir uns«, schlug Jensen vor. »Ist doch gemütlicher.«

»Och, ich weiß nicht.« Becker schaute unschuldig zur Decke. »Irgendwie gefällt's mir hier. Was ist mit dir, Cas?«

»Tja, Alex, ich hocke hier so gemütlich. Ist doch interessant hier, das mußt du zugeben. Tolle Dekoration, einsatzfreudige Mannschaft.«

»Los, ihr beiden. Bewegt euch.« Er setzte sich an den leeren Tisch, mit dem Rücken zur Bar und begann, sich die Pfeife zu stopfen.

»Ich bin wieder bei Cranshaw und Martinson gelandet«, sagte Jensen, als sich Caswell und Becker grinsend am Tisch niederließen. »Und es gefällt mir nicht, daß Jessie bei ihnen ist.«

»Ich weiß, wie sehr du hier weg willst, Alex«, sagte Caswell.

»Mich macht es verrückt, hier festzusitzen.«

»Wenn wir wüßten, daß Harveys Unfall ein Mordversuch war, könnten wir Schuller und Martinsen streichen, so ist es doch?« fragte Becker.

»Wir wissen aber nicht, ob es ein Unfall war.«

In dem Augenblick stellte die Barfrau das Radio lauter. Der stündliche Lagebericht war fällig, und an der Bar wurde es still. Jeder wollte hören, wie das Rennen stand.

Wie vorhergesagt, hatte Martinson als erster Elim erreicht, um siebzehn Minuten vor acht. Dreizehn Minuten später folgte ihm Cranshaw, der Schuller und Arnold überholt hatte. Jessie und Dale wurden bereits vom Checkpoint gesichtet.

»Hey«, sagte eine junge Frau in einem gelben Overall zu ihrem Mann. »Frank, *sie* wird gewinnen. Paß nur auf.«

Sie bemerkte, daß Alex lächelte, und wandte sich zu ihm. »Kennen Sie sie?«

Er nickte. »Ja, wir kennen sie.«

31

Datum: Dienstag und Mittwoch, 12. und 13. März
Tag: Elfter und zwölfter Tag des Rennens
Ort: Zwischen den Checkpoints Elim, White Mountain, Golovin und Safety (gut vierundsiebzig Kilometer)
Temperatur: −25 °C Maximum, −29 °C Minimum
Zeitpunkt: Später Abend bis zum darauffolgenden Nachmittag

Jessie blieb zwei Stunden in Elim. Die Zeit reichte gerade, um die Hunde zu füttern –, dann war sie wieder auf und davon, direkt hinter Martinson. Sie hatte Bomber gleich hinter dem Checkpoint überholt und lag jetzt auf Platz zwei, eine Position, die sie nicht wieder aufgeben wollte. Ihre Hunde waren einfach Spitze; sie redete ihnen gut zu, im Bewußtsein, daß in White Mountain eine obligatorische Vier-Stunden-Pause fällig war, als Vorbereitung auf den Schlußsprint über Safety nach Nome. Jetzt kam es nur noch darauf an, am Ball zu bleiben, niemanden davonziehen zu lassen.

Der Sturm schien sich endlich zu verziehen. Sie schaltete die Stirnlampe aus. Als sich ihre Augen ans Dunkel gewöhnt hatten, entdeckte sie einzelne Wolken am Himmel. Dazwischen blitzten Sterne. Nach einigen Minuten schaltete sie die Lampe wieder ein.

Jessie konnte sich nicht erinnern, jemals so müde gewesen zu sein. Aber der zweite Platz und die Gewißheit, daß die Strapazen bald vorbei waren, gaben ihr Kraft. Weit hinter sich auf dem Eis sah sie zwei hüpfende Lichter – Schuller und Bomber, und vor ihr blitzte gelegentlich Martinsons Lampe auf.

Die Erinnerung an den Blick, den Bomber ihr zugeworfen hatte, als sie ihn hinter Elim überholte, ließ sie erzittern. Wenn es nur irgend möglich gewesen wäre – sein Blick hätte sie ein für allemal von jedem Rennen ausgeschlossen.

Den Regeln entsprechend kann der Musher einen Konkurrenten überholen, wenn er sich auf fünfzehn Meter genähert hat und sein Verlangen ausspricht. Hinter Elim hatte Bomber so getan, als hörte er Jessie nicht, und sie mußte ihre Bitte dreimal wiederholen. Wäre Schuller nicht in Sichtweite gewesen, hätte er womöglich überhaupt nicht reagiert. Deshalb würde sie auf jeden Fall versuchen, ihre jetzige Position zu halten.

Sie überlegte kurz, ob sie die Stirnlampe ausschalten und im Dunkeln weiterfahren sollte, damit er nicht wußte, wo sie sich befand, aber das Licht half ihr, wach zu bleiben. Und so müde wie Jessie war, konnte sie leicht vom Schlitten fallen, wenn er auf dem buckeligen Trail plötzlich ausbrach. Das Risiko konnte sie nicht eingehen, also blieb das Licht an.

Auf siebzehn der vierundvierzig Kilometer nach Golovin verlief der Trail parallel zur Küste in einem großen Bogen nach Südwesten. Um die zeitraubende Umrundung von Cape Darby zu vermeiden, hatten die Trailbreaker die Route quer durch die Kwiktalik Mountains geführt. Jessie folgte Martinson über die Wasserscheide aufs Festland hinauf. Nach dem stundenlangen Fahren über flaches Eis und durch niedrige Hügel erschienen ihr die Dreihunderter entsetzlich hoch. Der Trail wurde uneben und holperig, voller Eisrillen und vom Sturm freigefegt.

Als sie aus den Bergen raus waren und erneut aufs vereiste Meer in nordwestlicher Richtung auf Golovin zufuhren, drehte der Wind voll auf.

Jessie erreichte den Checkpoint um drei Uhr morgens. Tim Martinson lag schlafend auf seinem Schlitten, die Hunde um sich herum. Ein paar Einwohner unterhielten sich über Martinsons Gespann und sahen den Hunden beim Fressen zu, hielten sich aber in respektvoller Entfernung, um die Tiere nicht zu stören. Als Jessie heranbrauste, erwachte der Musher und setzte sich auf.

Sie brachte ihr Gespann zum Stehen und fütterte die Hunde. Als sie ihren Schlitten neu packte, schlenderte Tim heran.

»Du scheuchst mich ganz schön, Jessie.«

Sie grinste ihn an. »Gut. Das werde ich auch weiter tun.«

Er warf einen langen, prüfenden Blick auf ihre verbliebenen zehn Hunde. »Sie sehen gut aus.«

»Recht hast du. Einen habe ich in Elim gelassen, aber der Rest ist okay. Wie geht's deinen?«

»Sind okay. Habe zwei rausgesetzt. Magst du 'n Kaffee?«

Sie unterbrach ihre Arbeit und blickte ihn an. Sie hatten zwar schon gemeinsam an Rennen teilgenommen, waren aber von der Plazierung her einander nie so nah gewesen wie in diesem Jahr. Gemessen an Martinsons unwirschem Benehmen der vergangenen Tage, war dieses Angebot eine echte Überraschung.

»Gern, Tim. Ich will mich nicht schlafen legen, nur etwas ausruhen. Kaffee wär super. Ich komm' gleich rüber.«

Er nahm den Metallbecher aus ihrer Hand und stapfte in seinen schweren Stiefeln zum Feuer neben seinem Gespann.

Jessie warf einen fürsorglichen Blick auf ihre Hunde und ging zu Martinson. Sie hockte sich nah ans Feuer, um sich die Hände zu wärmen, und griff nach dem heißen Kaffee. Tim machte es sich mit seinem Becher wieder auf dem Schlitten gemütlich. In friedlichem Schweigen betrachteten sie die Flammen.

Gerade wollte sie den ersten Schluck trinken, als ihr Name gerufen wurde und eine Gestalt aus der Dunkelheit hervortrat.

»Jessie, hier bist du!« Es war Alice Yupanuk, Jessies Eskimofreundin.

Jessie stand auf und umarmte sie.

»Alice. Wie schön, dich zu sehen.«

»Entschuldige, daß ich dich nicht begrüßt habe, als du kamst. Sie haben mich erst geweckt, als du schon da warst. Siehst müde aus, Jessie.«

»Erinnere mich bloß nicht daran. Ich bin so müde, daß ich nicht lange an einer Stelle stehen bleiben darf – sonst falle ich um. Tim – meine Freundin Alice.«

Er nickte und lächelte.

»Hier, Jessie. Heißer Kakao.« Sie drückte Jessie eine Thermoskanne in die Hand. »Der ist für jetzt. Ich habe Rentierstew auf dem Herd. Kommt beide und haut rein.«

»Ach, Alice, das würde ich ja schrecklich gern tun, aber wenn ich erst mal im warmen Haus bin, gehe ich nicht mehr raus. Ich muß wach bleiben, wenigstens bis White Mountain.«

»Kein Problem. Ich bringe euch eine Portion.« Und bevor Jessie nein sagen konnte, war sie schon unterwegs zu dem kleinen, hell erleuchteten Haus auf dem Hügel.

Jessie wandte sich wieder zum Feuer und zu Tim Martinson.

»Möchtest du was?«

»Oh... Klar, gerne.«

Sie leerte die Kaffeebecher in den Schnee und füllte sie

mit dem dunkelbraunen, heißen Schokoladengetränk. Es schmeckte köstlich.

Minuten später kam Alice zurück, mit einer Papiertüte und einem Kochtopf. Aus der Tüte holte sie Löffel, tiefe Teller und heißes, gebuttertes Brot. Sie schöpfte Stew aus dem Topf und reichte jedem einen Teller und einen Löffel. Sie aß selbst ein wenig, verfolgte zufrieden, wie Tim und Jessie zulangten, und füllte ihnen nach, bis sie stöhnend die Teller umdrehten. Der große Kochtopf auf dem Feuer war immer noch halbvoll.

»Was für ein Geschenk. Vielen Dank, Alice«, sagte Jessie und reichte ihr die Thermoskanne. Sie tranken den Rest des Kakaos.

»Nicht der Rede wert.« Alice lachte Martinson an. »Gewinnst du, Jessie? Schlägst du diesen Typ?«

»Das hoffe ich, Alice. Versuchen werd' ich's jedenfalls.«

Als sie noch beim Essen waren, trafen Bomber und Schuller ein. Schuller winkte ihnen zu, als er sich um seine Hunde kümmerte.

»Freunde von dir?« wollte Alice wissen.

»Tja, ich denke schon.«

Die kleine Frau lächelte übers ganze Gesicht. »Wetten, daß sie Hunger haben?«

Sie umarmte Jessie und eilte davon, um Cranshaw und Schuller zu füttern.

»Nette Frau«, sagte Tim und schaute ihr nach. »Jeder geht so großzügig mit seinen Sachen um. Da fühlt man sich...«

»...willkommen«, vollendete Jessie den Satz. »Sie hat das Stew bestimmt schon gestern gekocht und die ganze Nacht für unsere Ankunft warmgehalten.«

Sie schwiegen lange, dann sah er zu ihr auf.

»Ich muß dir was sagen, Jessie. Nicht, daß ich dich beunruhigen will, aber du solltest dich vor Cranshaw in acht nehmen. Irgendwas stimmt nicht mit ihm, und im Moment hat er eine richtige Wut auf dich.«

»Was meinst du mit ›stimmt nicht mit ihm?‹« fragte sie, plötzlich hellwach.

»Nur so. Ich weiß es auch nicht genau. Aber er benimmt sich wirklich eigenartig. In Anvik habe ich zufällig mit angehört, wie er Paul Banks erzählte, daß du Ryan und ihm das ganze

Trailbreaking aufgehalst hättest, ohne deinen Anteil zu leisten. Und daß dir die ganze Zeit jemand geholfen haben muß.«

Ärger packte sie, so heftig, daß sich ihre Finger um den Becher verkrampften. Sie saß reglos, dachte nach.

»Glaubst du das, Tim?«

»Nein, Jessie. Du bist ein guter Musher. Ich habe dich nie um Hilfe bitten hören. Soweit ich weiß, hast du dich auch beim schlimmsten Wetter immer am Trailbreaking beteiligt. Du solltest nur wissen, was er da rumerzählt. Mir mußt du nichts beweisen.«

Er schwieg und grinste plötzlich.

»Außerdem würde ich dich sowieso nicht vorlassen – auch *wenn* du was beweisen müßtest.«

Sie lachte, und ihre Wut verrauchte.

»Danke, Tim. Ich werd' aufpassen, aber ich glaube nicht, daß es ein Problem gibt, solange ich ihn nicht in meine Nähe lasse.«

»Wahrscheinlich hast du recht. Er ist einfach nur eifersüchtig. Meint halt, Rennen seien Männersache.«

Eifersüchtig, dachte sie. Da ist es schon wieder. Weiß hier denn jeder über Jensen und mich Bescheid? Halt stop, bremste sie sich. Tim konnte genausogut meinen, daß Bomber ihr den zweiten Platz neidete, daß er Angst hatte, sie könnte tatsächlich vor ihm das Ziel erreichen.

Alex und sie hatten ihr Interesse füreinander nicht länger verheimlicht. Warum sollten sie auch? Auch deshalb war Bomber wütend, auch wenn Tim es nicht aussprach.

»Danke für die Warnung«, sagte sie und stand auf. »Ich werde mich von ihm fernhalten.«

Den Rest der Nacht schluckte die Fahrt nach White Mountain. Um acht Uhr trafen sie ein. Schuller kam vierzig Minuten später, noch vor Cranshaw. Es waren nur noch einhundertdreiundzwanzig Kilometer bis Nome, und jeder rechnete damit, daß das Rennen am elften Tag vorbei wäre. Auch wenn das Wetter zwischenzeitlich das Tempo verlangsamt hatte, konnten sich die Zeiten sehen lassen.

Vier Stunden Rast waren in White Mountain Pflicht. Die Musher fütterten ihre Hunde und ließen sie schlafen.

Während das Futter vor sich hin kochte, leerte Jessie ihre Schlittentasche, um alles auszusortieren, was sie nicht unbedingt brauchte. Von jetzt an würde sie nur das Allernötigste transportieren. Dazu gehörte die Pflicht-Ausrüstung, außerdem ein Thermosbehälter mit vorgekochtem, heißem Hundefutter, Ersatzkleidung, Snacks, zwei Kassetten für den Walkman, zwei Ersatzbatterien für die Stirnlampe, und das war's schon. Kocher und Holzkohle blieben zurück. Sie verstaute alles Aussortierte in einem soliden Plastiksack, den sie sich mit anderen Vorräten hatte liefern lassen.

Als sie den Sack zum Checkpoint trug, er sollte nach Wasilla geschickt werden, stieß sie auf Martinson und Schuller, die ebenfalls am Ausmisten waren.

Martinson stand mit einem Pullover in jeder Hand grübelnd da. »Ach was«, murmelte er und schmiß beide auf den Haufen ›Ausrangiertes‹. Jessie lachte.

Cranshaw hatte seinen Schlitten in einiger Entfernung abgestellt. Er war von neugierigen Kindern umringt. Beim Ton von Jessies Stimme warf er den Kopf herum und blickte sie wütend an. Ein Junge nutzte die Gelegenheit und berührte Cranshaws Waffe, die verlockend offen herumlag. »Hey«, brüllte Bomber und drehte sich wieder um. »Pfoten weg!«

Bei dieser Bewegung ging sein Parka auf, und Jessie sah Metall an seinem Gürtel aufblitzen. Bomber nahm den Revolver und stopfte ihn in die Tasche unterm Lenker. Der neugierige Junge rannte ein paar Schritte davon, blieb stehen und machte hinter Bombers Rücken eine Fratze.

Jessie gefiel das.

»Immer schön Zeit sparen«, rief Dale ihr zu, als Jessie vorbeikam. »Wie geht's dir, Jessie?«

»Gut. Ich häng' halt hier fest.«

»Paß auf, ich fahre jetzt mit heißen Kufen.«

»Dann streng dich an. Ich habe fast 'ne Stunde Vorsprung.«

»Hoffentlich geben deine Biester in Safety auf.«

»Meine Jungs nicht.«

Davor fürchteten sich alle. Safety war der letzte Checkpoint vor Nome. Seit den Anfängen des Iditarod-Rennens kam es in Safety immer wieder vor, daß müde Hunde sich weigerten weiterzulaufen, das heißt auf ihre von jedem Checkpoint gewohnte Ruhepause zu verzichten. Sie boykottierten das Startkommando, bis sie sich ausgeruht hatten. So mancher Musher hatte schon frustriert zusehen müssen, wie die Konkurrenz an ihm vorbeizog und er um Plätze zurückfiel. Sieg oder Niederlage hingen davon ab, in welcher Laune das Gespann Safety erreichte.

Nachdem sie die Routinearbeiten erledigt hatte, versuchte Jessie etwas zu essen, aber ihr fehlte der Appetit. Sie stocherte in den Käsemakkaroni ihrer Mutter, trank einen Orangensaft und streckte sich für eine Stunde auf dem Schlitten aus.

Als sie sich aufrappelte, war sie völlig verwirrt und wußte kaum, wo sie sich befand. Es dauerte fünf Minuten, bis sie wieder den Durchblick hatte. Sie trank noch etwas Saft und weckte ihre Hunde.

Die letzten zehn Minuten verbrachte sie mit Warten vor dem Checkpoint. Sie beobachtete, wie Martinson aufbrach. Als er das letzte Haus von White Mountain erreichte, kam ein Dorfköter angerannt und verbellte sein Gespann. Martinson brüllte und fluchte, doch die zehn Hunde stürmten nach rechts, dem Angreifer hinterher. Leute rannten herbei, um die Meute zu stoppen, aber die Hälfte der Tiere hatte sich bereits hoffnungslos in den Geschirren verheddert. Der fremde Hund war verschwunden.

Martinson war fluchend damit beschäftigt, das Chaos zu beseitigen, als Jessie an ihm vorbeifuhr.

Unwillkürlich mußte sie lachen. Sie warf einen Blick zurück und war erleichtert. Es hätte genausogut ihr Gespann sein können.

Aber sie war gut weggekommen und stürzte sich nun auf die achtundsiebzig Kilometer der Topok Hills zwischen White Mountain und Safety. Prüfend blickte sie auf das Gespann vor ihrem Schlitten. Zwei Hunde hatte sie rausgenommen; fuhr jetzt mit den acht besten und schnellsten. Alle liefen gut und locker und hielten die Leinen straff. Tank führte sie, als wüßte er, daß sie die letzte Etappe in Angriff nahmen.

Plötzlich ging Jessie ein Licht auf: Zum ersten Mal bei diesem Rennen, zum ersten Mal überhaupt, war niemand zwischen ihr und der Ziellinie, lag sie in Führung. Es war ein irres Gefühl, aber keins, um sich dran festzuhalten. Martinson lag nur Minuten zurück und machte mächtig Tempo. Im Augenblick jedoch genoß sie ihren ersten Platz.

Bis zu den Topok Hills blieb sie an der Spitze. Zwischen den Hügeln wurde das Fahren unangenehm. Der Wind hatte die vereisten Abhänge vom Neuschnee freigefegt, was es extrem schwierig machte, den Schlitten bei den Schrägfahrten in der Spur zu halten. Kilometer für Kilometer kämpfte Jessie sich voran, manchmal fehlte nicht viel, und der Schlitten wäre vom Trail gerutscht. Wie bei einer Achterbahnfahrt ging es bergauf eher langsam, bergab dagegen zu schnell. Bremsen hatte wenig Erfolg, und sie mußte aufpassen, daß der Schlitten den Hunden nicht in die Kniekehlen rutschte.

Am Rande eines vereisten Wasserlaufs machte sie im Schutz einiger Fichten Rast und gab den Hunden einen Happen. Sie ließ die Schultern kreisen, um die schmerzenden Muskeln zu lockern. An die Schlittentasche gelehnt, wartete sie darauf, daß die Hunde mit dem Fressen fertig wurden.

Gerade als sie weiterfahren wollte, vernahm Jessie einen lauten Ruf. Über ihr, am Hügelkamm, tauchte Martinson auf und schlitterte auf sie zu.

»Dachte schon, ich würd' dich nie erwischen«, rief er ihr im Vorbeifahren zu. »Wir sehen uns in Nome.«

Du wirst mich noch vorher sehen, wenn ich's einrichten kann, dachte sie, und gab das Kommando zum Start.

Was für ein seltsamer Mann, schoß es ihr durch den Kopf, als sie ihn davonziehen sah. Merkwürdig – fast während des gesamten Rennens benimmt er sich total asozial, und dann bietet er ihr Kaffee und freundschaftlichen Rat an. Stirnrunzelnd dachte sie darüber nach.

Warum diese plötzliche Nettigkeit? Und wenn ich nun seinen Kaffee getrunken hätte? Zeit genug hatte er, um was reinzuschütten. Und ich Idiot habe ihm brav meine Tasse gegeben. Wenn Alice nicht mit dem heißen Kakao gekommen wäre, hätte ich den Kaffee getrunken. Zog er ein Gesicht, als ich die Becher auskippte?

»Verdammt«, sagte sie laut, »ich leide schon unter Verfolgungswahn.«

Tank spitzte die Ohren und schaute sie über seine Schulter an.

Ich verdächtige so langsam alle. Auch Bomber mit seinen zwei Waffen? Warum zwei? O Gott. Eine gehört vielleicht mir.

Der Gedanke schnürte Jessie die Kehle zu. Einen Moment lang konnte sie keinen klaren Gedanken fassen.

Sie hatte nicht genau erkennen können, wie die Waffe aussah, die er in die Schlittentasche steckte. War das ihre 44er gewesen? Jessie wußte, daß Alex Bomber im Verdacht hatte, aber er verdächtigte ja praktisch jeden. Nein: Er konzentrierte sich auf Bomber, Martinson und vielleicht noch ein, zwei mehr.

Denk mal gut nach, Jessie, befahl sie sich. Könnte es wirklich dein Revolver sein? Bis McGrath hat Cranshaw unzählige Möglichkeiten gehabt. Was war mit den anderen Fällen? Georges Tod? Ginny und Steve? Er war in der Nähe gewesen, jedesmal. Auf der Strecke nach Takotna lag er vor ihr, er hätte den Elch auf Ryan und sie hetzen können. Das würde sich auch mit der Zeit decken, die er nach Angaben des Zeitnehmers verloren hatte –, falls er sich am Abend zuvor das Schneemobil besorgt hatte. Ging die Sache mit Martinsons Trail Mail auch auf sein Konto? Auf Eagle Island, als der Sturm alle festhielt, hätte er die Möglichkeit dazu gehabt.

Mit Harveys Unfall konnte Tim nichts zu tun haben; als es passierte, schlief er friedlich in der kleinen Schutzhütte auf dem Eis, an Jessies und Schullers Seite. Aber Bomber? Wenn Bomber hinter allem steckt: Wie gut, daß er nichts von meiner neuen Waffe weiß.

Sie tastete nach ihrem Revolver: Der eckige Klumpen gab ihr ein beruhigendes Gefühl. Ich darf mich von Bomber nicht einholen lassen. Und ich muß sofort mit Alex sprechen. Ich könnte ihn von Safety aus anrufen.

Soll ich zu Tim aufschließen und es ihm sagen? Ich kann's versuchen. Aber Jessie holte Martinson nicht mehr ein, auch wenn sie ihn noch mehrmals vor sich sah – zuletzt hinter den Hügeln auf der langen Abfahrt zur Küste runter. Aber wenn sie in Safety Alex oder Tim alles genau erklärte, würde Bomber sie in der Zwischenzeit garantiert einholen. Der Wind hatte aufgefrischt, doch zum ersten Mal seit Tagen zeigte sich wieder die Sonne am Nachmittagshimmel. Um sechs Uhr fuhr Jessie den Strand entlang, Safety war höchstens noch eine Stunde entfernt und Martinson nirgendwo in Sicht.

Sie blickte sich um. Zwei winzige Figuren auf Schlitten folgten ihren Spuren.

32

Datum: Mittwoch, 13. März
Tag: Zwölfter Tag des Rennens
Ort: Die Checkpoints von Safety und Nome
Wetter: Klarer Himmel, leichter Wind
Temperatur: −25 °C Maximum, −29 °C Minimum
Zeitpunkt: Früher Nachmittag

Erst am letzten Tag des Rennens, kurz nach zwölf Uhr mittags, war Matt Holman endlich in Nome. Er hatte eine Menge zu erledigen und suchte als erstes Jensen auf.

Die drei Trooper erwarteten ihn bei der Iditarod-Rennleitung. Sie zogen sich in eine ruhige Ecke zurück, wo sie ungestört reden konnten.

»Haben Sie noch was rausgefunden?« Holman kletterte auf die Bühne, hockte sich auf die Kante und trank seinen Kaffee. Erwartungsvoll blickte er Alex an.

»Leider nicht das, war wir möchten. Und Sie, Matt?«

»Auch nicht. Harvey geht's ganz gut. Kann sich leider immer noch nicht erinnern.«

»Wenn wir bei ihm von einem *Unfall* ausgehen, hilft uns das auch keinen Deut weiter.«

»Und Jessies Waffe?« fragte Holman.

»Weiterhin verschwunden.«

»Jeder hätte sie klauen können«, warf Caswell ein. »Und wenn der Täter sie irgendwo zwischen McGrath und hier weggeworfen hat, finden wir sie nie wieder. Zwölfhundert Kilometer reinste Wildnis. Vielleicht liegt sie auf dem Eis. Und die Flüsse tauen bald auf.«

Holman nickte.

»Ich möchte mir noch mal ein paar Fahrer vorknöpfen, Matt«, sagte Jensen.

»Das geht auf keinen Fall. Nicht im Moment. Die ersten vier sind von White Mountain nach Safety unterwegs. In Safety werfen sie nochmals Ballast ab, reduzieren Ausrüstung und Hunde. Das ist der einzige Grund für den Stopp.«

»Was lassen sie in Safety zurück, außer Huskies?«

»Alles, was laut Reglement nicht unbedingt mitgeführt werden muß. Es geht darum, den Schlitten so leicht wie möglich zu machen, um den Hunden die Arbeit zu erleichtern.«

»Wir könnten das Aussortierte durchsuchen. Vielleicht wird unser Mann leichtsinnig.«

»Was erwarten Sie denn zu finden?«

»Ich weiß nicht. Etwas, das einen Zusammenhang zwischen Taten und Täter herstellt. Eine Art ›übersehenes Indiz‹. Mir fällt nichts Besseres ein, und ich hab's gründlich satt, in Nome herumzusitzen.«

»Wenn Sie wirklich was entdecken und das Rennen in Safety platzen lassen, kriegen Sie 'ne Menge Ärger, nicht nur mit den Mushern. Bevor das Rennen vorbei ist, wird keiner eine Frage beantworten.«

Die Fahrer an der Spitze hatten es eilig, nach Nome zu kommen. Alle vier hatten noch vor Safety eine Pause eingelegt und die Hunde gefüttert. Von nun an würde niemand mehr rasten, sondern nur noch vorwärtshetzen.

Auch Martinson hielt sich nicht lange in Safety auf. Er checkte ein, nahm zwei Hunde aus dem Gespann, warf – bis auf die obligatorische Ausrüstung – sämtliches Zubehör vom Schlitten und brauste davon. Das Ganze hatte nicht mehr als sieben Minuten gedauert. Der Zeitnehmer konnte ihm gerade noch die Startnummer anstecken, die Tim am ersten Tag in Anchorage getragen hatte.

Zehn Minuten später, um fünf vor halb acht, war Jessie dran. Sie ließ ihr Gespann, wie es war, und schaffte den Check in fünf Minuten; das brachte sie kostbare hundertzwanzig Sekunden näher an Martinson heran.

Jeweils acht und zehn Minuten hinter Jessie trafen Cranshaw und Schuller ein; hinter White Mountain hatten sie eine halbe Stunde gutgemacht. Sie absolvierten den Check in sechs beziehungsweise sieben Minuten. Safety war nicht gerade ein einsamer Checkpoint: Neugierige Zuschauer wuselten herum, weiter abseits waren Schneemobile und Flugzeuge geparkt, und vor dem Checkpoint stapelte sich ausrangierte Ausrüstung; sechs zurückgelassene Hunde bellten. Bald würden es mehr werden.

Jetzt begann die heiße Phase. Jeder der vier konnte gewinnen, auch wenn Martinson und Schuller zwanzig Minuten trennten. Ein solcher Vorsprung war in der Vergangenheit schon überwunden worden. Keines der vier Gespanne hatte in Safety die Weiterfahrt verweigert.

Kurz vor Schullers und Cranshaws Ankunft waren die Trooper mit Caswells Maule M4 gelandet. Holman hatte sie am Spätnachmittag zum Flugplatz von Nome gefahren und sich dann wieder seinen Pflichten als Race Marshall gewidmet.

Sie hatten sich neben dem Zeitnehmer aufgestellt und beobachteten, wie Bomber anhielt und seine Hunde umschirrte. Ein Tier nahm er heraus, jetzt hatte er nur noch elf. Schuller reduzierte sein Gespann um drei auf neun Hunde.

Erstaunt beobachtete Alex, wie beide Männer alles nur irgend Entbehrliche aus den Schlitten warfen. Der Zeitnehmer hakte die Pflichtausrüstung ab, die gleich wieder eingepackt wurde: Schlafsack, Schneeschuhe, Axt, Hunde- und Menschennahrung jeweils für einen Tag, Pfotenschützer und die Trail Mail. Zurück blieb ein wüster Haufen aus Kleidung, Kochern, Taschenlampen, Batterien, Ersatzstiefeln, Medikamenten, Werkzeugen, Hundeleinen und persönlichen Kleinigkeiten. Sie stopften alles in Plastiksäcke.

Als die beiden Männer in Richtung Nome verschwunden waren, ging Jensen zum Zeitnehmer und hielt ihm die Hand hin. »Hamilton, nicht wahr? Was machen Sie hier? Sie waren doch in Finger Lake?«

»Stimmt. Als alle Fahrer durch waren, schickte Holman mich zu diesem Checkpoint. Viele Freiwillige leisten zwei Einsätze. Der Funker war schon in Rainy Pass. Einige Trailbreaker beschäftigen sich im Moment mit der Zielgeraden in Nome.«

Jensen war froh, hier jemanden zu kennen. Er erzählte Hamilton, warum sie da waren, und fragte, wann mit den nächsten sechs oder sieben Fahrern zu rechnen war.

»Es wird mindestens noch drei Stunden dauern, bis Solomon kommt. Er hat Murray überholt und scheint vorn bleiben zu wollen. Sie haben die halbe Strecke von White Mountain hinter sich, aber ich denke, Murray wird so zwanzig, dreißig Minuten hinter Solomon eintreffen. Ich erwarte Solomon gegen halb elf, Murray gegen elf Uhr.«

Das Rennen würde in weniger als drei Stunden vorüber sein. Viel Zeit hatten sie also nicht.

»Ich möchte, daß Sie alles, was die nächsten zwölf Musher hier zurücklassen, in Beuteln aufbewahren«, sagte er zum Zeitnehmer. »Nach Möglichkeit schließen Sie alles ein. Wenn das nicht geht, sorgen Sie dafür, daß niemand an die Sachen rankommt. Rücken Sie sie nur mit meiner Erlaubnis raus.«

»Die faßt mir keiner an. Das garantiere ich. Soll ich hiermit anfangen?« Er zeigte auf vier Beutel neben der Tür.

»Hat sich daran jemand zu schaffen gemacht?«

»Nein. Ich hab' die ganze Zeit direkt daneben gestanden.«

»Dann beginnen wir damit. Sie können den Rest übernehmen.«

Im Checkpoint, fern von neugierigen Zuschauern, prüften sie Stück für Stück, was Martinson, Arnold, Cranshaw und Schuller aussortiert hatten, und packten jeden Gegenstand in einen neuen Sack. Die einzigen Drogen, auf die sie stießen, waren Grippemittel. Beim Anblick von Martinsons Gewehr und Munition beschloß Jensen, sämtliche Waffen zu beschlagnahmen und nach Nome mitzunehmen.

Unter Cranshaws Sachen fand Caswell einen Revolver in einem Lederholster mit den Initialen B. C. Zwei Schachteln mit Munition lagen, in eine Weste gewickelt, darunter. Eine Schachtel klapperte, als sei sie nur halbvoll. Jensen unterbrach seine Arbeit und trat zu Caswell.

Er öffnete die Schachtel, überprüfte die Patronen und wollte eben den Deckel schließen, als er etwas bemerkte. Eine Patrone unterschied sich von dem Rest. Er nahm sie heraus und inspizierte sie genau. Runzelte die Stirn.

»Was ist?« fragte Caswell.

»Sieh mal.« Er hielt ihm die Patrone hin. »Die paßt nicht in Cranshaws Waffe. Eine 44er Patrone. Was hat die hier zu suchen?«

Sie sahen sich an. Becker wurde aufmerksam und kam zu ihnen herüber.

»Jessies?« fragte er.

»Das wäre die Lösung«, nickte Caswell.

»Und Cranshaw ist...«

»Bis Nome nicht zu erreichen«, sagte Jensen. »Der Hundesohn ist direkt hinter ihr. Und wenn er seine eigene Waffe hiergelassen hat, trägt er vielleicht Jessies bei sich. Wir brechen sofort auf.«

Eine Stunde nach ihrer Ankunft in Safety waren sie schon wieder in der Luft, auf dem Weg zurück nach Nome.

33

Datum: Mittwoch, 13. März
Tag: Zwölfter Tag des Rennens
Ort: Checkpoint Nome
Wetter: Klarer Himmel, leichter Wind
Temperatur: −25 °C Maximum, −29 °C Minimum
Zeitpunkt: Abends

Die letzten fünfunddreißig Kilometer des Iditarod Trail führen auf dem Meereis um das östlich der Stadt gelegene Cape Nome herum. Als die Gegend 1880 kartiert wurde, konnte der Kartograph nirgendwo einen Hinweis auf eine Bezeichnung für das Kap entdecken, und er kritzelte »Name?« auf den Entwurf. Damit meinte er: der Name sollte recherchiert und nachgetragen werden. Später, nach Drucklegung der Landkarte erschien das Kap als Cape Nome. Dieser Name bürgerte sich ein, wurde auch für die Siedlung benutzt, die hier im Zuge des Goldrauschs entstand.

Um vierzehn Minuten nach zehn, etwas mehr als zweieinhalb Stunden, nachdem die führenden Musher in Safety aufgebrochen waren, heulte in Nome die Sirene auf: Zeichen dafür, daß der erste Fahrer drei Kilometer vor der Stadt das Rasthaus von Fort Davis passiert hatte, bereits in Sicht war und gleich auf der Front Street auftauchen würde.

In der Dunkelheit konnte niemand sagen, wer sich hinter dem hüpfenden Licht der Stirnlampe verbarg. Aber es war der Sieger, soviel stand fest, und bald würden sie wissen, wer es war.

In der Breakers Bar wurde so lautstark gefeiert, daß das Sirenengeheul völlig unterging; bis schließlich die Tür aufgerissen wurde und eine Stimme aufgeregt verkündete: »Musher im Anmarsch!« In Minutenschnelle leerte sich die Bar, die hundert Gäste rannten auf die Straße; in der ganzen Stadt stürmten die Menschen aus den Häusern, den Restaurants und Hotels.

»Wer? Wer ist der erste?«

Sie sahen den Scheinwerfer auf dem Polizeiauto, das am unteren Ende der Front Street bereit stand, den Sieger ins Ziel zu eskortieren. Alle warteten darauf, daß der Fahrer endlich auftauchen und über die zweispurige Front Street auf das von Scheinwerfern angestrahlte Zielmonument zufahren würde. Sie warteten seit Tagen, aber die nächsten Minuten schien ihnen endlos. Manche kletterten auf die Lastwagen und Autos, die am Straßenrand parkten. Andere hatten sich auf den Dächern umliegender Häuser postiert. Man schubste und drängelte, um die beste Position zu erwischen. Alle spekulierten, wer der Sieger sein mochte.

Im Zielbereich, an den Schneezäunen, standen Jensen, Becker und Caswell aufgeregt neben dem Race Marshall und beobachteten, wie die Menge rechts und links der Rampe zu einer dichten Mauer anwuchs. Ein Streifenpolizist und zwei kräftige Trailbreaker hatten den eigentlichen Zielbereich mit einem beweglichen Zaunstück abgesperrt. Sobald der Musher sich näherte, würden sie es wegziehen, aber umgehend wieder hinstellen, damit die Menschenmenge nicht nachströmte.

Man brauchte schließlich Platz für die Presse, für Interviews und Fotos. Und für den Zeitnehmer, der prüfen mußte, ob der Musher die vorgeschriebene Grundausrüstung mit sich führte.

Überall liefen Reporter herum und tauchten mit den mobilen Lampen ihrer Videokameras alles in grelles Licht. Auf dem Kranausleger eines Trucks schwebte ein Fernsehteam in die Höhe. Dutzende von Presseleuten standen mit Mikrofonen hinter der Ziellinie.

Jensen spürte, wie auch bei ihm die Spannung stieg. Das Iditarod-Fieber wirkte ansteckend, aber er verlor sein eigentliches Ziel nicht aus den Augen. Er mußte Cranshaw erwischen.

Er hatte sich den Musher sofort schnappen wollen, aber Holman hatte ihn angefleht, das Rennen nicht so kurz vor Schluß zu unterbrechen.

»Wenn Sie sich nun irren? Wenn Sie ihn um seinen Platz bringen und er ist nicht der Täter, dann ist die Hölle los. Bitte. Warten Sie, bis er über die Ziellinie ist.«

Wider alle Vernunft hatte Alex sich umstimmen lassen. Er glaubte nicht, daß Cranshaw so dicht vorm Ziel, mit so vielen möglichen Zeugen etwas unternehmen würde. Dutzende von Zuschauern fuhren auf Schneemobilen parallel zum Trail, manche gar bis Fort Davis. Frust hin oder her, Jensen würde Holman den Gefallen tun. Aber nur, bis Bomber im Ziel war.

Alex war wütend, und ihm war regelrecht übel, wenn er an die verzweifelten Taten dachte, die er jetzt, da war er sich sicher, Bomber zuschreiben konnte. Jessie war dort draußen, allein, direkt vor Cranshaw, und Alex konnte sie nicht erreichen.

Er blickte sich suchend nach Becker um. Der junge Trooper stand auf einem Klotz, der den Schneezaun stabilisierte, und betrachtete aufmerksam die Menge. Das Polizeiauto kam die Front Street herauf, neben dem Musher her; auf der Höhe des Lebensmittelladens stand eine Straßenlaterne; sie bot genug Licht, und schon begann die Menge aufgeregt zu brüllen »Martinson! Es ist Tim Martinson. Tim, Tim. Willkommen in Nome!«

Die bullige, hochgewachsene Gestalt auf dem Schlitten konnte niemand anders sein als Martinson. Düsternis und Feindseligkeit waren wie weggeblasen. Übers ganze Gesicht strahlend, fuhr er die Front Street hinauf, winkte Bekannten in der Menge zu und feuerte seine Hunde an.

»Na los, Josie. Okay Butch. Los, ab die Post. Whoa.« Kurz vor dem Ende der Rampe hielt er das Gespann an. Ging an die Spitze und führte den Leithund an den jubelnden Fans vorbei die leichte Schräge hinauf über die Ziellinie, bis zum Iditarod-Monument. Für den Sieg reichte es aus, wenn sich die Schnauze des Leithundes über der Ziellinie befand. Als Musher und Hund die Linie überschritten, drehten die Medien voll auf. Hunderte von Blitzlichtern erhellten schlagartig das Dunkel.

»Herzlichen Glückwunsch, Tim«, ertönte über Lautsprecher die vertraute Stimme des Ansagers. »Du hast es wieder mal geschafft. Wie fühlst du dich in Nome?«

»Sehr angenehm. Verdammt angenehm. Ich bin müde.« In den nächsten fünf Minuten beantwortete Martinson Fragen und posierte mit seinen Hunden für die Fotografen.

Der Zielraum füllte sich, und Jensen drängte sich mit Caswell hinter den Reportern näher heran. Als Martinson sie erblickte, runzelte er leicht die Stirn.

Verdammt, dachte Alex. Er ist immer noch sauer.

Doch der Musher hob die Hand und winkte ihn zu sich rüber.

Es gab kein Durchkommen; Martinson trat aus dem Scheinwerferlicht heraus, drängte sich an zwei Journalisten vorbei und beugte sich über die Schulter eines dritten, damit Jensen ihn verstehen konnte.

»Cranshaw und Arnold sind nicht weit hinter mir«, sagte er. »Sie sollten besser nachsehen, ob Jessie okay ist. Die meiste Zeit habe ich hinter mir ihre Lichter gesehen, aber die letzten zwanzig Kilometer nicht mehr. Da ist was oberfaul mit Cranshaw. Er will um jeden Preis verhindern, daß sie ihn schlägt, und er benimmt sich verdammt merkwürdig. Wenn er 'ne Wut hat, wird er heimtückisch.«

Jensen schoß herum, packte Caswell am Arm und zog ihn um das Monument herum zum Schneezaun.

»Becker!« brüllte er.

Alarmiert verließ der junge Trooper seinen Beobachtungsposten: So autoritär und entsetzt zugleich hatte er Jensen bisher selten erlebt.

»Was hat Martinson gesagt?« fragte Caswell, während sie sich im Gewühl zum Ende der Rampe durchboxten.

»Cranshaw hat es auf Jessie abgesehen. Ich warte nicht länger.«

»Was?!«

In dem Augenblick wurden sie von Holman angehalten. Neben ihm stand keuchend ein Bote der Rennzentrale.

»Anruf vom Rasthaus Davis: Es wurden zwei Musher gesichtet, aber irgendwas stimmt nicht. Hinter dem Rasthaus beginnt Niemandsland, wo die Fahrer einander jederzeit überholen können, ohne daß der vordere ausweichen muß. Aber den Lichtern nach zu urteilen, sind beide ineinandergerast. Dann gingen ihre Stirnlampen aus. Ein paar Minuten später fingen Helfer ein Gespann ein, das ohne Fahrer auf die Stadt zuraste. Es fiel wohl auch ein Schuß. Die in Fort Davis wollen nun wissen, ob sie hinfahren sollen.«

»Wessen Gespann? Mensch, wessen Gespann, verdammt?«

»Das wissen sie nicht.«

Becker lief in Richtung Polizeiauto, aber das würde ihnen auf dem Trail nichts nützen.

»Schneemobile!«

Ein paar »eiserne Hunde« standen mit laufendem Motor nahe

der Ziellinie. Ihre Fahrer hatten Martinson auf den letzten Metern begleitet. Alex und Caswell schnappten sich die nächststehenden Maschinen und warfen die verblüfften Besitzer fast vom Sitz. Sie brausten in Richtung Ufer davon, während Holman und Becker sich hinter ihnen auf die nächsten zwei Schneemobile stürzten.

Fünf Kilometer vor Nome kauerte Jessie hinter einem schneebedeckten Eisblock; am Rande der Panik, verwundet, wütend und zu allem entschlossen versuchte sie, zu lauschen und gleichzeitig nachzudenken.

Cranshaw hatte Safety neun Minuten nach ihr verlassen, aber er trieb sein Gespann unerbittlich, wie besessen, an. Während er aufholte und Jessie schon bald vor sich sah, fiel Schuller hinter ihm allmählich zurück, bis schließlich auch das Licht seiner Stirnlampe in der Dunkelheit verschwand.

Als Jessie merkte, daß sich ihr jemand näherte, war ihr klar, daß das nur einer sein konnte. Schuller würde auf seine Hunde niemals so eindreschen und dabei das Risiko eingehen, daß sie kurz vorm Ziel zusammenbrachen. Cranshaws Fanatismus erschütterte sie. Die kalte Angst im Nacken, trieb sie ihr Gespann zur Eile an.

Acht Kilometer vor der Stadt war Bomber so dicht hinter ihr, daß sie die Flüche hören konnte, die er seinen Hunden zubrüllte. Dann war sie selbst dran.

»Mach Platz, Jessie. Gottverdammich, fahr ran und laß mich vorbei. Verfluchtes Weibsstück. Zieh Leine, wie es sich gehört. Verdammt. Aus dem Weg hab ich gesagt, alte Hexe.«

In der Tonart ging es weiter. Zu Tode erschrocken ließ sie ihn gleichwohl nicht an sich vorbei, wohl wissend, wie nah er ihr dann käme. Sie konnte im Dunkeln Cranshaws Gesicht nicht erkennen, nur das anonyme Licht seiner Stirnlampe, aber die Stimme war nicht zu überhören.

»Verdammtes Miststück.«

»Mush, Tank. Los. Weiter, Jungs«, rief sie, als ihre Huskies plötzlich langsamer wurden. Beim Klang ihrer Stimme legten sie wieder zu. Zum Glück lief Tank nur ungern hinter einem anderen Gespann, und es bedurfte nur eines kleinen Ansporns, damit er sich bemühte, vorn zu bleiben, dort, wohin er seinem

Gefühl nach gehörte. Aber die Hunde wurden langsam müde, zogen die Leinen nicht mehr ganz so straff. Bald würde das Tempo nachlassen, und Jessie konnte nur hoffen, daß Bombers Gespann noch rascher erlahmen würde als ihres, weil es härter vorangepeitscht worden war.

»Schaff die Hunde vom Trail, verdammt noch mal. Mach Platz!«

Wenn ich es bis zum Rasthaus schaffe, dachte sie, wo Leute uns sehen können. Bis zum Rasthaus. Nur bis dahin durchhalten.

Sie kamen jetzt auf relativ ebenes Gelände, die Eisblöcke wurden von welligem Untergrund abgelöst. Jessie hörte einen Knall: Cranshaw hatte ein Stück Leine als Peitsche eingesetzt. Auch wenn kaum ein Hund getroffen wurde, hatte die Aktion bei den an Strafe gewöhnten Tieren den gewünschten Erfolg. Eine Bewegung zu ihrer Linken sagte Jessie, daß Bomber aus dem Trail ausgeschert war, um sich an ihr vorbeizudrängen. Sein Leithund und zwei weitere Hunde waren jetzt auf einer Höhe mit ihrem Schlitten. Nach und nach zog der Rest des Gespanns an ihr vorbei, bis sie seinen Schlitten neben sich erblickte.

»Mach Platz, Jessie. Ich warne dich.«

Mächtige Eisblöcke tauchten vor ihr in der Dunkelheit auf.

»Ich jag' dich ins Eis. Mach Platz, verdammt noch mal.«

Je näher die Blöcke kamen, um so dichter fuhr er an sie heran, bereit, sie aus der Spur zu drängen.

»Ich mein's ernst, Miststück. Du hast mich schon zuviel gekostet.«

Knirschend krachte sein Schlitten gegen ihren, aber wundersamerweise blieb Jessies Schlitten in der von Martinson ausgefahrenen Spur.

Bis zu diesem Augenblick hatte Jessie auf Cranshaws Drohungen und Befehle nicht reagiert. Plötzlich wurde sie von Wut und Angst überwältigt.

»Laß mich verdammt noch mal in Ruhe, Bomber. Du hast vielleicht meine Knarre, aber ich hab eine neue, und ich werde sie auch benutzen.«

Sie traute sich nicht, den Lenker loszulassen, um den Revolver aus dem Holster zu ziehen, aber Bomber ginge es bestimmt nicht anders.

Einen Moment lang herrschte Stille, dann brüllte Cranshaw

wütend auf. Er warf sich ungestüm nach rechts, um sie erneut zu rammen. Aber plötzlich wurden seine Hunde langsamer und ließen den Schwung fast ins Leere gehen. Die Schlitten verhakten sich und brachten die Fahrer aus dem Gleichgewicht. Jessie riß es den Lenker aus der Hand; sie fiel rückwärts in den Schnee, während ihr Gespann davonraste. Cranshaws Hunde blieben unvermittelt vor einem Eisblock stehen; der Musher konnte sich gerade noch am Schlitten festhalten und richtete sich wieder auf.

Jessie rollte sich auf die Knie. Sie sah, wie Bomber in die Schlittentasche griff. Im Widerschein von Schnee und Eis schimmerte Metall. Sie warf sich nach rechts und kroch auf einen Eisblock zu, aber da peitschte ein Schuß durch die Dunkelheit und Jessie verspürte plötzlich einen brennenden Schmerz in der rechten Schulter. Ihr Arm wurde taub.

Der Schuß schreckte Cranshaws Gespann auf, die Hunde stürmten davon, hinter Jessies Gespann her. Bomber riß es von den Füßen und er landete im Schnee, bevor er wieder zielen konnte.

Blitzschnell schaltete Jessie ihre Stirnlampe aus. Die Schulter brannte wie Feuer, und sie kroch mühsam hinter ein paar Eisblöcke, wo sie sich hinhockte und nach ihrer Waffe griff. Die rechte Hand war taub und gehorchte nicht. Unbeholfen zog sie mit links den Reißverschluß auf und holte den Revolver heraus. Wenn sie sich abstützte, könnte sie vielleicht zielen.

Jessie? Verdammte Scheiße. Ich krieg' dich. Hörst du mich? So wahr mir Gott helfe – ich kriege dich.«

Vorsichtig stützte Jessie die Waffe auf dem Eisblock ab und zielte in Richtung der Stimme. Dabei stieß sie mit der Schulter gegen den Block, ein schneidender Schmerz war die Folge, und sie biß die Zähne aufeinander, um nicht aufzuschreien. Sie wartete bewegungslos, daß Cranshaw sich rührte und das Geräusch ihr verriete, von wo er käme.

34

Datum: Sonntag, 17. März
Tag: Zwölfter Tag des Rennens; und vier Tage danach
Ort: Checkpoint Nome
Wetter: Klarer Himmel, leichter Wind
Temperatur: −21 °C Maximum, −23 °C Minimum
Zeitpunkt: Spätabends

Holman, der mit fünf Minuten Abstand hinter Jensen und Caswell herbrauste, fing Jessies auf Nome zutrabendes Gespann ein. Er band es an einem Eisblock fest und fuhr weiter, auf das ferne Scheinwerferlicht der Schneemobile zu.

Daß etwas nicht stimmte, hatte Jensen in dem Moment gemerkt, als eine Revolverkugel – ihn nur um Zentimeter verfehlend – die Windschutzscheibe durchschlug. Er scherte aus, suchte Deckung hinter einem Eisblock und zog Caswell mit sich. Sie stellten den Motor ab und lauschten. Es war totstill.

»Jessie!« rief Alex. »Alles okay?«

Ein Schuß krachte, und von der oberen Kante des Eisblocks stoben Splitter.

»Alex? Gott sei Dank, daß du da bist.«

Jessie war offenbar auf der anderen Seite des Trails. Wieder wurde geschossen, aus derselben Richtung.

»Verdammt noch mal, Jensen. Bleiben Sie, wo Sie sind, oder ich bringe sie um. Ich weiß, wo Jessie ist, und ich bin näher dran als Sie.« Und wieder regnete es Eissplitter.

»Cranshaw! Sie stecken in der Falle. Geben Sie auf. Kommen Sie raus.«

Das brachte ihnen nur einen Schwall obszöner Flüche.

»Hier kommen Sie doch nicht weg, Mann. Wohin wollen Sie denn fliehen? Geben Sie auf, Cranshaw!«

»Dann hol mich doch, du Bastard. Aber bevor Sie mich erwischen, erwische ich Jessie.«

Caswell deutete auf den Eisblock vor ihnen. Er zeigte auf sich und flüsterte: »Ich versuche es hierum, mal sehen, ob ich ihn von hinten erwischen kann. Du versuchst, dich an Jessie ranzupirschen. Okay?«

Alex nickte, und Caswell fuhr fort: »Ich schieße nur, wenn ich ihn auch sehe, aber falls du hörst, daß er sich bewegt, halte ihn mit Schüssen auf. Ziele über ihn hinweg.«

Sie schlichen los. Der trockene Schnee knirschte und quietschte unter ihren Füßen und verriet ihre Position. Sie hielten inne und spitzten die Ohren. Cranshaw bewegte sich in Jessies Richtung.

»Jessie, sag nichts. Bleib ruhig.«

Sie antwortete nicht.

Gut, dachte er. Er hastete weiter, glitt schnell, aber behutsam von Eisblock zu Eisblock. Hielt an, um zu lauschen. Caswell mußte auf der anderen Seite sein. Cranshaws Schritte ließen sich jetzt in Jessies Nähe vernehmen. Langsam kroch Jensen weiter, bis er nur noch zwei Eisblöcke von der Stelle entfernt war, an der er Cranshaw vermutete. Er duckte sich hinter einen Block, linste um die Ecke und wartete. Bewegungslos.

Der nächste Eisblock schimmerte so weiß, daß Alex den Schatten im Dunkel beinahe übersehen hätte, und nur der knirschende Schnee verriet ihm schließlich, wo Bomber steckte.

Ein Blitz, ein Schuß, und Cranshaw brüllte laut auf. Er griff sich an den Arm. Seine Waffe flog in die Dunkelheit.

»Miststück. Verdammtes Miststück. Du hast mich angeschossen.«

Alex blickte auf und entdeckte Jessie auf dem Eisblock. Sie hatte auf Bomber gewartet.

Die beiden Trooper erreichten Cranshaw im selben Moment. Caswell blieb bei ihm.

»Komm runter, Jessie«, sagte Alex und streckte die Arme aus.

»Er hat mich an der Schulter erwischt«, warnte sie ihn. Den rechten Arm quer gegen den Körper gepreßt, rutschte sie in seine Arme. Sie küßte ihn heftig, hielt sich an ihm fest, schnappte nach Luft.

»Mit links schießt du verdammt gut, Lady.«

»Ich hatte Todesangst.«

Holman und Becker kamen auf ihren Schneemobilen angebraust. Caswell, der Cranshaw, Schußwunde hin oder her, Handschellen angelegt hatte, rief sie zu sich rüber.

»Laß mal deine Schulter sehen, Jessie«, sagte Alex und zog sie ins Scheinwerferlicht.

»Tut weh. Wo ist mein Gespann?«

»Solide festgebunden, etwa einen Kilometer von hier«, sagte Holman. »Mach dir keine Sorgen. Mit deinen Hunden ist alles in Ordnung.«

»Ich mache mir keine Sorgen. Ich wußte, daß sie unverletzt weggerannt sind. Sobald Alex sich um meine Schulter gekümmert hat, brauche ich mein Gespann. Ich will nach Nome.«

»Jessie, das kannst du nicht.«

»Von wegen!« Sie machte einen wütenden Schritt auf Cranshaw zu. »Damit er sein Ziel erreicht? Ich will das Rennen zu Ende bringen, und ich tue es für George und Ginny und Steve und für mich. Und ich will, daß er dabei zusieht.«

Und Jessie bekam ihren Willen. Mit einer Eskorte von Schneemobilen absolvierte sie die letzten Kilometer. Die Schulter dick in Gaze aus ihrem Erste-Hilfe-Set eingepackt, den rechten Arm zum Schutz vor Erschütterungen am Oberkörper festgebunden, fuhr sie einhändig, auf ihre Hunde einredend, das Ufer hinauf und nach Nome hinein. Die Sirene heulte zu ihrer Begrüßung.

Schuller holte sie noch vor der Stadt ein, aber irgendwie, so erzählte er später mit todernster Miene der begeisterten, jubelnden Menge, »irgendwie war mir klar, daß ich geschlagen war. Aber nach der Schießerei und der Verwundung und allem – und ich dachte schon, ich hätte sie erwischt.«

Auf ihrem Weg die Front Street hinauf lächelte Jessie ein Dankeschön nach beiden Seiten, winken konnte sie nicht. An der Ziellinie wurde sie überwältigend begrüßt. Sie führte Tank unter das gewaltige Zielmonument und wartete lächelnd, bis der Zeitnehmer ihre Ausrüstung überprüft hatte. Eine Weile sprach sie mit Presseleuten und drückte ihren Leithund an sich, während die Reporter Fotos machten. Tim Martinson stand grinsend im Hintergrund.

Alex und Becker blieben in ihrer Nähe. Caswell wartete mit Bomber neben dem Polizeiauto und paßte auf, daß Jessies Wunsch in Erfüllung ging. Er zwang Cranshaw, alles mitanzusehen.

Jessie kraulte noch einmal jeden einzelnen ihrer Hunde, bevor Alex sie ins Krankenhaus brachte.

Obwohl es schon spät war, saß die ganze Truppe im Gold Dust Saloon des Nugget Inn: Becker, Caswell, Holman, Alex, Jessie, Martinson, Schuller und Ryan. Bier und Popcorn hatten den Champagner abgelöst, den Jessie, wie angekündigt, bestellt und bezahlt hatte. Alex verpestete stillvergnügt mit seiner Pfeife die Luft.

Das Abschlußbankett hatte den größten Teil des Abends gekostet. Nun freuten sie sich, in kleiner Runde zusammenzusitzen und weiterzufeiern. In den vier Tagen seit Martinsons Sieg hatten zwei Drittel der Teilnehmer die Ziellinie überschritten. Nur noch wenige waren auf dem Trail. Schon begannen die Musher, Strategien fürs nächste Jahr zu entwerfen.

Da die Teilnahme am Schlußbankett obligatorisch war, fuhr niemand nach Hause. Martinson verbrachte die Wartezeit in Nome, wo es sich keine Bar nehmen ließ, ihn zu allen Drinks einzuladen. Jessie, die zwei Tage im Krankenhaus gelegen hatte, war am Vortag entlassen worden. Sie trug den Arm in einer Schlinge.

Cranshaw befand sich noch im Gefängnis von Nome, würde aber später nach Anchorage überstellt. Alle waren sich einig, daß er in der Iditarod-Stadt keinen fairen Prozeß erwarten konnte. Jensen, Becker und Caswell waren nach Anchorage geflogen, um Bericht zu erstatten und die einzelnen Details des Falls zu klären. Auf Bitten von Matt Holman waren sie zum Bankett nach Nome zurückgekommen.

Der Abend war für alle gleichermaßen aufregend und schön verlaufen. Die Turnhalle, in der die Feier stattfand, war brechend voll, Applaus und Gelächter wollten nicht aufhören, während die Trophäen überreicht und Anekdoten erzählt wurden. Aber es war auch Wehmut und Trauer zu spüren angesichts der Toten und Verletzten. Daß Harvey und Ryan auf dem Wege der Besserung waren und sogar am Bankett teilnehmen konnten, freute jedermann. Pollitt lag, eben erst operiert, noch in Anchorage im Krankenhaus, aber er hatte ein Telegramm geschickt.

IAMS, ein Hundefutterhersteller, hatte zwei Fahrern die Trophäe für »ungewöhnlichen Sportsgeist« verliehen: Mike Solomon, weil er im Farewell Burn bei Pollitt ausharrte, bis der Hubschrauber kam, und Gail Murray (zusammen mit Solomon), weil sie T. J. Harvey unter extrem harten Wetterverhältnissen nach Shaktoolik zurückgebracht hatten.

Emphatisch beklatscht im Blitzlichtgewitter, nahmen Martinson und Jessie ihre Preise in Empfang. Später holte Holman die drei Trooper auf die Bühne und dankte ihnen für ihre Hartnäckigkeit bei der Lösung des Falls. Sie wurden mit einem Iditarod-Emblem ausgezeichnet; eigentlich stand es nur Mushern zu – jenen, die das Rennen bis zum Ziel durchgestanden hatten. »Sie haben sich auf dem Trail so hart abgerackert wie alle anderen«, kommentierte der Race Marshall.

Als alles vorbei war, spazierte die Gruppe zum Saloon des Nugget Inn.

»Sie müssen mir einiges erklären, Jensen.« Jim Ryan beugte sich vor. »Ich habe die zweite Hälfte verpaßt. Seit wann wußten Sie, daß es Bomber war?«

»Ich hatte ihn seit McGrath in Verdacht«, erklärte Alex. »Aber erst viel später wußte ich es definitiv.«

»Sie glaubten doch, daß ich es war, stimmt's?« fragte Martinson.

»Ich hielt Sie für verdächtig, um es präzise auszudrücken«, antwortete Alex. »Weil Sie so unglaublich mufflig waren. Außerdem hatten Sie genug Zeit, um nach McGrath zurückzukehren und den Elch aufzuscheuchen. Und als der Zeuge den Kerl auf dem Schneemobil beschrieb, dachte ich eine Weile, das könnten nur Sie gewesen sein.«

»Tim«, ulkte Jessie, »du warst wirklich ganz schön daneben. Ich hätte dir ein paarmal am liebsten in den Hintern getreten, und das ging nicht nur mir so. Aber für einen Sieger bist du ein echt lieber Typ.«

Martinson wurde feuerrot.

»Yeah«, grinste er unter allgemeinem Gelächter. »Du bist auch nicht ohne.«

Alex beobachtete ihn. Es war erstaunlich, wie Martinsons Feindseligkeit sich in fröhliche Siegeslaune aufgelöst hatte. Er wirkte auf einmal ganz jungenhaft.

Jessie wurde wieder ernst. »Ich verstehe immer noch nicht, warum Bomber so etwas tun konnte.«

»Tja, er hat 'ne Menge geredet, nachdem er zusehen mußte, wie du gewonnen hast. Cas hat er erzählt, daß er unbedingt gewinnen *mußte*. Das war natürlich nicht das einzige Motiv, aber damit ging es los. Er war in Gefahr, seinen einzigen Sponsor zu verlieren, falls er nicht ganz vorne landen würde. Mußte fürchten, im nächsten Jahr nicht starten zu können. Für ihn sind immer die anderen schuld. Er hat so wenig Selbstbewußtsein, daß er sich gezwungen sah, Konkurrenten aus dem Weg zu schaffen.

Er hatte nicht vor, jemanden zu töten. Er konnte nicht ahnen, daß Ginny George einen Gefallen tat und seine Thermoskanne zusammen mit ihrer eigenen füllte. Er schüttete die Droge in die Kanne mit den Initialen G. K., weil er dachte, es wäre Ginnys. Als George starb, war er ebenso erschüttert wie alle anderen, denn er hatte großen Respekt für George. Der Unfall zog ihm den Boden unter den Füßen weg, verzerrte seine Perspektive. Er geriet in Panik, schwankte zwischen der Angst vor Entlarvung und dem angenehmen Gefühl, gut voranzukommen. Weil Ginny vielleicht eins und eins zusammenzählen würde, versuchte er es in Finger Lake aufs neue und brachte auch sie um. Als sich in Rainy Pass eine günstige Gelegenheit bot, vergiftete er Steve Smiths Hunde.

Das andere Motiv war Eifersucht. Er ist der Meinung, daß Rennen grundsätzlich Männersache sind. Du dachtest, er wäre darüber hinweg, Jessie, aber er hat seine Gefühle nur unterdrückt, bis Wut und Angst in ihm übermächtig wurden. In deinem Fall war er besonders eifersüchtig, weil er sich für dich interessierte, von dir aber eine Abfuhr bekam. Da gärte es in ihm.«

»Wie hat er denn das PCP, mit dem er Steves Hunde vergiftete, nach Rohn geschafft?« fragte Ryan.

Becker, der direkt neben ihm saß, antwortete: »So wie wir es uns gedacht hatten. Er schüttete das Zeug in eine Plastiktüte um und klemmte das Röhrchen an Gail Murrays Schlitten fest, bevor er in Rainy Pass aufbrach. Irgendwann fiel das Röhrchen runter, und Schuller sammelte es auf.«

»Was war mit Pollitt und Harvey?«

»Beides Unfälle«, sagte Alex. »Sie haben Verwirrung geschaffen, weil die anderen Geschichten auch erst wie Unfälle aussahen.«

»Hat uns ganz schön auf Trab gehalten.«

Jetzt redeten alle gleichzeitig, und die nächste halbe Stunde beschränkte sich Alex, den Arm auf Jessies Stuhllehne, vergnügt aufs Beobachten. Caswell war schweigsam wie immer, lachte aber viel. Holman freute sich aufs kommende Rennen und begann, Pläne zu schmieden.

»Hey, Alex, Jessie und du, ihr seht so richtig schnuckelig aus«, spaßte Becker. »Aber sieh dich vor. Sie ist immer vorneweg.«

»Werden wir diesen Quasselfritzen noch oft ertragen müssen?« fragte Jessie grinsend.

»Fürchte schon. Aber er entwickelt sich vor deinen Augen.«

Becker griff sich ans Herz und verdrehte die Augen.

Alex stand auf. »Okay, Jungs, es ist spät.«

Er nahm Jessies unverletzte Hand und half ihr beim Aufstehen.

»Darf ich Sie nach Hause geleiten, Madam?«

»Aber sicher, Trooper. Zu Ihnen oder zu mir?«

»Zu mir. Bei dir gibt's zu viele Hunde.«

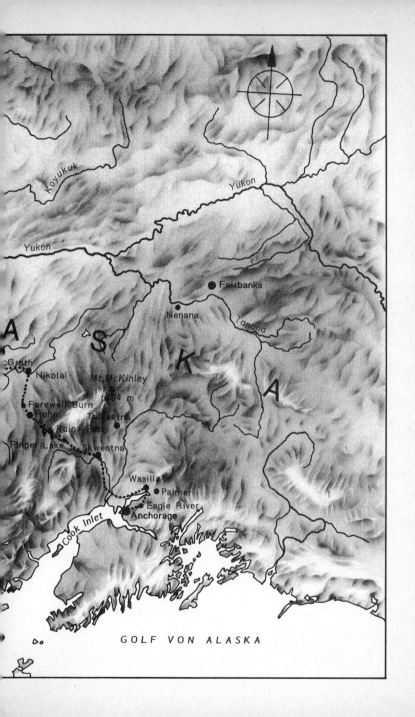

Audrey Schulman

Die Farben des Eises

Roman

Aus dem Amerikanischen von Michaela Link

Band 13411

Die kanadische Stadt Churchill, in Mintoba gelegen, wird jeden Herbst von Eisbären heimgesucht, die oft nahe am Verhungern auf den Straßen herumspazieren und den Müll nach Freßbarem durchwühlen, bevor sie sich quer durch eine Eislandschaft zu ihren Winterquartieren an der Hudson Bay aufmachen. Beryl ist Naturfotografin. Auf einer Expedition ins polare Eis soll sie die Bären aus der Sicherheit eines eisernen Käfigs heraus in ihrer natürlichen Umwelt fotografieren. Meistens war ihr Tätigkeitsfeld der Zoo und nicht die Wildnis. Mit ihr auf dieser Expedition sind drei Männer: David, ein Videofilmer; Butler, ein Zoologe, expeditionserfahren; Jean-Claude, der halb von Eskimos abstammende Expeditionsleiter. Noch bevor die Gruppe das Städtchen Churchill verlassen hat, sind sie bereits in Lebensgefahr. Die High-Tech-Ausrüstung, sämtliche zivilisatorischen Wunderdinge nützen nur noch wenig in der todbringenden Umgebung, in der der Käfig aufgestellt werden soll...

Fischer Taschenbuch Verlag